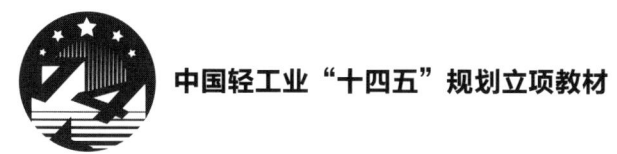

中国轻工业"十四五"规划立项教材

幼儿园教师压力管理与心理调适

刘文 主编 / 张雪 副主编

图书在版编目（CIP）数据

幼儿园教师压力管理与心理调适／刘文主编；张雪副主编. -- 北京：中国轻工业出版社，2025.5.
ISBN 978-7-5184-5207-1

I. G443

中国国家版本馆CIP数据核字第2024NW5258号

保留所有权利。非经中国轻工业出版社"万千教育"书面授权，任何人不得以任何方式（包括但不限于电子、机械、手工或其他尚未被发明或应用的技术手段）复印、拍照、扫描、录音、朗读、存储、发表本书中任何部分或本书全部内容，以及其他附带的所有资料（包括但不限于光盘、音频、视频等）。中国轻工业出版社"万千教育"未授权任何机构提供源自本书内容的电子文件阅览、收听或下载服务。如有此类非法行为，查实必究。

责任编辑：牟 聪 吴 红　　责任终审：张乃柬
策划编辑：吴 红　　　　　　责任校对：刘志颖　　责任监印：吴维斌

出版发行：中国轻工业出版社（北京鲁谷东街5号，邮编：100040）
印　　刷：三河市鑫金马印装有限公司
经　　销：各地新华书店
版　　次：2025年5月第1版第1次印刷
开　　本：787×1092　1/16　印张：14.75
字　　数：257千字
印　　数：1—5000
书　　号：ISBN 978-7-5184-5207-1　　定价：58.00元
读者热线：010-65181109
发行电话：010-85119832　　010-85119912
网　　址：http://www.chlip.com.cn　　http://www.wqedu.com
电子信箱：1012305542@qq.com
版权所有　侵权必究
如发现图书残缺请拨打读者热线联系调换

232371Y1X101ZBW

前　言

著名幼儿教育家陈鹤琴先生曾经说过："我们教师处在这样一个历史转变的时代，其所负的责任，已经不是过去那样的只限于一个教室或一个学校。今天我们教师的责任，却已经扩大到全社会、全世界了。教育事业，实际上是社会事业，就是缔造新世界的事业，肩负这个伟大工程的教师们，使命是如此重大！"

在百年未有之大变局的今天，我们正处于一个充满易变性、不确定性、复杂性、模糊性的乌卡时代。立德树人的根本任务，民族复兴的中国梦，人类命运的共同体，必须从娃娃教育抓起，教师同时也面临空前的压力。

本书就是从这一核心入手，力求通过细致入微的论述，为广大幼儿园教师提供一些调适压力的理论、经验和具体操作方法，也为广大幼教理论工作者提供相关课程的教材和教学研究参考。

我从事幼儿园教师心理健康研究始于 2008 年和 2009 年两次赴汶川灾区做心理援助工作。当时我敏锐地意识到，在所有人群中，只有教师是群体付出很多，但是得到心理援助甚少的职业群体。因为他们肩负着安慰学生和家长的工作，却忽略了自己存在的心理问题。其实作为教师，他们个人及其家庭也经历了前所未有的突发状况，他们在某种程度上也有创伤后应激障碍的表现。此外，留守儿童及处境不利儿童面临的问题日益增加，幼儿园教师心理健康能力建设更为迫切。

近些年，有研究表明 76.2% 的教师感觉自己承受着工作压力，其中有重度或极重压力的占调查人数的 24.9%。因此，如何有效地帮助幼儿园教师减轻压力，保持健康心理，更好地服务幼儿，不仅是当今幼儿园教师教育的重要内容，也是国家人才发展战略给予教育工作者的光荣使命。

本书是《幼儿心理健康教育》[①] 一书的姊妹篇，因此写作风格与其基本相似，

---

① 该书第二版已由中国轻工业出版社于 2021 年 5 月出版。

主要强调下面几点特色。

第一，幼儿园教师心理健康教育应该强调预防。幼儿园教师心理健康教育提前预防，甚至比早期干预更为重要。从职业生涯发展的角度来看，早期入职教育可以防患未然，使每名幼儿园教师在职业生涯中健康发展。

第二，幼儿园教师压力调适应该着重于促进。既要促进幼儿园教师心理健康发展，也要促进家长心理健康发展，教师和家长均需学会压力调适的方法，以便提升幸福感，培养健康的儿童。

第三，幼儿园教师压力调适应该有系统地开展。结合管理学、心理学、教育学等，跨学科综合交叉落实，渗透到幼儿园教育的方方面面。

第四，针对目前幼儿园教师队伍年轻化和幼儿园教师工作繁杂琐碎的特点，本书力求用凝练、简洁的文字挖掘和提炼出最核心、最有价值的内容，呈现给广大"90后"和"00后"幼儿园教师，每章末尾均以二维码形式补充了微课和拓展材料，方便其阅读；以新形态教材的特点，响应党和国家号召，"加强教材建设和管理"，体现国家事权。本书也可以作为高校和职业技术学院相关专业学生的教材。

本书的编者均是我们团队已经毕业的硕博士生，他们目前均从事儿童心理发展与教育的工作，不仅事业小有成就，也已经为人夫（妻）或为人父（母）了。本书各章编写具体分工如下：刘文（第一章）、张嘉琪（第二章）、邹丽娜（第三、九章）、张雪（第四、五、六章）、车翰博（第七章）、温国旗（第八章）。全书编写工作由刘文统筹，刘文、张雪统稿，最后由刘文定稿。

本书也是我主持的国家社科基金重大项目（19ZDA356）的阶段性成果之一。编写此书首先要感谢中国轻工业出版社"万千教育"编辑部的吴红先生，是他的不懈坚持与等待，才有这本书的成果。其次要感谢我的研究生李永强、赵爽、齐佑龙、辛美娥、路杨等查找资料和校对书稿。最后要感谢我的家人对我的支持和关爱，这是我写作的不竭源泉。

书中涉及大量参考文献，在这里谨对作者一并表示感谢！

刘文
2024 年 9 月 10 日
第 40 个教师节于大连

目 录

第一章 绪论 1

第一节 压力与幼儿园教师心理健康 1
一、知根知底：压力的概述及心理健康的含义和标准 2
二、潜移默化：压力对幼儿园教师心理健康的影响 6

第二节 幼儿园教师压力与幼儿心理健康 9
一、春风化雨：幼儿园教师心理健康与幼儿心理健康的关系 10
二、任重道远：幼儿园教师心理压力对自身及工作发展的影响 13

第二章 幼儿园教师心理压力与调适策略 23

第一节 幼儿园教师压力的来源 24
一、追根溯源：幼儿园教师压力的来源 24
二、深入剖析：幼儿园教师压力的影响因素 36

第二节 幼儿园教师心理压力的调适策略 39
一、处之坦然：幼儿园教师心理压力的应对 39
二、应付自如：幼儿园教师心理压力的自我调适策略 40

第三章 幼儿园教师职业认同与认知心理调适 47

第一节 幼儿园教师的职业认同与自我认知 48
一、心知觉察：幼儿园教师的身份认同与职业认同 48
二、念之所起：影响幼儿园教师职业认同的因素 49
三、突破自我：幼儿园教师职业认同的提升与发展 52

第二节　幼儿园教师认知风格对心理压力的影响 58
一、因人而异：幼儿园教师的认知风格 58
二、橘化为枳：认知风格对心理压力的影响 59

第三节　幼儿园教师认知失调和角色失调的心理调适 62
一、妙言要道：常见的失调理论 63
二、知己知彼：幼儿园教师认知失调的表现 66
三、百战不殆：认知失调心理调适的策略 67

第四章　不同人格特质幼儿园教师的心理压力与调适 73

第一节　通过人格理论分析幼儿园教师主要人格特质 74
一、了解内涵：人格定义 74
二、知行合一：从人格理论中看幼儿园教师主要人格特质 74
三、身体力行：受孩子喜爱的幼儿园教师的主要人格特质 76

第二节　幼儿园教师压力感应与人格类型的关系 78
一、深入剖析：大五人格与幼儿园教师压力感应 78
二、发人深省：A–B型人格与幼儿园教师压力感应 81

第三节　不同人格特质幼儿园教师的心理压力调适 85
一、见仁见智：不同人格特质幼儿园教师的压力应对 85
二、取长补短：大五人格心理压力调适 90
三、对症下药：A–B型人格心理压力调适 93

第五章　幼儿园教师情绪压力与调适 97

第一节　幼儿园教师情绪压力与心理健康 98
一、职业现状：幼儿园教师面临的情绪压力 98
二、积羽沉舟：情绪压力对幼儿园教师心理健康的影响 101

第二节　幼儿园教师消极情绪管理与调适 104
一、情感体验：幼儿园教师的消极情绪 104
二、得心应手：消极情绪管理与调适 107

第六章 幼儿园教师职业人际压力与调适 ... 115

第一节 幼儿园教师职业人际压力及其来源 ... 116
一、束广就狭：幼儿园教师职业人际压力的概述 ... 116
二、洞悉入微：幼儿园教师职业人际压力的来源 ... 116

第二节 幼儿园教师与幼儿关系压力及调适 ... 117
一、动中肯綮：幼儿园教师与幼儿关系压力分析 ... 118
二、量体裁衣：幼儿园教师与幼儿关系压力调适 ... 120

第三节 幼儿园教师与同事关系压力及调适 ... 123
一、洞见症结：幼儿园教师与同事关系压力分析 ... 123
二、各个击破：幼儿园教师与同事关系压力调适 ... 125

第四节 幼儿园教师与家长关系压力及调适 ... 126
一、深入解析：幼儿园教师与家长关系压力分析 ... 127
二、积极应对：幼儿园教师与家长关系压力调适 ... 129

第七章 幼儿园教师职业和家庭环境压力与调适 ... 133

第一节 组织氛围给幼儿园教师带来的压力与调适 ... 134
一、溯本求源：组织氛围给幼儿园教师带来的压力现状 ... 134
二、正本清源：幼儿园组织氛围压力的应对策略 ... 137

第二节 职业发展给幼儿园教师带来的压力与调适 ... 144
一、透视表里：幼儿园新手教师的职业压力来源 ... 144
二、积极进取：幼儿园新手教师压力应对策略 ... 149
三、抽丝剥茧：幼儿园专家型教师的职业压力来源 ... 152
四、逐个击破：幼儿园专家型教师压力应对策略 ... 155

第三节 家庭环境给幼儿园教师带来的压力与调适 ... 159
一、由表及里：幼儿园教师家庭状况分析 ... 160
二、分而治之：幼儿园教师家庭环境压力应对策略 ... 161

第八章　幼儿园教师时间压力与自我调适 ... 169

第一节　时间管理中的压力性因素 ... 170
一、生命之钥：时间中蕴含的压力性因素 ... 170
二、无形困境：时间焦虑感 ... 173

第二节　时间管理与幼儿园教师心理健康 ... 175
一、困难重重：幼儿园教师时间管理的含义与特征 ... 175
二、边界消失：时间管理对幼儿园教师心理健康的影响 ... 179

第三节　幼儿园教师时间管理与自我调适 ... 183
一、知行合一：优化时间管理认知与提升时间管理技能 ... 183
二、术道共进：松弛的时间理念与有效的管理办法 ... 186

第九章　幼儿园教师压力调适心理活动设计 ... 191

第一节　幼儿园教师压力调适活动目标与原理 ... 191
一、怡然自若：幼儿园教师压力调适活动目标 ... 192
二、平心静气：幼儿园教师压力调适的科学理论 ... 192

第二节　幼儿园教师心理压力调适环境创设及途径 ... 194
一、不言之教：幼儿园教师心理压力调适的环境创设 ... 194
二、夏雨雨人：幼儿园教师心理压力调适途径 ... 198

第三节　幼儿园教师压力调适团体心理活动设计 ... 199

参考文献 ... 215

第一章 绪论

本章要点

※ 压力对幼儿园教师心理健康的影响
※ 幼儿园教师的压力与幼儿心理健康

> "压力并不来自你的现实生活情境,它来自你对情境的反应。"
> ——弗雷德里克·桑德斯(Frederick Sanders,1892—1922)
>
> "在我们内心的深处有一个无穷无尽的平静之地,在这里,一切是可能的。"
> ——莫罕达斯·甘地(Mohandas Gandhi,1869—1948)

在当前社会环境下,幼儿园教师肩负着多重角色,每日应对来自职业和生活的种种挑战。随着社会的快速变迁与家长期望的不断提升,教师们面临的心理压力日益加剧。因此,关注幼儿园教师的心理健康已成为刻不容缓的任务。本章将深入分析幼儿园教师所面临的压力、压力带来的各种影响,以及这些因素如何影响幼儿的心理健康。基于这些讨论,我们强调教师压力管理的重要性,并探索有效应对策略,旨在为教师提供必要的支持,以促进一个更加健康、积极的教育环境。

第一节 压力与幼儿园教师心理健康

随着社会对幼儿教育的日益重视,幼儿园教师面临的压力也逐渐增大。这些压力不仅来自教育教学的繁重任务,还来自家长、学校、社会等多方面的期望和要求。因此,关注幼儿园教师的心理健康,探讨压力与幼儿园教师心理健康之间的关系,对于提高幼儿教育的质量具有重要意义。

一、知根知底:压力的概述及心理健康的含义和标准

(一)压力的概述

压力在美国心理学家亨利·亚历山大·默里(Henry Alexander Murray)的人格理论中是一个核心概念,指的是外部条件激发个体去获得或避免某种需求的现象,这种条件作用于个体,增强动机水平,成为行为的潜在诱发因素。压力与一般的刺激不同,它不直接引发即时的具体反应,而是影响先于外显行为反应出现,具有方向性,由客体或情境中的事件提供推向或拒斥力量。默里将压力区分为 α 压力和 β 压力、积极压力和消极压力。

压力源,即应激源,是指那些个体在认知评估后感觉到威胁其身心健康的环境刺激。压力源主要分为四种类型:躯体压力源(如噪声、高温、细菌和病毒等对身体的物理和生物损害)、心理压力源(如人际冲突和抱负过高所带来的心理冲突和挫折)、社会压力源(如贫穷、政治动乱、婚姻不和等社会生活情境的影响),以及文化压力源(如迁徙到异国他乡需要适应和应对的文化差异)。这些内容概括了压力的性质、作用机制以及来源(林崇德,杨治良,黄希庭,2003)。

"压力"一词是在压力交互理论模型中提出的,它是指个人对自己所处环境的适应能力不够而引起的心理状态,着重于反映个人和环境的互相影响(蒋宁,2007)。压力常常会在人们认为自己无法应对某一事件结果的时候产生,并引起生理和心理上出现一定程度的不适感(田淑梅,李元君,张慧,等,2016)。结合多年来学者和专业人士在心理学、医学和健康科学领域的研究成果,压力被定义为个体在面对环境要求超出其应对能力时所经历的一种心理和生理状态。这种状态是个体对各种挑战或威胁(被称为"压力源")的反应,可以来源于个人生活、工作环境、社会关系等多个方面。压力反应不仅包括心理层面的感受,如焦虑、烦躁、无力感等,还包括生理层面的反应,如心跳加速、血压升高、免疫系统功能下降等。

压力可以分为两种类型。一种是急性压力:这是一种短期的压力,通常来

源于即将到来的挑战或要求。它可能带来紧张感，但一旦情况得到解决，这种压力就会消退。适当的急性压力可以增强个体的适应性和应对能力。一种是慢性压力：这种压力是长期累积的，可能源自持续的工作压力、不良的人际关系或长期的健康问题。慢性压力对个体的心理和身体健康有着更深远的影响，可能导致诸如心脏病、抑郁症、焦虑症等多种健康问题。

（二）心理健康的含义

心理健康，亦称为心理卫生，是指个体在心理状态上保持正常或良好的水平，包括适应能力、人格的健全，以及自我内部和自我与环境之间的和谐一致。对于心理健康的正常状态，有四种不同的解释：作为无心理疾病的健康状态；作为统计学上的平均状态；作为理想状态的评价；以及作为适应过程的不断发展和进步。一个人被视为心理健康的标准包括：情绪稳定、乐于工作且能展现自己的能力、能与他人建立和维护和谐的关系、对自己有适当的了解并接受自我、对生活环境有适当的认识并能有效面对和解决问题（林崇德，杨治良，黄希庭，2003）。

此外，以美国心理学家卡尔·罗杰斯（Carl Rogers）为代表的自我理论学者提出，心理健康涉及主观自我、客观自我、社会自我、理想自我之间的和谐关系，强调了个体自我概念的整合与和谐对于维持心理健康的重要性。

（三）心理健康的标准

当前，学者们关于心理健康的标准定义并不统一，概括起来有两种公认的观点：一种是世界卫生组织（World Health Organization，WHO）的定义，另一种是著名的心理学家贝拉·密特尔曼（Bella Mittelman）和亚伯拉罕·马斯洛（Abraham Maslow）等人提出的十条心理健康标准。

第一种即世界卫生组织提出的定义："世界卫生组织定义心理健康为一种状态，个体意识到自己的能力，能够应对正常生活的压力，能够有效地工作并为社区做出贡献。"这个定义强调了心理健康不仅是没有精神疾病或心理障碍的状态，还涉及个体的整体福祉，包括情感福祉、心理福祉和社会福祉。世界卫生组织进一步指出，心理健康是个体幸福感、感觉有价值和被需要的基础，对于个人、社区和社会都是至关重要的。心理健康影响到个人的认知功能、行为和情感，而这些因素又决定了一个人如何处理压力、与他人互动以及做出选择。

心理健康的这一定义强调了几个关键点：能力意识——个体认识到自己能够面对生活中的挑战和压力；适应能力——个体具备处理日常生活压力的能力，能够保持生产性和效率；社区贡献——个体能够参与社会活动，对社区做出积极贡献，这不仅表明了个体的社会参与度，也是心理健康的一个重要指标；整体福祉——心理健康是个体整体福祉的一个组成部分，包括情感、心理和社会三个层面。

第二种即著名的心理学家密特尔曼和马斯洛等人提出的十条心理健康标准：对自己有足够的认识，能够适当地评估自己的才能；能够合理地宣泄和控制自己的情感；人生的目标需与现实相符；在不损害集体利益的情况下，有限制地体现个人性格及特点；需拥有足够的适应性；能够从经验中吸取教训；在不违反社会准则的前提下，合理、适当地满足个体的基本需求；达到完整的人格与可协调的个性；时刻联系并结合现实存在的环境；与人相处融洽。

针对幼儿园教师职业的特殊性，结合密特尔曼和马斯洛等人提出的心理健康标准，我们应当考虑到幼儿园教师在其职业生涯中面临的独特挑战和需求。除了上述十条心理健康标准之外，幼儿园教师还应具有以下特质，以适应其职业特点和提升心理健康水平。

1. 高度的耐心与恒心

在幼儿教育领域内，教师面临着独特而复杂的挑战，尤其是需要处理幼儿多变的情绪和行为。这不仅是对教师专业技能的考验，更是对他们耐心和恒心的极大考验。幼儿在成长的早期阶段，情绪和行为的波动是自然而然的现象，他们可能在短时间内经历从喜悦到沮丧的快速转变。对于幼儿园教师而言，应对这种不断变化的环境，需要超乎常人的耐心和恒心。教师必须以平和的态度和稳定的情绪面对这些挑战，通过充满爱心和理解的引导，帮助孩子们学会表达和管理自己的情绪。同时，维持教室的秩序，创设一个充满支持性的、积极的学习环境，是他们不懈追求的目标。这种不断的努力和承诺，不仅有助于孩子的个人成长，也为整个班级创造了一个和谐、有序的学习氛围。

2. 情绪智力

情绪智力对于幼儿园教师而言，是一项至关重要的能力。它不仅要求教师能够有效地理解和管理自己的情绪，更要求他们能够敏感地捕捉到幼儿及其家长的情绪需求，并做出适当的响应。高度发展的情绪智力使幼儿园教师能够在面对课堂挑战时保持冷静，同时通过积极的情绪引导，帮助幼儿学习如何表达和调节自己的情绪。此外，幼儿园教师通过建立信任和理解的桥梁，与家长共同合作，支持幼儿的情感发展和社会适应。在这一过程中，幼儿园教师的情绪智力不仅促进了自己的职业成长，也为幼儿创造了一个充满理解、接纳和爱的学习环境，有助于培养幼儿的社会情感技能，为他们的全面发展打下坚实的基础。

3. 强大的沟通技巧

强大的沟通技巧对于幼儿园教师至关重要，它不仅涵盖有效地与幼儿、家长和同事进行交流的能力，还包括深度的倾听、清晰的表达以及高效解决冲突的技巧。优秀的沟通能力使幼儿园教师能够理解幼儿的非言语信号，准确地把握他们的需求和情绪，同时也能够与家长进行开放和诚实的对话，共同促进孩子的成长和发展。在与同事的互动中，有效的沟通能够促进团队合作，增强教学效果和职场的和谐氛围。通过建立基于尊重、理解和支持的沟通模式，幼儿园教师不仅能够在日常教育实践中建立和维护良好的人际关系，还能够在面对挑战和冲突时找到积极的解决方案，确保教育环境的稳定和谐，为幼儿创造一个充满安全、支持和激励的学习空间。

4. 创造力和适应性

创造力和适应性是幼儿园教师在教学实践中不可或缺的双重技能。幼儿园教师需要运用创造力来设计既富有吸引力又具有教育意义的课程和活动，这些活动应激发幼儿的好奇心和探索欲，促进他们的认知发展和创新思维。同时，适应性要求教师能够灵活应对教学过程中出现的各种突发情况和挑战，如学习环境的变化、幼儿行为的多样性以及家长期望的不断调整。具备问题解决能力的幼儿园教师能够快速识别问题所在，寻找并实施有效的解决策略，确保教学活动顺利进行。这种能力不仅增强了幼儿园教师面对不确定性时的自信，也为幼儿创造了一个鼓励尝试、容错和创新的学习环境，进而培养幼儿适应未来社会的关键能力。

5. 自我关怀与恢复能力

鉴于幼儿园教师职业本身所固有的高强度工作压力和深度情感投入，自我关怀和恢复能力的培养变得尤为重要。幼儿园教师需建立和维持自我关怀的习惯，这不仅涉及保证充分的休息时间和养成健康的生活习惯，更包括在工作和生活之间找到一个合理的平衡点。通过实施有效的时间管理和压力缓解策略，如参与放松活动和培养兴趣爱好，幼儿园教师能够有效地降低职业倦怠的风险，提升个人的情绪韧性。同时，积极的心态和应对策略也有助于幼儿园教师在面对教学挑战和人际冲突时保持冷静和专注，从而快速恢复到最佳的工作状态。通过这样的自我关怀和恢复实践，幼儿园教师不仅能够维护个人的心理健康和福祉，还能够持续提供高质量的教育服务，为幼儿创造一个稳定和充满关爱的学习环境。

6. 专业成长意识

专业成长意识在幼儿园教师的职业生涯中扮演着至关重要的角色，尤其是对于幼儿园教师而言，持续的专业发展和学习不仅是维护其职业热情的关键，也是使他们能够有效适应教育领域持续变革的必要条件。幼儿园教师应主动寻找与利用各种资源和机会，包括参加研讨会、工作坊、在线课程以及同行间的交流，以丰富自己的教育理论知识并不断磨炼实践技能。通过这样持续的学习和自我提升，幼儿园教师能够将最新的教育理念和方法引入日常教学，更好地满足幼儿多样化的学习需求。同时，这种对专业成长的承诺也展现了幼儿园教师对教育事业的热爱和对个人职业责任的认真态度，有助于幼儿园教师建立职业信心和获得社会认可，促进教育质量的持续提升。

7. 道德和伦理意识

幼儿园教师在幼儿成长过程中扮演着极为关键的角色，他们不仅是知识的传递者，更是价值观和行为准则的塑造者。因此，拥有职业道德和伦理意识对于幼儿园教师来说至关重要。这要求他们在日常教学和互动中，始终坚持诚实、公正、尊重和友爱的原则，通过自己的行为和决策为幼儿树立良好的榜样。幼儿园教师的一言一行都对幼儿的道德观念和行为习惯产生深远影响，因此，教师需要时刻保持高度的自我意识，确保自己的教育实践符合道德和伦理的要求。通过这样的努力，幼儿园教师不仅能够引导幼儿形成正面的价值观和行为准则，还能够营造一个充满尊重和理解的教育环境，为幼儿的全面发展奠定坚实的基础。

二、潜移默化：压力对幼儿园教师心理健康的影响

（一）幼儿园教师的压力

工作压力是个体在工作中受到外部环境的影响而产生的一种主观感觉状态，即个体在工作中受到的外界影响，会对自己产生一定的或超负荷的影响，幼

园教师的工作压力也是因此产生的（卢长娥，韩艳玲，2006）。与此同时，长期的工作压力不仅会损害教师的身心健康，也会影响到他们的工作和生活。幼儿园教师的工作压力不断增加，也会影响到幼儿健康性格的形成和发展（周雪梅，俞国良，2003）。

当前幼儿园教师的工作压力呈现出一种复杂的特征，这主要源于其工作性质。幼儿园教师作为一名辛勤的工作者，考虑到儿童群体的特殊性和脆弱性，在与儿童的交往中，往往会花费大量的时间和精力去呵护他们，一刻不敢松懈，使其容易产生焦虑和不自信，严重的甚至会导致强迫症。另外，由于社会的发展和就业形势的紧张，幼儿园教师的工作压力越来越大，加之教学改革的不断深化，教师之间的竞争越来越激烈，使其容易产生抑郁、敏感、不自信等不健康的情绪状态，从而造成人际关系的不融洽，甚至引发心理问题。

（二）压力对幼儿园教师心理健康的具体影响

幼儿园教师的心理健康明显受到压力的影响，压力也对幼儿园教师的心理健康具有一定的预测作用。同时，各种压力对教师的心理健康也有着不同的影响，一些是间接影响的（通过社会支持影响幼儿园教师的身心健康），另一些则是直接影响的（卢长娥，2013）。在一项调查中，被调查的302位幼儿园教师中有76.2%感到在工作中有压力，49.1%感到有中等或更高的压力，24.9%感到有重度及以上的压力（卢长娥，韩艳玲，2006）。

幼儿园教师的工作富有社会价值与个人价值，幼儿园教师影响社会的变革与安定，其影响力甚至超过其他任何社会团体。幼儿园教师与幼儿一起生活，幼儿的乐观、天真、积极、向上、真诚和活力等对幼儿园教师都有积极影响。同时，幼儿园教师可以分享幼儿的个人感受，见证幼儿心灵成长的过程，被幼儿认为是值得信任的人，因此师幼关系良好时，幼儿园教师的压力也不大。

心理学研究表明，压力是把双刃剑。一方面，适当的压力有助于教师的发展，能给教师带来某种正面的情感，并以此提升他们的专注程度。因此，在工作时他们就会变得更加积极，潜能得到激发，效率也会更高。在某种程度上，幼儿园教师可以通过压力产生对应的紧张情绪，使其更好地完成工作，迎接挑战，对他们的心理健康起到积极的作用。

另一方面，压力虽然是一种重要的驱动力，但是会对工作表现和职业健康产生负面影响。幼儿园教师肩负着巨大的职责和繁重的工作任务，承担着家长、保育员、保健医生、营养师、教育工作者和心理抚慰者等多种角色，既是脑力工作者，也需要高强度体力，工作性质要求他们事无巨细和一丝不苟，这使其在工作中产生了某种不平衡的心态。过度紧张会导致神经衰弱、抑郁、不自信、工作效率低下、悲观等身体、心理和行为方面的不良反应。

当前我国的幼儿园教师以女性为主，她们既需要扮演母亲、妻子或女儿的角色，又需要扮演教师的角色，肩负着琐碎的家庭任务和繁重的教学重任，承担着生活和工作的双重压力，这一切都需要她们花费很多的体力、精力、时间和努力。

1. 工作中的压力对幼儿园教师心理健康的影响

幼儿园教师工作兼具脑力劳动和体力劳动的特殊性，这往往让大部分幼儿园教师出现工作疲劳、厌倦等消极情绪，并有可能导致精神紧张和心理疾病。从目前的调查结果来看，幼儿园教师的心理健康状况依然不容乐观。造成这种现象的主要原因是：他们的工作繁重冗杂，需要具备事无巨细的工作态度，要时刻应对幼儿的各种突发情况，导致其存在焦虑、强迫、压抑等方面的心理问题。很多父母把更多的期望寄托在孩子身上，也大大增加了教师的压力和责任。青年教师缺乏经验，中年教师是中流砥柱，但是家庭负担较重，子女年龄较小需要抚养和教育，甚至夫妻双方的老人也要照顾，这些社会压力和家庭压力都是难以避免的，都会导致他们的心理健康问题。

2. 经济地位的压力对幼儿园教师心理健康的影响

收入较低也是影响幼儿园教师心理健康的又一关键因素。对比社会群体中其他行业人员的收入，幼儿园教师的收入水平居于中下，其所承受的心理压力、工作强度同收入不协调、不对等。社会地位低和缺乏恰当的自我社会经济地位评价对教师的心理健康均有一定的影响（黄雅静，邢强，杜洪飞，2022）。一方面，从客观收入来看，幼儿园教师的工作主要存在收入低、社会地位不高、工作负荷重、职业流动性大等特点（陈德枝，秦金亮，2006）。另一方面，从幼儿园教师主观评价来看，幼儿园教师对自我社会经济地位的评价普遍较低，进而导致较低的社会支持，社会保障较弱使其本就过低的收入变得更低（潘君利，左瑞勇，汤永隆，等，2009）。这两方面增加了收入低对幼儿园教师心理健康的负面影响。2023年7月5日，教育部发布了《2022年全国教育事业发展统计公报》（以下简称《公报》）。《公报》数据显示，尽管2022年学前教育的毛入学率相较于前一年进一步提高，但学前教育在园幼儿却减少177.66万人，下降

3.70%，幼儿园减少 5610 所，下降 1.90%。幼儿园教师未来的工作稳定性和福利待遇可能遭受更加严峻的挑战。综上所述，幼儿园教师心理健康问题应得到更加广泛的关注，并应从增加教师收入、提高教师社会地位等多层面出发，提高教师的心理健康水平，推动我国学前教育的良好发展。

3. 社会评价的压力对幼儿园教师心理健康的影响

社会对教师期望值过高与教师评价体系不够完善，对教师心理也有很大的影响。比如：父母与儿童对教师的角色期待是知识的传递者，因此需要幼儿园教师学识渊博，通晓一切；把幼儿园教师看作人类灵魂的工程师，期望幼儿园教师能做到公平、公正、一视同仁；把幼儿园教师当作父母的代理人，要求幼儿园教师有耐心、有爱心、更细心地对待孩子。在这个过程中，每个人都有自己的育儿观点，幼儿园教师会被不同的角色期待所左右，而这些期待会与他们的自我价值观发生冲突，影响对自己的客观判断。作为知识与道德的化身，幼儿园教师往往在社会与大众的期待中，以"完美"作为人生之本——对工作的要求是完美的，渴望别人看到和肯定自己的成就。这种注重"完美"的人，会一味追求他人的满意和认可，很容易忽视自己的性格、能力、机会等因素。当自己的理想目标无法达到时，他们会产生强烈的挫败感、自责、敌视等负面情绪和落差感。例如：在家长开放日活动时，害怕失败；担心在不同的教学竞赛中无法取得好的结果；不能确定自己的领导、同事怎么看待自己等。

总之，应从多角度考量幼儿园教师的心理健康状况，多维度、多层面地减轻其心理压力，从而为幼儿园教师营造一个宽松、和谐的工作和生活氛围。

第二节　幼儿园教师压力与幼儿心理健康

幼儿园教师是幼儿学习、生活的关键指导者，也是幼儿健全人格塑造过程中不可或缺的成员，他们的一言一行、一举一动都在有形无形之中影响着幼儿的发展。根据布朗芬布伦纳生态系统理论，儿童的成长受到各种微观系统的交互影响，幼儿园教师作为微观系统中的直接参与者，在幼儿心理发展过程中发挥着举足轻重的作用。如果教师的心理健康出现问题，势必会对幼儿的心理健康造成不利影响。幼儿园教师在工作、生活中面临着多源压力，不恰当的压力管理会使压力侵蚀教师的心理健康，以或隐或显的方式影响幼儿的心理健康。

一、春风化雨：幼儿园教师心理健康与幼儿心理健康的关系

健康的心理同健全的体魄一样，是我们学习、工作和生活的基础，作为言传身教的幼儿园教师，更要确保良好的心理健康状态，成为幼儿的好榜样。

（一）幼儿园教师心理健康与幼儿心理健康

幼儿期是一个人身心发展的关键期，幼儿有着很强的可塑性。在这一阶段，幼儿园教师的性格特征、情绪状态、为人处事的态度等，都会直接影响幼儿心理与行为的发展，教师言行举止的影响或多或少都可以在幼儿身上表现出来，有时这种影响将伴随其一生。

幼儿模仿性极强，会不断模仿父母和教师来进行学习。幼儿非常信任和崇拜教师，乐于模仿教师的行为和语言，教师良好的行为习惯将有益于幼儿的身心发展。然而幼儿由于年龄尚小，自身辨别是非的能力并不成熟，教师的不良言行也非常容易被幼儿模仿。

幼儿园教师如果保持积极、乐观等健康的心理特征，在工作中投入热忱，并与幼儿建立良好的情感联结、形成融洽的师幼关系，为幼儿园营造和谐快乐的氛围，就有益于幼儿健康成长。相反，如果幼儿园教师存在职业倦怠、焦虑等心理健康问题，消极怠工，造成师幼关系紧张、人际关系失调等消极后果，并从情绪和行为上对幼儿产生消极影响，那么幼儿更容易出现问题行为和人际交往问题。

（二）幼儿园教师心理健康对幼儿的影响

1. 幼儿园教师良好的心理健康状态正向影响幼儿

教师在工作、生活中保持良好的心理健康状态，具体表现为：情绪稳定，面对琐事、压力事件不紧张、不焦虑、不厌倦，能够很好地控制自己的情绪和行为；保持愉快积极的情绪，用自己的微笑感染幼儿；适度地表达关心和爱，让幼儿感到自己被关注；能够处理好人际关系，不会因为人际关系问题产生过度困扰，影响工作。教师的心理健康影响教师与幼儿、同事之间的关系，影响幼儿同伴之间的关系，影响整个幼儿园的氛围。

第一章 绪论　11

案例 1-1　深受孩子喜爱的李老师

在美丽的阳光幼儿园里,有一位深受孩子喜爱的幼儿园教师——李老师。她教学经验丰富,而且总是以阳光般的心态面对每一个孩子,她积极的心理状态不仅影响着孩子们,也感染着身边的每一位同事。

每天清晨,当第一缕阳光透过窗户洒在教室里,李老师已经早早地来到幼儿园,为孩子们准备好一天的学习材料。无论面对多么调皮的孩子,她总能保持耐心,细心地倾听他们的心声,解答他们的疑惑。当孩子们遇到挫折时,李老师会鼓励他们勇敢面对,用温暖的拥抱和鼓励的话语给予他们力量。

李老师总是以乐观的心态面对生活中的种种挑战。她相信每一个孩子都有自己独特的闪光点,只要用心去发掘,就能让他们绽放出耀眼的光芒。在她的课堂上,孩子们总是充满欢声笑语,因为李老师总是能用生动有趣的教学方式吸引他们的注意力,让他们在轻松愉快的氛围中学习成长。

李老师非常注重与家长的沟通。她认为,家长是孩子的第一任教师,只有与家长建立良好的沟通关系,才能更好地了解孩子的成长需求。因此,她经常利用课余时间与家长交流,倾听他们的意见和建议,共同为孩子的成长付出努力。同时,她也善于与同事沟通协作,共同解决工作中遇到的问题,营造和谐融洽的工作氛围。

案例 1-1 中李老师的积极心理状态不仅让她成为孩子们心中的好老师,也让她在职业生涯中取得了不俗的成绩。她的案例告诉我们,作为一名幼儿园教师,要想保持良好的心理状态,需要做到以下几点:保持耐心和细心,关注每一个孩子的成长需求;以乐观积极的心态面对生活中的挑战和困难;善于与家长和同事沟通协作,共同为孩子的成长付出努力;学会自我调节和压力管理,保持积极向上的心态。只有这样,我们才能像李老师一样,在幼儿教育这个充满挑战和机遇的领域里,不断成长和进步。

意大利教育家玛丽亚·蒙台梭利(Maria Montessori)曾说:"教师和儿童之间的积极关系是教育成功的唯一基础。"教师和幼儿之间的关系也是儿童早期重要的关系之一。良好的师幼关系益处多多,比如,可以提升幼儿的安全感、愉悦感,增强其适应能力。

2. 幼儿园教师不良的心理健康状态负向影响幼儿

综合以往的研究来看，幼儿园教师的心理健康问题主要有：心身疾病，即心理生理疾病，涉及心理社会因素以及个体的情绪状态，如强迫、抑郁、躯体化和人际关系敏感等（刘文，2021）；人际关系问题，幼儿园教师需要处理与幼儿、家长、同事以及园领导之间的关系，人际关系问题多且杂乱，人际关系尤其是同事之间关系满意度低对其心理健康影响最为显著；职业观念以及行为影响，幼儿园教师的工作具有一定的应激性，除了承担教育教学工作，还要处理各类突发事件，这些复杂琐碎的时间对教师的职业观念以及行为产生消极影响，具体表现为产生倦怠，失去信心、耐心，积极情绪减少等。

幼儿园教师心理健康水平较差可能会导致的一些消极后果：教师自身学习动机不高可能会导致幼儿对学习活动失去兴趣，在课堂上注意力不集中；教师情绪不稳定会使幼儿产生随意发脾气、说谎等不良行为；教师缺乏自信心则会造成幼儿的性格和情绪问题，幼儿更有可能产生自卑、胆怯等心理（李雨雯，2017）。

幼儿园教师的心理健康状况对幼儿行为、社交、自尊和情绪发展具有重要影响。教师情绪不稳定会增加幼儿的问题行为：如果幼儿园教师经常情绪不稳定（如易怒、焦虑或抑郁），幼儿更有可能模仿相关行为，表现出攻击性、撒谎或反抗等问题行为。这种影响可能是因为幼儿在模仿成人的情绪反应时，没有足够的能力区分哪些是适当的情绪表达方式，哪些是不适当的情绪表达方式。教师职业倦怠会影响幼儿的社交能力：较高的职业倦怠程度不仅会影响教师的教学质量及其与幼儿的互动，还可能导致幼儿在社交方面发展受阻。当教师因为职业倦怠而缺乏积极互动时，幼儿就失去了通过日常互动学习社交技能的机会。教师自信心低下会导致幼儿低自尊：教师的自信心直接影响其对幼儿的期望和反馈方式，如果教师缺乏自信，那么他们可能会在无意中通过较低的期望和负面反馈影响幼儿的自尊和自我价值感。幼儿可能因此感到不被重视，对自己的能力缺乏信心。教师的心理社会问题会影响幼儿的情绪调节能力：教师面临的人际关系问题和其他心理社会问题可能会影响其与幼儿之间的情感联系，从而影响幼儿情绪调节能力的发展。幼儿期是学习情绪调节策略的关键时期，教师的支持和引导至关重要。

因此，促进教师心理健康不仅对教师本身至关重要，也是促进幼儿全面发展的重要组成部分。提供职业发展、心理支持和建立支持性社区等措施，可以帮助教师维护良好的心理健康状态，从而为幼儿营造一个更加积极、健康的学习和成长环境。

二、任重道远：幼儿园教师心理压力对自身及工作发展的影响

（一）幼儿园教师压力管理与心理健康

压力是造成幼儿园教师心理健康问题的主要原因，教师压力的来源包括个人、幼儿园、幼儿家长及社会不同层面的压力。面对如此多的压力，幼儿园教师的压力管理能力便显得尤为重要。恰当的压力管理方式可以帮助教师减轻心理压力，维持良好的心理健康状态；而不恰当的压力管理方式可能对教师的身心健康造成严重危害。

幼儿园教师的压力管理失调主要表现在以下几点：首先是职业倦怠，包括感到疲惫、缺乏动力、工作效率降低和对工作缺乏热情等；其次是情绪管理能力下降，表现为情绪波动大、易怒，以及对幼儿的情绪反应不当；再次是人际关系出现问题，主要是与同事、家长和幼儿之间的互动质量下降，人际冲突增多；最后是教学质量下降，包括教学计划制订和实施能力下降，对幼儿学习进展的关注减少。这些问题不仅影响幼儿园教师个人的心理健康，也会通过师幼互动负面影响幼儿的心理发展。

压力管理失调进一步影响教师的情绪管理水平：低情绪管理水平的幼儿园教师，占总数的 12.1%，其中低归属感占 71.4%。这类幼儿园教师通常情绪表达能力较弱，无法有效发泄压力，容易积累消极情绪，对工作质量产生不利影响，形成恶性循环。中情绪管理水平的幼儿园教师，占总数的 25.9%，其中归属感整体处于中等偏上。尽管这部分幼儿园教师已具备一定的情绪调适能力，但当与领导或家长沟通存在分歧时，仍可能感到困难，难以有效转变情绪，进而导致情绪障碍，影响职业归属感。高情绪管理水平的幼儿园教师，尽管情绪管理能力较强，但在人际交往和解决冲突方面仍可能存在忧虑。特别是在普惠性政策环境下，对待遇的期望过高可能导致幼儿园教师与他人存在竞争关系，进一步影响归属感（陈莹，杨甄妍，谢真语，等，2020）。

由此可见，幼儿园教师在面对压力时，采取有效的情绪管理策略对维持个人心理健康以及促进幼儿心理发展都至关重要。幼儿园教师应提升自身的情绪管理能力，从而更好地应对工作中的压力，创造积极健康的教学环境。幼儿

教师压力管理失调的具体表现及其与心理健康的关系如下。

1. 职业倦怠

每年都有大批满怀激情的年轻教师投身于幼儿教育事业中，但在面临实际工作以及生活中的压力后，逐渐失去了最初的热情，对职业产生倦怠心理。幼儿园教师职业倦怠的现象比较普遍，他们的工作具有高强度、高责任性、高压力的特点。幼儿园教师长期在高压下工作，产生职业倦怠的可能性也会上升。幼儿园教师职业倦怠就是指其在长期的工作压力下所产生的一种疲劳综合征，主要表现为情绪耗竭、去个性化、低成就感。一项对幼儿园教师职业压力与职业倦怠关系的研究表明：从职业倦怠的三个维度来看，幼儿园教师在工作中感受到的压力依次是"情绪耗竭""低成就感""去个性化"（李静，解会欣，李爱华，等，2023）。职业倦怠会影响教师的工作热情、人际关系以及教学质量，并损害教师的身心健康。

首先，幼儿园教师的情绪耗竭现象比较严重，表明幼儿园教师在压力下，对工作的热情降低，对工作的投入度也在降低。其次，幼儿园教师在工作中不能获得满足感和成就感，对自己的工作认可度降低，进而对自己的教学效能感和主观幸福感等产生消极影响。最后，幼儿园教师对幼儿、同事以及幼儿家长的态度变得消极冷漠，影响师幼关系、同事关系以及园内氛围。职业倦怠还会引发失眠、肠胃功能紊乱等一系列生理健康问题，对幼儿园教师的身心健康发展产生消极影响（周晓芸，彭先桃，付雅琦，等，2019）。

幼儿园教师的心理弹性与职业倦怠之间存在显著的负相关关系，即心理弹性越高的教师，其职业倦怠的水平越低。在幼儿园教师中，工作能力和自我效能感对职业倦怠水平具有显著的负向预测作用，意味着这些心理弹性的组成部分能够有效降低职业倦怠。

综上所述，研究强调了提高心理弹性和塑造良好人格对于预防和缓解幼儿园教师职业倦怠的重要性。通过增强幼儿园教师的心理弹性和积极人格特质，可以有效缓解其职业倦怠，进而提高其工作满意度和教育质量。教师的幸福感有助于他们在教育工作中获得满足感，从而实现自己的职业理想，实现人生价值，获得自身发展，保持愉悦的状态，这种愉悦的状态也有助于他们摆脱职业倦怠。

2. 情绪管理

在幼儿园教育环境中，情绪管理对于幼儿园教师而言尤为重要，因为它不仅关乎教师个人的心理健康，也直接影响到幼儿的情感发展和学习体验。廖丽娟（2013）的研究进一步强调了幼儿园教师情绪管理在教育环境中的重要作用，尤其是它对教师个人心理健康和幼儿情感发展的直接影响。教师情绪耗竭，作为职业倦怠的一个核心维度，表现为教师长时间面对教育工作压力而感到极度疲惫、情感耗尽，甚至失去对教育工作的热情和动力，这种情绪状态不仅会降低幼儿园教师的工作效率和教学质量，还可能通过师幼互动负面影响幼儿的情绪和行为发展。

为了有效应对情绪耗竭，幼儿园教师需要采取积极的情绪管理策略。廖丽娟（2013）的研究提供了一系列有效的情绪管理策略，包括提升自我意识、掌握情绪调节技巧、寻求支持、参加职业发展培训以及平衡工作与生活等，这些策略均有助于教师有效应对情绪耗竭，维持良好的心理健康状态。首先，自我意识的提升能够让幼儿园教师意识到自己的情绪状态和触发点。通过日记记录、反思或同事间的分享，幼儿园教师可以更清晰地认识到哪些工作情境会触发自己的负面情绪及其影响。其次，通过学习和练习深呼吸、正念冥想、放松训练等情绪调节技巧，幼儿园教师能在压力情境中保持冷静和理性。再次，建立支持网络和参加职业发展培训也是关键策略，能够提升幼儿园教师的教学技能和情绪管理能力。最后，幼儿园教师要确保有足够的休息和放松时间，通过平衡工作与个人生活，减少职业倦怠。

当前幼儿园教师在情绪管理方面存在的问题和挑战，包括在处理幼儿行为、工作环境、人际关系以及家庭和社会压力方面的困难。这些问题和挑战不仅影响幼儿园教师的心理健康，也可能通过师幼互动负面影响幼儿的心理发展。通过上述策略，幼儿园教师可以有效地管理和调整自己的情绪，从而在维持个人心理健康的同时，为幼儿创造一个更加积极、健康的成长环境。

3. 人际关系

人际关系适应是教师职业适应的关键要素。尤其是新手教师在入职适应过程中需要与他人进行频繁的人际交往。当面临复杂的人际关系时，新手教师需要控制、调节自身的情绪，使最终表现出的情绪符合特定的情境，从而顺利完成工作，因此新手教师的情绪劳动超负荷运转，容易产生职业倦怠（黄婷，2023）。研究表明，幼儿园教师的人际关系质量与其心理健康密切相关。在一项对我国幼儿园教师的研究中，有近四成的幼儿园教师与家长沟通存在困难，有近三分之一的幼儿园教师与同事存在人际关系紧张和冲突，这些问题都对幼园教师的心理健康产生了负面影响（王岚，2023）。因此，具有良好心理素质的教师在人际交往时会有原则和方法，不会被情绪支配（罗斯杰，2022）。

4. 教学质量

教师的心理健康与教学质量密切相关。教师拥有良好的心理素质能够快速处理工作中的压力，快速适应教学内容和教学手段的创新，从而不断深化素质教育，帮助学生适应灵活多变的教学模式和教学活动（罗斯杰，2022）。

（二）幼儿园教师压力管理的相关影响

如前所述，当幼儿园教师压力负载过大，产生消极情绪、职业倦怠心理时，如果没有有效的压力管理方式，幼儿园教师可能会对幼儿发泄压力所带来的消极情绪，并消极对待教育教学工作，对幼儿的发展产生一些负面影响。幼儿园教师压力管理影响教师人际关系（包括师幼关系、亲师关系、同事关系）和幼儿园氛围，进而影响幼儿的心理发展。

1. 幼儿园教师压力管理影响教师人际关系

幼儿园教师需要与领导、同事、家长以及幼儿相互沟通，满足情感需求，在人际交往中被接受、被理解、得到爱与赞美。教师承载了社会以及幼儿家长的期望，在幼儿面前要时刻保持亲和力和忍耐力，因此心理资源过度耗损，自控能力下降，在人际交往中会不自觉地发泄负面情绪，造成人际关系破裂和适应不良（靳娟娟，俞国良，2021）。

（1）师幼关系。

案例1-2 过度惩罚导致的心理创伤

在一所幼儿园里，李老师面临着巨大的工作压力，她负责的班级孩子数量多，个体差异大，加之自己缺乏足够的心理健康教育和压力管理培训，因此她经常感到力不从心。有一次，幼儿因为玩具发生争执，李老师在控制不住自己情绪的情况下，对涉事幼儿进行了过度惩罚，包括大声斥责和强制让幼儿长时间面壁思过。这种行为让幼儿感受到极大的恐惧和羞辱，逐渐变得沉默寡言，对幼儿园产生了抗拒情绪，甚至出现了回避成人和同龄人的社交行为。

案例 1-3　情绪失控与身心影响

另一位幼儿园教师张老师，因为生活中的压力，加之工作环境中的压力，长期处于高压状态下。她的情绪管理能力变得越来越差，经常无缘无故地对孩子们发脾气，甚至在几次情绪失控时对幼儿进行轻微的体罚。这种情绪化和不稳定的师幼互动，使班上的孩子感到不安全和紧张，他们在幼儿园里变得越来越焦虑和退缩，对成人的指令反应迟缓，个别孩子甚至出现了夜间惊醒和分离焦虑的症状。

案例 1-2 和案例 1-3 在一定程度上表明，幼儿园教师在面对心理压力时，如果没有合适的应对策略和足够的专业培训，加上自身专业素养有待提升，缺乏自信，以及压力管理方式不恰当，那么就会产生一系列的连锁反应，导致心理健康状态的失衡，做出一些对儿童产生破坏性影响的行为，如体罚、辱骂甚至是虐待，这些行为对儿童的身体和心灵都会造成不可磨灭的创伤。

压力应对方式不良的幼儿园教师更有可能对事件和幼儿不敏感，因为他们丧失了对自身职业的热情，不能从工作中获得情感的满足，归属感缺失，致使他们与幼儿的互动出现问题，对师幼关系造成负面影响。当幼儿园教师面对职业压力而采取不良的应对方式时，例如情绪管理能力下降，这种压力管理失调更有可能让他们失去对职业的热情和从工作中获得情感满足的能力。在这种情况下，师幼互动质量下降，对师幼关系造成负面影响，进而可能阻碍幼儿的全面发展并降低教师的职业幸福感。

教师在师幼共生型关系中扮演着多重角色，包括观察者、支持者、引导者以及终身学习者。这些角色的有效扮演直接影响到师幼互动的质量以及幼儿的成长环境。在此基础上，良好的师幼关系不仅能促进幼儿的全面发展，还能增加幼儿园教师的职业幸福感，促进幼儿园教师的专业成长。因此，幼儿园教师的情绪管理能力和压力应对策略对于维护和促进这种共生型关系至关重要。幼儿园教师与幼儿在共生型关系中相互依存和相互成就。幼儿园教师应对幼儿表现出主动的关爱、支持和引导，而幼儿对幼儿园教师的职业情怀和专业成长也有积极的作用。这种相互成就的关系有利于幼儿和教师的共同发展和幸福。

由此可见，幼儿园教师的压力应对方式对师幼关系的质量有着直接的影响。幼儿园教师需要有效管理自己的情绪和压力，从而维持和促进与幼儿的健康互动，为幼儿创造一个充满支持性的、积极的成长环境。这不仅有利于幼儿的全面发展，也对幼儿园教师的职业满意度和成长有着积极的推动作用（苗雪红，卜叶，2024）。

（2）幼儿问题行为。

当幼儿园教师对幼儿的问题行为具备高认知水平时，他们不仅能够敏锐地察觉到孩子们在日常学习、游戏及社交活动中展现出的细微行为变化，还能深刻地理解这些行为背后可能隐藏的情感需求、心理发展阶段或环境适应方面的挑战。同时，高认知水平也意味着教师更容易感知到工作中的压力源。他们可能会因为担心无法有效解决幼儿的问题行为、平衡个别关注与集体教学的关系或应对家长和社会的期望而感到压力倍增。许多幼儿园教师由于缺乏足够的培训以有效应对多发事件，从而产生了职业倦怠感。随着幼儿问题行为增多，幼儿园教师管理难度有所提升，压力加剧，可能采用更为情绪化和消极的应对策略，形成一种恶性循环，不断升级的冲突最终对师幼关系产生负面影响。幼儿园教师的执行功能水平较高，意味着他们能够有效地同时处理多个事件，通过采用有效的管理和教学策略减轻压力。

总之，当幼儿园教师对幼儿的问题行为达到高认知水平时，他们的工作既充满了意义和挑战，也伴随着一定的压力。幼儿园教师要在与幼儿的日常互动中实施更有效的干预和教学策略，为幼儿创造一个更加积极的、充满支持性的学习环境。

①幼儿消极情绪。如果幼儿园教师的情绪管理问题长期得不到解决，他们在工作中会更多地表现出负面情绪，极有可能危害幼儿的身心健康。一方面，幼儿园教师长期处于消极情绪状态，在工作以及处理人际关系时采用消极方式，敏感的幼儿会通过观察和交流感受到教师的负面情绪，不利于其心理健康。另一方面，幼儿园教师处于消极情绪中，没有为幼儿提供高水平的情感支持，没有与幼儿进行有效的情感互动，也没有同幼儿建立起和谐温暖的依恋关系，甚至对幼儿进行体罚或辱骂，对幼儿造成心理或身体伤害，导致幼儿产生抑郁、愤怒等不良情绪。

②幼儿社会适应能力。幼儿需要与教师在幼儿园里朝夕相处三年的时光，幼儿园教师的言行会影响幼儿的情绪，这些情绪作用于幼儿的心理与行为，影响幼儿的成长。幼儿园是幼儿进行情感交流和互动的场所，幼儿在与教师和同龄人互动的过程中，感受他人的情绪并学会使用情绪技能，这些互动对于他们以后的学校适应、社会适应都有重要影响。如果幼儿园教师拥有较好的压力管

理能力与情绪管理能力，那么幼儿就会在与教师的互动中发展情绪智力，在日后的学校生活中更好地使用相应策略，发展良好的社会适应能力。

（3）亲师关系。

教师自身的压力管理失调使他们在日常的工作中没有给予幼儿充分的关注，不能为家长提供有用的信息，阻碍家校共育，不利于幼儿的发展。另外，教师在处理与家长的关系时，可能采用冷漠的态度，无法有效与家长进行沟通，使家长对幼儿园教师失去信任，无形中加重自身的压力。很多幼儿园教师没有经过与家长沟通的有效专业训练，不会与家长有效沟通，也增加了他们的压力。

（4）同事关系。

幼儿园教师除了要承担日常教学工作，照顾幼儿在园所内的生活之外，还要处理与同事以及领导之间的关系。心理压力较大的幼儿园教师可能会处理不好各种人际关系，对工作的满意度也会下降。如果幼儿发现教师长期存在人际关系问题，那么他们在处理人际关系问题时可能无法采取正确的解决方法，进而影响其社会性发展。

2. 幼儿园教师自身压力管理影响幼儿园氛围

（1）影响课堂氛围。

幼儿园教师压力会影响课堂氛围，尤其对民主课堂氛围的影响最为明显。对于幼儿来说，课堂教学质量和师幼互动是其社会情感健康发展的重要因素（Sönmez & Kolaşınlı，2021）。幼儿园教师与幼儿之间高质量的互动有助于幼儿形成积极的情绪、自尊心，让他们在课堂上感到轻松自在。相反，消极的师幼互动会使幼儿产生焦虑、不适和疏离感。所有的负面结果会导致幼儿间的相处向着糟糕的方向发展，影响课堂氛围。压力小且压力管理能力较强的幼儿园教师可以通过与幼儿建立积极的关系，并为幼儿提供一个平静的、结构化的学习环境，对幼儿的社会情感技能产生积极的影响（包括减少其问题行为）。压力大且压力管理能力较差的幼儿园教师对幼儿的问题行为容易反应过度，他们专注于与幼儿交流中的消极互动，不能实现合格的课堂管理。高质量的课堂和良好的班级氛围中的幼儿和教师都表现出更多的积极行为，问题行为出现的可能性也较低。

（2）影响幼儿园整体氛围。

当幼儿园教师不能较好地处理工作和生活压力时，会出现以下几种情况：在面对工作时失去热情和耐心，在工作中常常出现失误；在面对幼儿时失去细心和爱心，不能给予幼儿充分的关爱；在面对园内其他教师时，产生各种人际关系紧张现象，造成整个园内氛围紧张，幼儿在这种不和谐的氛围下学习和生活，会产生消极情绪以及不安的感觉，不利于心理健康发展。

幼儿园是幼儿除了家庭之外，认识自己、结交朋友、探索世界、感受爱的地方。幼儿园教师除了承担日常的教学工作，还要照顾幼儿的生活、与幼儿进行情感交流、做幼儿的榜样。幼儿园教师任重道远，面临着多重压力，如果没有恰当的压力管理方式，就会影响到幼儿的心理健康发展。这要求我们在关注幼儿身心健康的同时，高度重视幼儿园教师的心理压力、心理健康问题，不能让教师默默忍受一切。

知识之窗

"五大途径"促进幼儿心理健康发展

心理健康教育不仅关系到幼儿的身心健康发展，而且关系到其一生的可持续发展。当前，大多数家长和教师只关注幼儿的身体健康，却忽视了幼儿的心理健康。其实隐藏的心理健康问题最不易被发现，但对幼儿的成长有着最直接的影响。目前，幼儿正处于身心发育的关键阶段，而这个阶段也是培养幼儿健康心理的关键时期。在幼儿阶段，一部分幼儿经常表现出一些心理问题，如孤僻、易怒、吵闹、交往困难、依赖感强、攻击性强、遇到问题退缩等。针对这些问题，幼儿园教师和家长应如何应对？《3—6岁儿童学习与发展指南》（以下简称《指南》）强调应"营造温暖、轻松的心理环境，让幼儿形成安全感和信赖感""帮助幼儿学会恰当表达和调控情绪""尊重幼儿发展的个体差异"。因此，幼儿园教师可通过营造和谐氛围、建立健康档案、教育活动渗透、关注个体差异、践行家园合作五大途径，促进幼儿心理健康发展。

1. 营造和谐氛围，培养积极情绪

生活的环境和氛围会对幼儿产生潜移默化的影响。为了培养幼儿的积极情绪，促进幼儿心理健康发展，幼儿园教师需要营造和谐、轻松、自主的氛围，依托氛围和环境的积极感染作用，培养幼儿积极向上的情绪，促进其心理健康发展。和谐、积极的氛围包括物质氛围与人文情感氛围，幼儿园教师应先从打造物质环境入手，营造舒适、安全、自主的环境和氛围，让幼儿在轻松愉悦的环境中调动积极情绪，接着营造温馨的人际交往氛围，以培养幼儿的积极情绪。

2. 建立健康档案，关注持续发展

幼儿之间的个体差异很大，因此幼儿园教师在实施心理健康教育时，既要营造集体性的积极健康氛围，又要打造个性化的、针对不同个体的有效观察、引导与教育对策。作为独特个体的幼儿，他们有自己不同的学习方式，也有不同的探索外界事物的方式。同时，幼儿所表现出的心理状态和水平也各不相同。为了做好心理健康教育，幼儿园教师有必要为每名幼儿配备"心理健康档案"，以档案的形式，配合文字、图片、观察记录表、幼儿画作等作为档案袋中的内容，并对幼儿进行心理跟踪分析。

3. 教育活动渗透，落实无形教育

区域活动是对幼儿实施心理健康教育的重要途径。为了做好对幼儿的心理健康教育，培养幼儿积极健康的心理品质，幼儿园教师需要抓住幼儿集体活动、区域活动的契机，将心理健康教育巧妙融入其中，进而无形渗透心理健康教育——这需要幼儿园教师做好科学预设，在活动实施过程中对幼儿进行巧妙引导、鼓舞与激励，将心理健康教育理念、思想等融入五大领域相关的集体活动与区域活动中，从而有效落实无形教育。

4. 关注个体差异，落实因材施教

幼儿在成长过程中难免会遇到一些问题，甚至表现出一些心理健康问题。每个幼儿都是独特的个体，他们表现出的问题与情况各不相同。因此，教师在实施幼儿心理健康教育时需因材施教，认真了解幼儿的个体情况与差异，落实有针对性的、有效的对策，巧妙激励、鼓舞与引导，进而促使幼儿的问题得到纠正与解决。为了关注个体差异，教师应跟踪观察，与"心理健康档案"配合，针对幼儿表现出的问题，分析原因并制定针对性对策——关注个体差异，才能提升心理健康教育质量。

5. 践行家园合作，培养健康心理

结合《指南》的思想，幼儿园和家庭应当紧密合作，共同采取科学的保育和教育策略，以促进幼儿德、智、体、美各方面的协调发展，为幼儿后续学习和终身发展奠定良好基础。教师应认识到，在幼儿的成长过程中，家庭和幼儿园一样发挥着重要的引导作用，因此，家庭也需要和幼儿园合作，共同关爱幼儿的身心健康发展。每个幼儿都是独特的个体，存在个体上的差异性，而成长环境对幼儿有直接影响，因此教师需要和家长合作共育，因材施教，采取科学合理的教育措施，以营造良好的成长氛围，关爱幼儿的身心健康发展。

（改编自：杨大状，肖晶晶，2023）

【微课】

【拓展材料】

第二章 幼儿园教师心理压力与调适策略

本章要点

※ 幼儿园教师的压力来源及影响
※ 幼儿园教师压力应对与自我调适

> "教育者，非为已往，非为现在，而专为将来。"
> ——蔡元培（1868—1940）

> "没有爱，就没有教育。"
> ——苏霍姆林斯基（Сухо-млинский，1918—1970）

幼儿园教师的幸福感与其工作紧密联系在一起。当前幼儿教育改革日益深入，迫切需要幼儿园教师转变角色，成为研究者、幼儿活动的支持者和引导者、幼儿平等交往的对象等。幼儿园教师为此投入了大量的时间、精力，不断填写表格、整理记录……工作时间远远超过国家规定的8小时，有时还不得不把工作带回家。他们好不容易完成一项工作，还来不及喘一口气，轻松一下，很快又要投入另一项工作中。这种持续的压力使许多幼儿园教师疲惫且迷茫，幸福感大大降低。与此同时，低幸福感又会影响工作、生活，形成恶性循环。

有研究者认为，教师职业本身就具有一些容易引起压力的特征（朱虹，2005）。工作中时间压迫性及人际竞争性强；需要频繁调动工作地点或内容；缺乏伙伴性的工作环境，需要个人负责，较少有人可以共同承担责任；缺乏社会认同感，社会价值评价等级较低；作息不正常，缺乏规律。幼儿园教师作为幼儿成长过程中的重要他人，对幼儿的发展有着重要影响。法国作家罗曼·罗兰

（Romain Rolland）说过："要撒播阳光到别人心中，总要自己心中有阳光。"当幼儿园教师体验到更高的幸福感时，幼儿更容易受到教师影响，感到安全、自信、乐观，更愿意表达、探索。不难想象，当教师在生活中受到重重压力、充满抱怨和悲观时，幼儿会受到什么样的影响。因此，如果希望幼儿园教师在教育工作中有优异的表现，就不能忽视对其生活质量、幸福感的关注。

第一节 幼儿园教师压力的来源

基础教育是提高民族素质的奠基工程，建设高水平的师资队伍不仅要注重专业知识与技能技巧，更要注重教师身心方面的良好发展。近年来，随着学前教育各项制度不断完善以及《幼儿园教师专业标准（试行）》的出台，我国幼儿园教师压力问题引起一些学者的关注。对于幼儿园教师来说，适度的职业压力有助于增强其工作动机，但是长期过度的职业压力会引起他们的不满、消极懈怠、高离职率和缺勤等问题，不利于学前教育事业发展（励旻琦，2005）。我们必须明确幼儿园教师的压力来源，以此来帮助幼儿园教师缓解压力，提升教学的效率和质量。

一、追根溯源：幼儿园教师压力的来源

压力常常会在人们认为自己无法应对某一事件结果时产生。幼儿园教师工作压力的来源是多方面的，包括个人、幼儿园、幼儿和家长及社会不同层面的压力。个人层面主要包括认知风格、人格特质、情绪的差异性等。社会层面上的压力包括社会大众对幼儿园教师职业的低认同态度，以及幼儿教育改革力度大而教师在短时间内难以提升专业素质等。另外，幼儿园的管理与制度、繁多的教学工作等也是幼儿园教师的压力来源（申继亮，2003）。同时，幼儿的安全是家长最为关切的问题，也是幼儿园教师工作压力的主要来源（姚立新，2005）。下面就让我们一起详细了解一下这些压力来源吧。

（一）幼儿和家长是幼儿园教师最大的压力来源

压力源产生作用的大小及对人的影响，取决于其性质和预测性、强度和频

率、影响范围和持续时间等因素。研究表明，幼儿在园的安全问题及家园沟通问题是幼儿园教师最大的职业压力来源。近年来，幼儿园教师"虐童"事件频发，幼儿园校车安全事故不断，网络、报刊更是加大了对幼儿园安全问题的关注力度，使得幼儿在园安全问题成为社会热点，也使得幼儿园教师更加注意幼儿的安全问题。一些教师在工作期间甚至一直处于高度紧张的状态，很怕幼儿发生任何安全问题。

在有关研究的问卷调查中，针对"您在工作中最怕发生的事是什么？"一题，所有人都写了"事故"。可见，为"事故"而提心吊胆是幼儿园教师最难忍受的一点。在访谈中，笔者问过一些即将退休的教师，在退休时有什么想法。他们说，终于可以放心地睡觉了，自从当上幼儿园教师，心理负担就很重，总是担心班上的孩子出事故，连做梦都是这些事。在现代家庭中，独生子女稍出差池，家长的反应就十分强烈，教师们都说："哪里出了点响声，我的心就'嘣'地跳一下。"教师每天都要高度紧张工作几小时，身心疲惫，无力实施教育计划，或者为了避免"事故"，宁可少开展教育活动。

另外，幼儿园工作的顺利开展与家长的积极配合有密切关系，而要取得家长的配合需要教师与家长进行有效的沟通。如与家长沟通不顺畅，教师就会觉得工作没有成就感，进而恐惧与家长沟通。与此同时，幼儿和家长对教师的评价，关系到教师的付出能不能得到回报。若幼儿和家长对教师有意见，教师就会觉得自己所有的努力都没有得到认可，工作的积极性受到打击。家长的理解与支持是教师最大的欣慰，也是他们工作的动力。对于不理解教师工作的家长，教师会感觉自己的工作很难做，与家长沟通存在障碍，从而备感职业压力（王萍，曹蕊，秦姜艳，2015）。

（二）幼儿园管理方面的原因

保教活动是幼儿园教师所承担工作的重要内容，在保教活动开展过程中，幼儿人数的多少、工作时间及工作量等因素都会使教师产生压力。如班级幼儿人数超标、每天工作时间长、工作量大等都会给教师带来各方面的压力，使其产生职业倦怠或离职倾向。与此同时，在幼儿园组织管理方面，为了保障幼儿园的正常运行，每所幼儿园都建立了相应的组织管理制度，如各种定期或不定期的评比、检查、考核，也会给教师一种紧张感。

在关于幼儿园教师压力的问卷调查中，针对"您感到从事幼儿园教师工作的劳累程度如何？"一题，90%的人回答"很累"，5%的人回答"比较累"。累在哪里呢？其中一名教师回答："其一，案头工作多。案头工作挤占了教师许多休息时间，是导致幼儿园教师工作时间长、工作负担重的最直接原因，主要包括教案、个案、摘抄、计划、观察记录、教养随笔、会议记录、科研、工作总结、家园联系、报告请示、演讲稿及各种教具制作等。其二，班级人数多。统计得出，公办幼儿园大班平均有42人，中班38人，小班37人，民办幼儿园班级人数略少。幼儿园各班人数普遍超出定额，有的班多达50余人。面对如此多的自控力极低的幼儿，教师组织一次活动是非常艰辛的；即使不组织活动，长时间处于闹哄哄的环境中也是十分痛苦的事，何况教师还要看着几十个活蹦乱跳的孩子不出事故。其三，业务学习多。据上级的规定，幼儿园教师每年必须参加一定时间的业务进修，以取得一堆证书。要获得这些证书，幼儿园教师必须挤出业余时间参加各类培训。其四，开课多、比赛多。每年每月，幼儿园都有对外开课、观摩比赛等活动，还有各级论文比赛、技能比赛、制作教具比赛等，频频地开课、比赛，占用了幼儿园教师大量的时间和精力。"

（三）幼儿园教师自身的原因

研究发现，不同教龄和职称的幼儿园教师所承受的职业压力不同，其中教龄为13~19年的幼儿园教师的压力显著高于其他教龄的幼儿园教师，而教龄为1~5年的幼儿园教师职业压力最小。另外，职称越高，幼儿园教师的职业压力越大。可见，教龄与职称存在一定的相关性。普遍来说，教龄为13~19年的幼儿园教师一般都在争取高级职称，而教龄为1~5年的幼儿园教师一般没有职称或者职称为幼儿园二级。教龄为13~19年的幼儿园教师职业压力大的原因在于，这部分教师已经处于职业生涯的成熟阶段，在幼儿园里担任着比较重要的角色，在个人职业发展方面面临着极大的职业晋升压力和挑战，同时其年龄为35—45岁，因此还面临着巨大的生活压力，主要是孩子的教育问题及父母的赡养问题等。这些都对这个阶段的幼儿园教师造成了巨大的压力，使其感受到的职业压力最明显。此外，幼儿园教师的婚姻状况与其职业压力呈负相关，即已婚的幼儿园教师职业压力小于未婚的幼儿园教师。这可能是因为后者的生活中有更多的不稳定性，所以相对来说职业压力更大（王萍，曹蕊，秦姜艳，2015）。

1. 情绪压力

"情绪劳动"（emotional labor）一词由霍克希尔德（Hochschild，1983）创造，指"需要一个人诱发或抑制情感，以维持使他人产生适当心理状态的外在表情"的工作。幼儿园教师每天都从事体力、脑力和高度情绪化的工作。幼儿园教师非常需要进行情绪劳动，因为他们提供监督和照顾、应对行为挑战、解决冲突，以及与其他专业人士和家长合作。多项研究已经明晰了幼儿园教师情绪劳动、情绪耗竭同他们与儿童互动的质量之间的联系。

幼儿园教师被要求在工作时间内持续从事情绪劳动。理想情况下，在与家长、其他教师和孩子的互动中，幼儿园教师除了承担大量的看护和教学任务外，还应保持积极、冷静并提供鼓励。当幼儿园教师和其他服务工作人员试图管理自己的情绪时，他们可以进行表面表演或深层表演。当教师无法表达自己的真实情感时，他们会使用这两种策略，使他们能够执行工作中所需的情绪劳动（Grandey，2003）。

表面表演仅改变情绪的表达，深层表演则改变我们的情绪状态（Larson & Yao，2005）。表面表演涉及通过改变外表（即面部表情、姿势、手势或语气）来模拟实际上无法感受到的情绪，以表现出所需的情绪。通过这种方式，人们假装并传达未经历过的情绪。对于教师来说，当他们通过表达自己并未真正感受到的情绪来改变自己的情绪表达以符合社会期望时，就会出现表面表演（Grandey，Diefendorff，& Rupp，2013）。例如：当面对一个有挑战性的学生时，教师可能会微笑并显得平静；然而，这可能并不意味着他们正在感受这些情绪，他们只是按照预期的情绪表达规则行事。

另外，当一个人试图真正体验或感受他想要表达的情绪时，就会出现深层表演。与表面表演不同，深层表演不仅仅是通过改变外表来改变一个人的内心感受，而是个人积极地改变自己的内心感受，以表达其希望展示的情绪或工作所需要的情绪（Mann & Cowburn，2005）。为了表达组织期望的情绪，教师可能会付出巨大的努力来感受或抑制工作场所中的特定情绪（Schirmer & Adolphs，2017）。例如，教师可能会试图通过积极的记忆或以更积极的方式重新构建他们的想法，以改变他们面对压力情况或课堂互动时的愤怒情绪。总而言之，当感觉"由外而内"改变时，表面表演就发生了，而在深层表演中，感觉是"由内而外"改变的（Hochschild，1983）。

毫不奇怪，表面行为和深层行为都会对幼儿园教师产生影响。通过表面表演来描绘自己无法感受到的情绪，会使人产生一种紧张感，霍克希尔德（Hochschild，1983）称之为"情绪失调"。这种不和谐会造成个人和工作上的不适应，导致自卑、抑郁和玩世不恭。根本的问题是，一个人被期望表达出来的感觉与其实际经历的感觉之间存在差异。

马斯拉奇（Maslach）等人将情绪耗竭描述为"工作使情绪过度延伸和疲惫的感觉"。教师如果经常表现出与自己的感受相冲突的情绪，那么他们会比其他人更有可能经历情绪耗竭。人是社会性的，因此与人互动的过程中需要调节情绪，这也会引发倦怠（Rafaeli & Sutton，1989）。例如，一项对菲律宾幼儿园教师进行的研究发现，职业倦怠情况取决于教师的情绪稳定性（Banlawe, Cruz, & Jennifer，2020）。

教师如何成功地调节自己的情绪，对课堂氛围和文化有着重要的影响。与其他职业不同，例如服务行业中服务人员与他人的互动可能是短暂的和随机的，而教师与学生和家长的互动是长期的和一致的。教师被要求既是学科专家，又是课堂上情感发展的促进者。教师应该调节自己的情绪，通过专业规则和行为准则来回应学生和家长。教师不但要在工作中管理自己的情绪，而且经常认为自己有责任在情绪识别和管理方面成为幼儿的榜样，帮助他们识别并适当地表达自己的情绪。幼儿园教师普遍认为，"能够且应该在任何时候都对所有的孩子保持热情和积极的态度，这是一项艰巨的任务"（Zhang, Yu, & Jiang，2020）。

2. 身体健康压力

照护幼儿也会给教师带来身体压力（Gratz, Claffey, & King et al.，2002；Kwon, Ford, & Salvatore et al.，2020），因为这项工作涉及抱和举起多个孩子，教师需要经常从坐姿（包括在地板上）转换到站姿，并移动材料。事实上，国外有研究表明，与中小学教师相比，幼儿园教师的身体需求更大，更容易疲惫（Kwon, Ford, & Salvatore et al.，2020）。幼儿保育和教育工作显然是一项压力很大、要求很高的工作，随着时间的推移，教师的压力和疲惫感也会产生一定的变化。

3. 个性与认知

曼洛夫（Manlove，1993）在一项关于幼儿园教师具体人格结构的研究中，将"外向"个体界定为那些善于交际和开朗活泼的人，而"内向"个体是不善交际和害羞的人。那些表现出曼洛夫所说的更"神经质"行为的人，是高度反应性的或情绪上反应过度的,在管理压力和紧张方面有困难。曼洛夫报告说,神经质在儿童看护工作者的情绪耗竭中占了很大一部分,并将其归因于长时间与幼儿一起工作对他们施加的持续的社会和情感需求。人格的另一个被研究的方面是控制点。有研究报告(Fuqua & Couture,1986)指出,表现出较强的内部控制点的照护者往往对他们的工作更满意,并且比内部控制点较弱的照护者更不容易倦怠。同一项研究报告称,较低的教育水平和经验水平,以及缺乏对中心决策的投入,与倦怠的"情绪耗竭"成分有关。博伊德和帕斯利(Boyd & Pasley,1989)发现,表现出更多外部控制点的幼儿园教师对自己的生活、选择、行为及后果几乎没有控制力。因此,拥有外部控制点的人不相信工作上的成就是自己努力的结果。

此外,幼儿园教师对整个职业和自己特定工作环境的满意程度,对他们选择从事幼儿教育工作也很重要。有学者(Pettygrove,Whitebook,& Weir,1984)报告说,超过三分之二的受访者声称"和孩子在一起"是他们工作中最愉快的方面,几乎一半的受访者回应说"看着孩子自己探究"是工作满意度的最大来源。对职业和自己的职位有更高的个人和专业承诺的幼儿园教师有更高的工作绩效,对工作更满意,并且倦怠水平更低。据报道,个人感受,如"与儿童一起工作"和能够"看到他们成长"的重要性,与教师对该领域的承诺密切相关(Stremmel,1991;Manlove,1993)。他们认为自己在工作中的自主程度也是工作满意度的主要来源,并与职业倦怠负相关(Pettygrove,Whitebook,& Weir,1984)。

然而,幼儿园教师的工作满意度不断受到有限的工资、很少的福利,以及低地位的挑战。幼儿园教师认为,他们的工作需要技巧、耐心、知识、创造力、教学能力、领导能力和管理能力。他们也意识到自己缺乏社会欣赏(Pettygrove,Whitebook,& Weir,1984)。加拿大幼儿园教师在被问及他们是否认为自己受到各种社会群体的尊重时,绝大多数人认为他们受到幼儿家庭、其他儿童保育专业人员和自己家庭的尊重,但只有16%的人认为公众普遍尊重他们和他们所做的工作。

4. 个人能力压力

教师个人压力的主要来源可能是受教育水平低和经验较少。幼儿园教师从事专业工作时,需要接受广泛的通识教育、专业培训和积累一定的工作经验。很多研究者都对幼儿园教师的教育、培训、经验与倦怠率之间的关系进行了研究。一些研究人员报告说,较高水平的教育和工作满意度与较低水平的倦怠有关(Maslach & Pines,1977;Powell & Stremmel,1989)。同样,曼洛夫(1993)发现,接受过更多的通识教育、更多的专业培训和拥有更多工作经验的教师的个人成就水平更高。有人认为,接受更高水平的教育使教师对儿童保育和教育工作有更现实的期望,对工作绩效和评估方法有更清晰的理解,对工作的要求、挑战和好处有更清晰、更现实的理解。那些准备更充分、对自己的角色更清楚的人,可能会对自己的工作更积极。曼洛夫(1993)还提出,教育和经验都可以影响个人如何理解和看待教师作为专业人员的角色。

然而,令人惊讶的是,一些研究发现几乎没有证据表明幼儿园教师的教育程度和经验与课堂质量或师幼互动质量存在正相关关系。汤利等人(Townley,Thornburg,& Crompton,1991)认为,在某些情况下,更高的教育水平会导致更高的职业倦怠水平。斯特梅尔等人(Stremmel,Benson,& Powell,1993)提出了两种可能的解释,说明受过良好教育的教师可能会倦怠。一是,教育和培训水平较高的幼儿园教师可能有更高水平的压力,因为他们作为专业人士的自我形象与他们所从事的要求高、地位低、工资低的工作之间存在差异,而且他们的工作环境往往很艰难或不被支持。二是,训练有素的幼儿园教师有更多的机会接触更多的信息来源和专业指导,因此,他们可能较少召集或参加工作人员会议,这可以减轻倦怠的影响。

(四)社会方面的原因

和其他学段的教师相比,幼儿园教师普遍认为自己的社会地位不高。教师的社会地位是指教师职业在整个社会职业体系中所处的位置。研究认为"影响教师社会地位的因素主要有传统因素和职业因素。传统因素指人们对教师的一种传统观念。职业因素主要指教师队伍的专业化水平"(金一鸣,1996)。如有研究表明:74.7%的幼儿园教师认为社会不把幼儿园教师看作真正的教师,而只是保姆、玩伴等,导致教师的职业成就感不强;68.5%的幼儿园教师认为社会对他们的要求很高,这使他们处于一种尴尬的境地,职业压力大也就不足为奇。从教师专业化角度来讲,幼儿园教师职业的专业化程度及其在人们心目中的地位并不高。其中一个突出的表现是,幼儿园教师的学历不高。尽管目前已形成了多层次的幼儿园教师培训体系,但是真正本科和本科以上学历的毕业生到一线当幼儿园教师的还是相对较少。最后,在工资福利待遇方面,有85.6%的教师认为自己的待遇较低，有86.4%的教师认为自己的付出与回报不成正比，这都容易使幼儿园教师心理不平衡，职业成就感低，从而感受到更高的压力。

1. 工作负荷压力

（1）工作内容多、时间长。

只要当班，幼儿在园的各个环节教师都要负责：既要关照他们的生活，又要组织集体教育活动、游戏等。一个班级往往只配备两位教师、一位保育员，但幼儿有30人左右，一些地区的班级甚至达四五十人。家长工作是教师工作的第二大内容，幼儿园教师每年接新班或新的幼儿插班时都要提前进行家访，了解幼儿的情况，平时在家长接送幼儿时与其沟通，进行家园联系，每学期还要组织家长开放日、亲子活动、家教讲座等。另外，环境创设、备课、准备教具和学具、写观察记录和论文、制作幼儿成长档案、参加公开课比赛、参与课题研究、接待领导的检查、接待同行听课、参加业务学习等都是教师的工作职责。可以说，幼儿园教师工作任务重是一种普遍现象。国家规定幼儿园教师的工作时间为每天8小时，但幼儿园教师的工作时间一般都远远超过这个时间，把工作带回家做已成为家常便饭，更有甚者，家庭成员都成为免费的帮工，工作和家的分界也荡然无存。相应地，幼儿园教师花费在家庭上的时间大大减少，久而久之，家庭成员之间的关系也容易紧张。

（2）缺乏时间管理的技巧。

不少幼儿园教师每天都是匆匆忙忙的，总觉得有做不完的事，但当一天工作快结束时，往往又觉得似乎没完成什么工作，还有大量的任务等着做，因此，非但心情没有得到放松，反而觉得压力更大。一些教师在工作时分不清重点和难点，当反问自己一天工作的重点和难点时，很多教师回答不上来。这些都说明幼儿园教师虽然很忙，但并不清楚自己的时间是否发挥了最大的意义和价值。因为有限的时间只有放在重要且紧急的工作上才是最有价值的，如果本末倒置，把大量的时间放在一些不重要且不紧急的事情上，教师就会发现到最后没有很好地完成那些重要且紧急的工作。

（3）不会合理地拒绝。

一些幼儿园教师是常说的"老好人"，很难对别人说"不"。这些教师经常不太分得清自己的责任和别人的责任，通常会自愿揽很多工作，或当别人请求帮忙时，明知道时间不够却不懂该如何拒绝，而一旦应承又开始后悔，当完成不属于自己的工作时，发现已没有时间完成自己的任务了。

（4）完美主义。

一些幼儿园教师有完美主义倾向，总认为自己应成为最好的教师，工作质量应最高，为了避免自己工作出任何差错而陷入后悔、挫败、自怨自艾中，他们只愿意在各方面条件都完善的情况下才开始工作，由此导致工作不断拖延。

（5）教师自身的认知偏差。

当与很多一线幼儿园教师交流时，不少教师表示自己原来以为在幼儿园工作只是负责带领幼儿开展各类活动而已，根本没想过有这么多的事，与其原本的期望完全不吻合，由此导致他们对现实工作产生抵触心理。尤其是当他们在做了很多工作后发现并没有多大的效果时，这种抵触心理更强烈，工作能拖就拖，不能拖就应付。

2. 安全要求压力

对于幼儿园教师来说，"安全"二字是悬在头上的一把剑。很多教师表示自己在幼儿园里工作时提心吊胆，精神紧张，每安全地过完一天，他们都会舒一口气并感到庆幸。因为安全是幼儿园的首要大事，正如一位教师所说"教得再多也会被孩子的一次摔跤抵消……"，一旦出现后果就很难收场。即便幼儿园教师加倍注意，有时幼儿依然会在某一瞬间出问题，令其防不胜防，这也是很多幼儿园教师不愿意继续在幼儿园里工作的原因。有没有办法可以帮助教师减轻这种压力呢？对此，我们需要对教师有安全责任压力的原因进行分析。

（1）幼儿具有好奇、好动的天性。

幼儿总想尝尝掉到地上的小果子究竟是甜的还是酸的，而不顾这些小果子是否有毒；同时，他们神经系统的抑制功能还未发育完全，容易兴奋，喜欢活动，而行动的协调性较差，加之生活安全知识缺乏，教师需要时时绷紧神经关注他们。

（2）幼儿对集体生活不适应。

幼儿园是幼儿最早接触的社会教育机构，幼儿进入幼儿园前主要生活在家庭中。之前受我国计划生育政策的影响，现代家庭中往往是几个大人围着一个幼儿转，给予幼儿无微不至的关心，及时满足幼儿的需要，杜绝危险。当幼儿初次进入集体生活场所时，他们可能会感到不适应：一方面，这种集体生活方式与幼儿以往的家庭生活方式有很大的差异，任何一个幼儿都不再是大人的唯一中心，一位教师要面对多名幼儿，即使教师打起全部精神，眼观六路，耳听八方，还是难免会遗漏，这就留下了安全隐患；另一方面，幼儿还没有学会集体生活的技巧，尤其是与人交往的技巧，自我中心意识较强，因此，幼儿之间容易发生冲突，引发安全问题。

（3）教师的安全意识和急救能力不强。

很多教师的安全意识不强，安全知识欠缺，并不清楚幼儿园各项生活环节中可能存在何种安全隐患。户外活动往往有较高的危险系数，这是因为户外的活动场地大，幼儿更自由，情绪更高涨，容易出现冲动行为。另外，一些教师在工作中存在侥幸心理，觉得以前没有出过问题，应该不会恰恰在这个时候出问题，于是忽视应有的对环境、器材和幼儿的查看，在幼儿活动过程中干自己的事、聊天等，对幼儿的一些不安全行为不及时纠正，不对幼儿进行安全教育，从而导致安全事故的发生。很多教师并没有相关的急救知识，缺乏相应的训练，一旦幼儿出现安全事故，教师就束手无策、不知所措，不仅延误对幼儿的救治，甚至造成不可挽回的后果。由于教师缺乏急救能力，在工作中总是竭力避免事故的发生，因此他们很容易精神紧张。

（4）家长对幼儿安全问题的重视。

当前多数幼儿园的幼儿已属于独生子女二代。家长对这些幼儿的期望更高，一旦幼儿出现安全问题，家长就会非常紧张。即使幼儿在活动时正常摔跤、磕碰，家长也会对教师盘根问底，甚至不分青红皂白地责怪教师。现在，每位幼儿园领导都非常重视家园关系，一旦遇到家长投诉，教师就要受到批评或其他处分。

3．工作稳定性压力

当前，随着幼儿教育事业的改革，很多幼儿园教师的"铁饭碗"被打破，不再是终身制，工作的安全感和稳定性问题成为他们的心结。年轻教师会担心一旦面临生子等重大问题，无法保住自己的岗位，因此迟迟不愿意生育；年龄稍大的教师会担心当前对幼儿园教师的学历要求越来越高，各种教育改革接踵而来，自己是否有一天会被辞退；更多的教师可能担心幼儿发生安全事故，一旦出现事故，自己只能"卷铺盖走人"……这种随时可能下岗的焦虑，直接影响了幼儿园教师的职业幸福感。幼儿园教师的工资有时还不到其他学段教师的一半，即使他们的学历要求相似，幼儿教育工作者的工资也仍然远远落后于义务教育阶段的其他同行。另外，有些幼儿园教师很难获得专业培训和专业发展。工资、培训、支持和获得专业发展机会方面的差距，导致教师职业倦怠，甚至离职。对此，我们需要分析一下幼儿园教师产生这些焦虑的原因。

（1）工资福利较低。

多年来，我国教育行业人员人均工资明显低于其他行业。冯晓霞和蔡迎旗曾对某市的35所公办幼儿园进行实证调研，结果发现，这些公办幼儿园的教师工资虽足以达到让其他民办幼儿园教师羡慕的水平，但仍有16.5%的合同制或临时代课教师年总收入为4000~8000元（冯晓霞，蔡迎旗，2007）。程巍、朱春俐指出，这种较低工资待遇加上部分教师无法按时、足额地获得工资，使得幼儿园教师的经济状况长时间处于"入不敷出"的状态（程巍，朱春俐，2015）。即便是在一些经济较为发达的地区，幼儿园教师的工资水平也往往难以达到社会期望的标准。除了基本工资外，幼儿园教师在福利待遇方面也往往存在不足。例如，一些幼儿园可能无法提供完善的社保、医保等福利保障，导致幼儿园教师在面临疾病等风险时缺乏足够的保障。

（2）传统就业观念的影响。

一方面，在计划经济时代，师范院校毕业的学生是包分配的，可直接担任教师，且享有固定的编制，因此，在很多人看来，就读师范院校意味着担任教师，不用担心失业或在职场中竞争。这种观念即使在当今幼儿教育事业改革的时代，也依然深深地影响着师范院校学生，他们也抱有这样的期望。一旦他们面临公办幼儿园教师编制被撤销，保障被打破，他们自然而然会产生强烈的不安感和失落感。另一方面，由于幼儿园教师绝大多数为女性，而我国传统性别角色思想认为女性更应以家庭为重。即使在提倡男女性别平等的今天，女性拥有自己的工作，社会依然认为这份工作最好是稳定的、清闲的，这样女性才能把更多的精力投入家庭。一旦这种工作的稳定性被打破，幼儿园教师要想在工作中取得更大的成就，势必需要投入更多的精力，投放在家庭中的精力则相应减少。一位全国知名的幼儿园教师曾经在访谈中说："虽然我现在的工作做得不错，但我对自己的孩子挺内疚的。我是研究幼儿园语言教育领域的，我在全国各地上了大量的绘本阅读课，可到目前为止我给自己孩子讲的故事屈指可数。我孩子现在的学习成绩不太好，我想我要负一定的责任……"我们经常会看到当事业和家庭冲突时，一些教师舍弃事业选择家庭。这种既想干好工作又想照顾好家庭的两难心理，导致幼儿园教师充满焦虑。此外，我国幼儿园男教师作为一个新兴的特殊群体，由于工作性质、社会的认可程度、职业要求等原因，目前比其他教师群体承受着更多、更大的压力，致使幼儿园男教师队伍一直难以壮大，人员一直不稳定，队伍建设面临着许多困难。因此，缓解幼儿园男教师的工作压力，促进男教师队伍的稳定和尽快发展具有重要意义。

（3）国家政策的影响。

受国家政策影响，当前我国公办幼儿园和民办幼儿园并存。公办幼儿园教师大多有国家正式编制，工资多为财政拨款，收入稳定，福利待遇较好，一般不会面临解聘等问题；而民办幼儿园教师大多是与幼儿园协商签订合同，多为聘任制，不仅待遇不高，也有随时失去工作的可能。日本教育家小原国芳曾说过："不使发生任何错误与过失的教育是安全的教育，但这种教育不是一个好的教育。"也就是说，在教育过程中发生错误是正常的，但对于很多没有编制作为保障的幼儿园教师来说，任何一个小的错误都有可能使其下岗。

（4）幼儿园管理的不规范。

有的幼儿园，特别是民办幼儿园，未形成规范化管理，规章制度得不到落实；有的幼儿园由于经费紧张，采购不达标的设备，使幼儿的安全得不到保障，教师的待遇低；有的外行园长缺乏相关工作经验，凭个人感觉来管理幼儿园，还不善于听取别人的意见……这些都是教师对幼儿园的未来感到失望的原因，也是很多幼儿园教师选择进公办幼儿园而不愿意进民办幼儿园的原因。

（5）教师的自信心不足。

随着教育改革的推进，教师的流动性越来越强，很多幼儿园不断引进更年轻、更优秀的人才，人员更替迅速。尤其是近年来，许多本科毕业生甚至研究生都直接走进幼儿教育一线，使得原有的学前教育专业毕业的教师滋生危机感，并产生自卑心理。一些幼儿园管理中践行的"今日工作不努力，明日努力找工作"的激励方式，更是让幼儿园教师在勤奋工作的同时，感到前所未有的恐慌。

4. 缺乏沟通和社会支持

园所内（或跨中心）教师之间的良好沟通模式和社会支持与较高的心理支持水平和较低的倦怠水平相关。派因斯和阿伦森（Pines & Aronson，1988）发现了社会支持和较低的倦怠水平之间具有密切的联系。相反，较高的社会孤立程度与较高的职业倦怠程度之间存在密切的联系（Manlove，1993）。其他人报告说，许多幼儿园教师在发现其他幼儿园教师对儿童照护工作有类似的负面态度和情绪时表示"惊讶"。这些发现表明，那些积极向同事表达个人感受并有机会从他人那里获得建设性反馈的教师，倦怠率较低。对于实习教师来说尤其如此，他们通常接受的培训较少，经验较少，专业支持来源较少，并且经常依赖基于园所的信息来源。

二、深入剖析：幼儿园教师压力的影响因素

如果幼儿园教师的压力不能及时得到缓解且逐渐累积，最终将对他们的心理健康造成危害，进而引发心理问题。因此，要想真正缓解或解决幼儿园教师的心理健康问题，就需要明确幼儿园教师压力的影响因素（张静驰，周楠，2019）。影响幼儿园教师压力的因素主要有背景因素、组织因素、社会因素和个人因素。

（一）背景因素

背景因素主要包括幼儿园教师的年龄、教龄、所教年龄班、职称、文化程度等。研究表明，随着年龄的增加，幼儿园教师职业压力呈现出整体上移的趋势。从所教年龄班来看，小班幼儿园教师个人成就感显著低下。从职称来看，高级职称的教师以中度和较大压力为主，初级和中级职称的教师则以轻度或中度压力为主，即随着职称的提高，压力呈现升高趋势。从文化程度来看，整体教师职业压力仍然以中度或较大为主，随着文凭的提高，教师感知到的职业压力也呈现上升趋势。以上分析结果均得到已有研究结果的支持。

（二）组织因素

角色定位、工作量以及专业发展机会等，是影响幼儿园教师压力的主要组织因素（张晶晶，2013）。幼儿园的管理方式是影响教师心理健康的重要因素之一。调查发现，针对"我能积极参与幼儿园教育管理"这一项，有87%的人选择"很不符合"，9%的人选择"符合"，说明幼儿园管理严重缺乏民主，对幼儿园教师作为主体的关怀不够。这也是影响幼儿园教师工作热情和积极性的一个重要因素，幼儿园的许多活动得不到教师的认同，增加了教师的负担。此外，研究发现，大多数教师面临着一种不良的组织管理环境：没有参与学校管理、决策的机会，缺乏领导和同事的支持，没有自主决定的机会，因评估标准不明确而造成评价失误，对责任范围和责任程度不明确等。这些都无形中给教师带来了压力。

（三）社会因素

社会因素主要指经济待遇、社会权力、职业声望和课程改革的变动（张娜，周燕，2009）。有研究表示，同其他教师相比，幼儿园教师的付出与回报不对等、长期的低待遇，导致优秀幼儿园教师大量流失（段碧花，2021）。此外，家长缺乏对幼儿园教师的理解与尊重，是导致幼儿园教师情绪耗竭程度较高的重要因素，说明幼儿园教师职业声望对职业倦怠有一定的影响（谢庆斌，吴若谦，陈昱玲，等，2023）。但菲和周晨晨的研究结果表明，职业因素对幼儿园教师职业倦怠的影响主要体现在工作负担重、工作量大、时间长和安全责任问题多等（但菲，周晨晨，2022）。除此之外，我国正在进行的课程改革对教师的教育教学质量提出了新的要求。在此情况下，新的教育观念、管理体制、教学模式与传统的教育观念、管理体制、教学模式交织并行，其间的冲突成为一种压力源。教师职业压力过大，势必会转化为职业倦怠感，成为制约教师专业发展的一个重要因素。职业倦怠引发的消极情绪、消极心理和消极行为，将直接影响教育改革的推进和新课程的实施，影响教育对象的身心健康发展。因此，深入研究教师的职业倦怠并以此来探析教师的专业发展，就成为一个重要的课题。

> 研究调查中，有86%的教师认为幼儿园的教育内容"太多"，12%的教师认为幼儿园的教育内容"合适"，92%的教师一边反对"不断更新教育方式，使用大量的教具"，一边不得不发动全家制作教具。再加上教师本身就存在对新观念、新方法的抵触情绪，他们的工作压力就更大了。

（四）个人因素

个人因素指幼儿园教师的自我价值感和自我满足感，以及人格特质，如性格类型、心理控制点和情绪智力等（谢蓉，曾向阳，2011）。是否有压力、压力的大小，主要取决于教师本人对事件的感受。这里主要涉及两个方面。其一，幼儿园教师的自我期望值。自我期望值越高，与现实的冲突越激烈，教师产生的压力就越大。幼儿园教师作为一个特殊的教师群体，要求自己尽善尽美，并渴望得到别人的赞许和肯定，而很多时候，忽略了自身条件的限制，一旦受挫，便会增加心理压力和工作压力。其二，幼儿园教师的人格特质也会影响他们的压力感。教师的人格特质不仅影响其对压力的感知，还影响他们应对压力的能力。根据研究中的理论分析及以往的研究成果，可以总结出以下人格特质能够使个体更有效地承受压力。

- 外倾性（extraversion）：外倾性高的个体倾向于在面对压力时展现出更多的积极情绪，这有助于他们更有效地管理和减轻压力。
- 宜人性（agreeableness）：宜人性高的个体更愿意与他人合作，乐于帮助他人，这有助于他们在压力情境中获得更多的社会支持，从而减轻压力。
- 尽责性（conscientiousness）：尽责性高的个体倾向于更好地组织和规划他们的工作和生活，这有助于他们减少因任务堆积导致的压力。
- 神经质或情绪稳定性（neuroticism）：情绪稳定性高的个体在面对压力时，能够保持情绪的平衡和稳定，减少焦虑和悲观情绪的影响，从而更加有能力应对压力。
- 开放性（openness）：开放性高的个体对新体验和变化持开放态度，这有助于他们在面对新的挑战和压力时，能够更加灵活地调整自己的应对策略（丁晓，李潇，潘云，2020）。

综上所述，具有以上人格特质的幼儿园教师，在面对职业压力时，更有可能展现出较强的应对能力，通过积极的情绪调节、有效的时间管理、良好的人际关系和适应性强的行为方式，减轻压力并维持良好的心理状态。这些人格特质的结合，为幼儿园教师提供了一种内在的支持系统，使他们能够在职业生涯中更加顺利地应对挑战，促进个人的心理健康，提高他们的职业满意度。

压力缓冲假说认为，积极的心理特征可以有效缓冲压力对个体的影响。已有研究支撑了该假说。情绪智力作为一种积极心理品质，是个体察觉自己与他人的情绪和情感，并依此来调节自身思维和行动的能力，能使人在压力情境下采取有效策略加以应对（方力维，2023）。情绪智力反映了一个人控制自己情绪、承受外界压力、把握心理平衡的能力（黄洁华，宋美兰，2017）。情绪智力是社会智力的一部分，主要包括四级能力，即情绪感知能力、自我情绪调控能力、调控他人情绪的能力和运用情绪的能力。有研究表明，一个具有良好情绪智力的人即使承受重大压力和挫折，也会调节自己的情绪和行为，保持乐观、积极、开朗的心态。而情绪智力低下的人在遇到压力和挫折时，心理会长期处于失衡状态，从而影响到工作和生活（王保卫，梁靖宇，2020）。调查发现，受教育程度影响教师的情绪智力，大专以上的幼儿园教师在情绪感知能力方面显著高于中专的幼儿园教师。也许幼儿园教师的受教育程度越高，对自己的情感体验的辨认能力越强，能够利用获得的信息，判断并恰当地进入或脱离某种情绪，从而觉察自己和他人的情绪并有效调节情绪。

第二节　幼儿园教师心理压力的调适策略

一、处之坦然：幼儿园教师心理压力的应对

在心理学中，应对策略是指个体面临感知到的危险时有意识的努力。人们面对一个威胁情境时所用策略的数量几乎是无穷的，诸如长时间地散步、和朋友交谈类似的问题、找职业咨询师咨询等。鉴于教师的高压力和高疲劳率，以及可能导致压力和疲劳的各种压力源，他们迫切需要检查应对策略，这些策略可能为他们留在早期教育领域提供必要的支持，并使其建立一定的心理弹性（Howard & Johnson，2004）。埃琳等人（Erin，Lang，& Sproat et al.，2021）介绍了幼儿园教师应对压力的各种策略，包括使用常规来增加控制感、深呼吸、开展积极的自我对话、从压力源中脱离，以及从同事那里获得具体的人际支持。整体而言，很多方法对于幼儿园教师缓解压力都有很重要的作用，在后面各章中会有详细的介绍。

例如，鲍姆加特纳等人（Baumgartner，Carson，& Apavaloaie et al.，2009）发现，幼儿园教师表述了20多种不同的压力应对策略，用于处理与工作有关的压力源。其中，确定的策略可以分为以下几类：以问题为中心的应对（例如，向同事或导师寻求建议），以情绪为中心的应对（例如，向朋友寻求支持，重新解释压力源，管理情绪），以及逃避型应对，通常涉及分散对压力源的注意力（例如，看电脑、吃东西等）。有些教师还提到通过体育活动（如散步）来缓解压力。帕克特和里格（Paquette & Rieg，2016）记录了职前幼儿园教师使用的压力应对策略，他们将寻求社会支持和开展体育活动视为应对压力的重要策略。

此外，使用其他以情绪为中心的应对策略，可以减轻教师的压力。例如，有些幼儿园教师使用适应性情绪调节策略，如重新评估或重构对问题的认知（例如，以新的方式思考问题）和对情绪表达的低抑制（例如，使用适应性策略来表达情绪而不是抑制情绪）（Jennings，Brown，& Frank et al.，2017）。使用以

问题为中心的策略，如制订应对压力挑战的计划，与幼儿园教师的压力降低有关。此外，使用基于正念的应对策略，如深呼吸和冥想，可能会增加教师的幸福感（Jennings，2014；Roeser, Schonert-Reichl, & Jha et al., 2013）。

考虑到幼儿教育工作的复杂性，压力和疲惫是不可能消失的。因此，促进教师使用有效的应对策略，仍然是专业发展文献中的一个重要研究领域。近年来，使用基于正念的策略来应对压力，是教师的重要举措。正念指不加判断地意识到并接受一个人当下的想法。在教育领域，人们对教师福祉的兴趣激增，包括更加关注用基于正念的方法来支持教师的福祉。教师对正念的应用与减轻工作压力和加强自我关怀有关。对幼儿园教师的研究表明，正念的增强与教师情绪反应的积极转变有关，从而使教师对儿童的反应更加敏感，并减轻教师的压力。有证据表明，定期练习正念冥想对情商和压力感知有直接影响。此外，研究发现正念冥想通过情商间接影响自我效能和压力感知的关系（Charoensukmongkol，2014）。卡森等人（Carson, Baumgartner, & Ota et al., 2017）评估了幼儿园教师在一周内每天的情绪疲惫情况和应对策略。教师们认为，植根于正念练习的策略，例如肌肉放松和冥想（Hunt, Al-Braiki, & Dailey et al., 2017），是他们立即缓解疲劳的最有效方法。

二、应付自如：幼儿园教师心理压力的自我调适策略

（一）强化自我调适意识

幼儿园教师应强化自我调适的意识，要认识到幸福既不是上天注定的也不是别人赐予的，而是靠自己主动去把握的。

1. 预防与应对压力意识

（1）预防压力意识。

压力有一个动态的积累过程，即积极压力发展到一定程度时会转变为消极压力。因此，如果能在压力转变之前加以识别，采取合理的策略，教师就能够避免或减少消极压力带来的伤害。虽说每位幼儿园教师可能都面临或多或少的压力，但并不是所有的幼儿园教师都面临同样多、同等重的压力。比如，一些幼儿园教师在工作过程中面临的可能是专业发展的压力，另一些幼儿园教师可能需要应对人际关系方面的压力。在不同的时期幼儿园教师面临的压力种类也不一样。我们应该不断总结在工作中可能会有的压力，并提前制定出预防和应

对的策略，从而把压力扼杀在摇篮中。

案例 2-1 教师眼中的压力

教师们抱怨："幼儿教养工作责任大，家长期望值高，常常不能理解我们的良苦用心，家园之间存在隔阂，怎样才能得到家长的理解？"

"为了提高学历，我们克服许多困难参加函授、自考的学习，但学的内容与幼儿园实际工作相距甚远，本来很清楚的东西反而被理论专家说糊涂了！"

"科研兴园是不是写几篇文章就可以了？教育笔记算不算科研成果？为什么学术期刊上的'科研成果'很少介绍具体的操作办法，总是在'理念'或'原则'上绕圈子？"

一位才华横溢但其貌不扬的男性研究生去某幼儿园谋职，遇到园长和教师们挑剔的审核：要高鼻梁、浓眉大眼、身材伟岸、能歌善舞、甘当配角……

许多保育员也对自己的"绿叶"地位颇有微词，声称缺乏主人翁意识，只有"打工"的体验……

（2）积极应对压力意识。

当压力来临时，我们要有积极应对的意识，接纳既成事实，努力找出解决问题的方法，才能尽快降低压力带来的负面影响。但现实往往与之相反，很多教师在面对压力时不愿意接受现实，常把原因和责任归结于他人，而以受害者的身份自居，逃避、夸大压力或相信宿命论等，导致自己的思维固化，视野日益狭隘。这种消极的态度可能会给教师带来暂时的放松，但会使压力反应延续，导致更严重的后果。这也是为什么在面对同样的压力时，有些教师能够把压力转化为动力，取得良好的效果，而另一些教师在压力面前感到无助，从而抑制自己的思维和行为，最终被压力打败。因此，教师要有积极应对压力的意识。所谓"敌强我弱，我强敌弱"就是这个道理。

2. 整体思维意识

个体生活是一个整体，生活的各个领域相互影响，因此不能以"头痛医头，脚痛医脚"的观念来看待幼儿园教师的职业。我们应该意识到，身体健康状况、家庭、人际交往等方面的压力不可避免地会对幼儿园教师的工作造成影响，而工作状况反过来会影响其他方面的发展，这是一个交互循环的过程，因此，我们要以一种整体思维意识来看待幼儿园教师的职业，在关注职业发展的同时不能忽视生活的其他领域，尤其要时时关注自己的健康。对于幼儿园教师这一特殊群体来说，身体健康更突出地表现为要保护好嗓子、颈椎等部位，同时要时刻关注自己的心理健康。这种整体思维意识有助于我们更全面、有效地采取措施，提升职业幸福感。

（二）调适内容

1. 培养乐观心态

乐观心态有助于幼儿园教师应对压力，减少或消除消极情感，体验到更多的积极情感。研究发现，压力大小往往与个体对刺激的解释有关。当以乐观的心态看待压力时，教师感觉到的压力程度就小。同样，当以乐观的心态看待生活时，教师更容易从生活中获得满足感，更愿意珍惜现有的生活，从而拥有更强的幸福感。因此，幼儿园教师要培养乐观的心态，既要认识到人生中的困难、失败都是在所难免的，又要勇于面对生活中的磨难，并从积极的方面来看待不同的事物，培养乐观、豁达的人生态度，认识到自己具有一定的主观能动性，可以在一定程度上改变自己的生活，进而对生活充满信心和希望，保持愉快而美好的心境。

（1）了解自己平时看待事物的态度。

一个最简单、粗略的方法就是，连续三天详细记下你经历不愉快事情后的看法和感受，然后进行反思。如果你经常对自己说"最近太倒霉了，总是运气不好""只能这样了，还能怎么办？"，而且类似想法出现的频率非常高，那么基本可以判断你是悲观的。如果是这样，接下来就要做一些适当的调整。

案例2-2 无法言语的苦水

今年27岁的张老师向记者吐苦水："以前每到周末，总会有朋友叫我出去玩，而我总是说自己忙得一点时间都没有。他们很不解，反问道——你不就是一个幼儿园老师吗，能忙什么？""整天有写不完的案头工作，如教养笔记、教学案例、观察笔记、幼儿成长故事、专题论文、活动记录等，而且要与时俱进！连谈恋爱的时间都没有，很多优秀的同事仍然单身。"

（2）行为矫正悲观心态。

幼儿园教师可以采取多种行为矫正方法，如在手腕上戴一根或多根橡皮筋，当头脑中出现悲观、消极的想法时，就用力拉橡皮筋，当橡皮筋弹回去引起疼痛时，停止自己的想法。坚持下去，你会发现自己的悲观想法慢慢减少。

（3）强化乐观心态。

观察你身边亲近的人，看看哪些人是悲观主义者，哪些人看问题更乐观，并找出你认为最乐观的人。设想这两种人在看待某一事物时可能出现的不同反应，以及由此带来的结果。当遇到困难或挫折时，设想最乐观的人会如何反应，采取什么行动，并进行模仿。如果你发现自己按照这种方式取得了很好的效果，那么应及时奖励自己，不断强化这种心态和做事方式。

2. 转变认知观念

合理情绪疗法的创始人阿尔伯特·埃利斯（Albert Ellis）曾指出：人的情绪和行为障碍不是由于某一诱发性事件本身直接引起，而是由于经受这一事件的个体对它不正确的认知和评价所引起的信念，最后导致在特定情景下的情绪和行为后果。埃利斯经常借用希腊哲学家爱比克泰德（Epictetus）的一句名言来阐述自己的观点："人不是被事情本身所困扰，而是被其对事物的看法所困扰。"因此，我们可以说，认知观念在幼儿园教师的情绪和行为中扮演了重要角色，转变认知观念可以改变幼儿园教师的情绪和行为。

事实上，我们也发现，幼儿园教师面对的很多压力并非源于外在刺激的消极性，而是源于其对刺激的知觉。当我们把对刺激的消极认知转变为积极认知时，我们的思维视角会更宽，看问题会更全面，也会形成尽可能客观的认识，从而更好地应对压力，甚至把这种消极压力向有利的方向转变，并体验到工作中的成就感，从而提升幸福感。例如，当我们因为自己盼望已久的培训名额没有分配给自己而烦恼时，可以这样安慰自己："我很想去参加培训，但名额确实有限，虽然我不能去，但我可以进行自我学习，我相信自己也会有所收获。另外，领导可能有自己的考虑。如果轮流的话，也有可能是轮不到我的，以后总有我参加培训的机会。"除此之外，我们还应以积极的认知观念来对待中性刺激，从而发现生活中的真善美。合理情绪疗法是一种重要的技巧。它是我们考虑事情、计划或解决问题时所使用的无声语言，主要在头脑中进行，目的是改变原有的消极信念和观点。积极的自我对话能重新燃起我们对解决问题的信心，从而更有效地解决问题。

3．进行行为调适

（1）掌握压力应对方法。

没有人否认幼儿园教师是"富有压力的职业"。面对压力，除了要有自我调适的意识、保持乐观的心态、转变认知观念等，幼儿园教师还需要掌握一些具体的压力应对方法。由于个体差异，不同的幼儿园教师可能适合使用不同的方法。一些方法可能只对特定的情况有效，如果某些方法不能产生令人满意的结果，就需要更换方法。另外，有时教师单独使用某种方法就能解决问题，有时则需要综合应用多种方法。因此，幼儿园教师应尽可能地掌握多种调适的方法，以便在各种环境下灵活选择和应对。这些压力应对方法包括放松技术、时间管理技巧、人际沟通策略、合理情绪疗法等。通过应用这些方法，幼儿园教师可以更合理、有效地应对压力。

（2）找到适合的休闲方式。

幼儿园教师应该拥有自己的休闲生活，以获得调整、休息，平衡自己的心态，重新投入工作。幼儿园教师可以根据自己的兴趣爱好，找到最适合自己的休闲方式。只要感觉在某一活动中能够得到彻底的放松，那么这就是最适合的。幼儿园教师可以与家人、朋友一起开展休闲活动，也可以独自开展休闲活动。幼儿园教师可以选择自己擅长的活动作为休闲活动，这样可以更加自信、乐观。

（3）提高自己的专业能力。

拥有更高的能力，有助于幼儿园教师更好地应对问题和困难。幼儿园教师的压力有时来自能力欠缺导致的不自信。随着幼儿教育改革的不断深化，幼儿教育模式更加丰富、复杂，各种幼儿教育观念盛行，幼儿园教师要提高自己的专业能力、增强自信，在纷繁复杂的教育现象背后理性地进行选择，适应不断发展的社会对幼儿园教师的要求。

（三）提高自我调适能力的途径

很多幼儿园教师常感觉到自己的生活并不是很幸福，但无力改变当前状态，只好以一种"认命"的态度对待自己的生活。即使部分教师有一定的调适意识，由于采取的调适方法缺乏针对性和有效性，他们也没能很好地解决问题。幼儿园教师可以通过以下途径，努力提高自我调适能力。

1．向幼儿教育专家、学者等专业人士咨询、学习相关知识

现在教育主管部门和教研部门经常组织幼儿园教师培训，邀请一些幼儿教

育专家、学者针对教师遇到的实际问题进行交流，幼儿园教师可以向他们多咨询，学习相关知识，例如积极心理暗示就是一种十分有效的方法。

2. 阅读相关书刊

幼儿园教师可以购买一些心理调适方面的书刊，从中获取自我调适知识和技巧，也可以购买幼儿教育专业书刊，通过提高自己的专业知识素养和教育能力，更好地适应本职工作，从而在工作中游刃有余，获得更多的职业成就感和职业幸福感。

3. 利用网络学习

随着信息技术的发展，互联网为人们的学习提供了一种新的方式，我们需要的任何信息几乎都可以在网络上搜索到。当然，虽然网络可以提供便捷的学习资源，但网络并不是专业帮助的替代品，要想深入了解自我调适方面的知识，幼儿园教师还需要寻求更专业的渠道。

知识之窗

心理学中压力的定义从何而来？

大多数人可能会认为压力是人类所特有的一种心理现象，但事实上，心理学家对压力的研究最早建立在动物实验的基础上。

1936 年，匈牙利内分泌学家汉斯·塞利（Hans Selye）为了研究激素的作用，向小白鼠注射提取自奶牛卵巢的激素，出人意料的是：小白鼠染上了出血性溃疡，免疫系统的所有器官都缩小了。塞利随后又尝试向小白鼠体内注射其他物质，结果发现小白鼠们出现了同样的症状。于是，他产生了一个大胆的假设：这些小白鼠出现相同症状不是因为注射的东西，而是因为注射本身。

接着塞利又对小白鼠进行了不同的实验，例如：将它们放置于极冷或极热的环境中；强制它们运动，不准休息，或是用噪声骚扰它们，不准它们睡觉……结果发现，在48小时内，小白鼠们都相继出现肌肉紧张、消化道溃疡、免疫系统紊乱的症状。于是，塞利用"压力"一词来指代他对小白鼠所做的事情，也指代小白鼠对这些虐待的反应。同样，类推到人类身上，塞利认为压力就是人类对施加在身体上的任何行为的反应，并且压力会显著地危害人体健康。

塞利的结论是以实验室环境中的动物实验为基础的,在塞利之后的一些科学家对实验进行了进一步的场景划分,但同样用动物进行研究。但显然,实验室中被装在笼子里的小白鼠与人类在社会中所经受的压力并不相同,所以其结论并不能完全适用于人类。比如,对怀孕小白鼠的研究结果表明,怀孕期间的压力会传递给下一代,这也导致很多孕妇担心自己的压力状态会影响未来孩子的健康。但一项针对人类的研究却显示,孕期承受较大压力的女性,孩子大脑发育得更好,心跳也更有力,抗压的生理指数更高,说明孕妇的压力能够增强孩子的抗压能力。

我们要正确认识、看待压力。压力与我们所在乎的事情有关,一旦我们在乎的事情受到威胁,我们就会感受到压力,这是一种正常的情绪反应,我们没有必要感到焦虑或恐慌。在一定情境下,压力也可以激发出我们未知的潜能。虽然在经受压力的时候,我们感到难受,产生无力感与压抑感,但我们大可不必紧张,这其实是大脑在遇到压力后的自动反应,大脑这样做是在鼓励我们记住已经发生的事情,从中吸取教训,以应对未来的压力。

【微课】

【拓展材料】

第三章 幼儿园教师职业认同与认知心理调适

本章要点

※ 幼儿园教师的职业认同与自我认知
※ 影响幼儿园教师职业认同的因素
※ 认知失调心理调适的策略

"在一个合理的、明智的、客观的基础上,对自己有一个很好的意识,对他人有一个很好的意识,这就是自我认同。"

——亚伯拉罕·马斯洛(Abraham Maslow,1908—1970)

"在最理想的状态下,生活是一个流动变化的过程,其中没有什么是固定不变的。"

——卡尔·罗杰斯(Carl Rogers,1902—1987)

教师职业认同水平的高低,对其是否能积极认识职业角色,用积极的态度克服工作中的不利条件和调适自身心理压力有着重要影响。幼儿园教师的职业认同涉及幼儿园教师将自己视为一个怎样的学前教育工作者,以及他们对职业的自我认识。研究表明,幼儿园教师的职业认同感越高,越能认可和热爱自己从事的幼儿教育事业,并从中获得满足感,这有助于幼儿园教师心理健康整体水平的提升。

第一节 幼儿园教师的职业认同与自我认知

有关幼儿园教师职业认同、身份认同、自我认知等的研究在国内外都比较多,但是对于幼儿园教师职业认同的概念与内涵,国内外专家有不同的论述。下面我们通过对几个概念的解析来理解幼儿园教师这一特殊群体的职业认同。

一、心知觉察:幼儿园教师的身份认同与职业认同

一直以来,对"职业认同"这一概念,国内外都没有统一的定义。贝贾德(Beijaard)认为,"职业认同是动态的而非静止的,随着时间的推移,通过相关的他人、事件和经验而改变;可以通过职业的相关特征来表征"。

(一)认同

《心理学大辞典》(林崇德,杨治良,黄希庭,2003)将"认同"的含义阐述为"强调的是个体与他人、个体与社会之间建立的某种情感联系的中介方式,强调认同与个体的人格形成过程的关系"。

(二)幼儿园教师身份认同

1. 身份认同

身份认同一方面是寻求自我与他人的区别,强调个体差异(即个体自我);另一方面是明确自我与他人的联系,强调具有相同特征的集体自我(即社会自我)。用利科(Ricoeur)的话说,前者是指"作为个性的身份认同",后者则是指"作为共性的身份认同"。不论是"作为个性的身份认同"还是"作为共性的身份认同",都是一个持续变化和转化的过程。它是个体在社会情境中选择和内化部分经验而持续建构的。这个建构过程不可能是单一的自我认同或纯粹的社会认同,而是个人与社会共识调适和能动的动态过程。这个动态的调适过程,大部分幼儿园教师都经历过。特别是在职业生涯早期,教师既要坚持自我,保持独立性,又要适应教师的新身份,如适应教学话语、行为举止,甚至生活习惯。

2. 幼儿园教师的身份认同

所谓幼儿园教师的身份认同，是指幼儿园教师个体对社会所界定的幼儿园教师内涵的认知，确认"我"作为一名幼儿园教师，应该遵从幼儿园教师的职业道德、职业素养、职业规范等，把幼儿园教师职业作为自己身份的重要标志。

幼儿园教师的身份认同强调的是幼儿园教师个体的自我积极建构，强调其内在的主动性，是对幼儿园教师作为一个真实、具体的"人"的重视，是幼儿园教师对"我是谁？""我为何属于这个群体？"等问题的积极思考（王声平，2011）。

（三）幼儿园教师职业认同

1. 职业认同的概念

国内学者认为，职业认同是"从业者对该职业的认可程度，即从事该职业给自身带来的物质和心理的满足程度"。

有些学者关注幼儿园教师的专业身份认同，他们关注的是幼儿园教师个体内在的价值观念所起的作用，强调的是对幼儿园教师的生命价值和教育教学生活的真切关照，凸显了幼儿园教师个体自我的重要地位和价值。由于个体价值观、生活体验、认知特点等方面的差异，不同的教师对"幼儿教育专业"的理解不尽相同。因此，幼儿园教师专业身份认同也体现出很大的差异性和个性化特点（程岩，2021）。

2. 职业认同的结构

魏淑华和宋广文（2012）认为，"教师职业认同是教师对自己职业的认识、情感、期望意志、价值观以及对自己职业技能的感知"。秦奕（2008）将幼儿园教师职业认同的结构要素分为六个维度：目标确信、情感归属、投入意愿、胜任效能、持续承诺和人际支持。

二、念之所起：影响幼儿园教师职业认同的因素

影响幼儿园教师职业认同的因素分为个体因素和环境因素。个体因素包括：年龄和教龄、择业动机、工资水平、职称等。环境因素包括：幼儿园性质、园所环境、职业的社会声望、社会支持等。

（一）影响幼儿园教师职业认同的个体因素

有关幼儿园教师职业认同的内部影响，我们针对几个重要的个体因素进行探讨。

1. 年龄和教龄

不同年龄段的、拥有不同教龄的幼儿园教师，职业认同程度不同。孙凌云（2023）的研究表明，25岁以下的幼儿园教师职业认同感较高，而35岁以上的幼儿园教师职业认同感较低。究其原因，可能有两点：一是，年轻教师具有思维活跃、喜欢学习新事物、兴趣广泛的特点，更容易与幼儿产生同频互动；二是，经过院校培养，年轻教师往往掌握科学的幼儿教育保育知识，具有正确的教育观念，并且能运用多媒体手段辅助教学，他们更容易获得幼儿园领导的器重和孩子们的欢迎，因此他们的职业认同感较高。而年龄在35岁以上的教师，可能已经成家，生活稳定，对工作带来的经济效益要求不再强烈，另外，多年的工作也可能使他们更容易感到疲劳和厌倦，甚至职业倦怠。

2. 择业动机

择业动机不同，幼儿园教师的职业认同程度也存在差别。将从事幼儿园教师职业作为自我实现途径的教师，择业动机是喜欢孩子、热爱教书育人的生活，更容易获得职业认同。相反，一些幼儿园教师从事教师职业仅仅是为了生存，或者是服从家人的安排，他们的职业认同感相对较低。

3. 工资水平

工资水平越高，幼儿园教师的职业认同感越高。有较高工资水平的幼儿园教师一般都是幼儿园里签约的正式教师或者公办幼儿园教师，这些教师的工作比较稳定，工作满意度比较高，职业认同感也比较高。同时，工资水平高的幼儿园教师的生活水平甚至社会地位也会相应提高，这些都会使其职业认同感得到提高。另外，工资水平从某一方面代表了对幼儿园教师工作的肯定程度，从这一层面来讲，工资水平对幼儿园教师职业认同的影响也比较明显。

4. 职称

职称不同，幼儿园教师职业认同的程度也不同。职称比较低的幼儿园教师可能刚参加工作不久，工作经验不够丰富，工作起来不如老教师得心应手，更容易遇到解决不了的困难，受到打击，使他们的职业积极性受挫，这些都会降低他们的职业认同，降低他们从事幼儿教育工作的乐趣。职称比较高的教师不仅工作经验丰富，他们在幼儿园里受尊重的程度以及工资水平也比较高，这些都会使他们更加认同自己的工作。

（二）影响幼儿园教师职业认同的环境因素

幼儿园教师对所从事职业的看法与感受，及其表现出的行为，与外部环境的影响是分不开的。

1. 幼儿园性质

根据目前幼儿园的情况，我国的幼儿园大致分为民办幼儿园和公办幼儿园两大类。民办幼儿园教师的职业认同感比公办幼儿园教师的职业认同感更低。究其原因，主要是二者在待遇方面有很大的不同，具体包括：编制、社会保障、荣誉感和社会地位、福利待遇及工资条件等。民办幼儿园教师的稳定性也远不如公办幼儿园，这些因素都使两类幼儿园教师的职业认同程度不同。

2. 园所环境

幼儿园的物理环境会影响幼儿园教师（特别是新入职教师）的职业认同。研究表明，幼儿园的基础环境建设是幼儿园教师职业认同感形成的参考指标。良好的基础设施建设和功能齐全的配套设施，有助于提高幼儿园教师的工作效率和职业认同感。

幼儿园的人文环境与教师文化也是影响幼儿园教师职业认同的重要因素。研究显示，幼儿园的人文环境建设，包括师德师风的培育、文化娱乐活动的开展，以及对教职工生活的关心，有助于提高新入职教师的归属感和职业认同感。和谐的工作环境与合作性的教师文化，也有助于幼儿园教师职业认同感的提高。

3. 职业的社会声望

职业的社会声望指社会对幼儿园教师职业的总体评价，它会极大影响幼儿园教师的职业认同。幼儿教育和幼儿园教师历来不受重视，一直被视为"小儿科"和对社会贡献无关紧要的职业，排在教师职业声望表的末端，这种不受尊重、不被认可的感觉会让幼儿园教师怀疑自己职业的价值，无法产生较高的职业认同感。

4. 社会支持

社会支持对幼儿园教师职业认同有显著影响。在社会中有稳定的人际关系网络和支持来源，获得多方面力量的足够支持，能提高幼儿园教师的职业认同感，使他们在情感、期望和价值观上趋向"自我认同"，从而形成积极的职业心理。幼儿园教师所获得的客观支持、主观支持，以及其对支持的利用度，都对他们的职业情感、职业期望和价值观有直接影响（章晨颖，2020）。父母、亲友提供的物质帮助和情感支持，可以使幼儿园教师克服工作中的各种困难，保持对幼儿教育的热情，朝着自己所期望的目标发展，追求在职业上获得更大的发展空间。幼儿园教师重视在社会中被尊重、被支持、被理解的情感体验，当他们被家庭成员、朋友、邻居、同事发自内心地关心时，他们会为从事幼儿园教师职业感到自豪和骄傲，用积极的心理状态做好自己的本职工作，并且产生提高职业技能以完成各项工作的内在动力，正确认识职业的意义和价值，对自身扮演的幼儿园教师角色有清晰的定位（高晓敏，2011）。

三、突破自我：幼儿园教师职业认同的提升与发展

幼儿园教师的职业认同离不开内外部因素的影响，因此职业认同的提升与发展同样需要内外部因素的共同调节，也就是幼儿园教师需要更具适应性的社会环境、职业环境，以协助他们自我提升。

（一）从自身层面提高教师的职业认同

1. 树立正确的职业认知

随着社会经济和文化的持续进步，教师的角色已经超越了单纯地传授知识、教授技能和解答疑惑，他们更多的是与幼儿建立深厚的友情，并在幼儿的日常生活和学习中起到启示和指导的作用。幼儿教育中最重要的内容就是对孩子们进行身心健康的培养，而健康人格是孩子们健康成长所必备的品质之一。当幼儿园教师关心幼儿的身体健康成长时，他们同样不能忽视幼儿的心理健康，这促使他们持续反思自己的职业方向和定位。教师的角色意识决定其教育行为的取向，而教育行为又影响学生个体心理状态的变化。传统的思维模式已经限制了教师思维的进步，只有当教师进行自我变革时，他们才能塑造出新的教学观、教育观和儿童观，并基于这些新的观点开展新的教育实践活动。因此，要想使幼儿教育事业得到更好更快的发展，必须从教师自身入手。改变传统的思维模式和教育理念，对于教师的教育和教学活动具有至关重要的指导意义。从某种意义上来说，教师自身素质的高低，决定着幼儿园课程改革实施效果的好坏。显然，幼儿园教师的角色已经发生了深刻的转变，他们需要从传统的权威和灌

输者角色,转型为与幼儿紧密合作的伙伴、支持者和指导者,并对自己的职业角色有明确的认识。

案例 3-1 守护童心,责任之光

李老师是晨光幼儿园里的一位备受尊敬的教师,她的职业认同深深植根于对孩子们无微不至的关怀与责任之中。她不仅热爱幼教事业,更将这份爱转化为对每一个孩子细致入微的照顾与引导。

在责任与担当方面,李老师展现出了非凡的细致与坚韧。她深知,作为孩子们在幼儿园里的"第二家长",自己肩负着保护他们安全、促进他们健康成长的重大责任。因此,无论是日常的教学活动,还是孩子们的生活起居,李老师都非常上心。

李老师还非常注重孩子们的心理健康。她经常与孩子们进行心与心的交流,倾听他们的烦恼与困惑,给予他们温暖的安慰与鼓励。她用自己的行动告诉孩子们,无论遇到什么困难,都有老师在身边陪伴着他们,支持着他们。

正是这份对孩子们细致入微的关怀与责任担当,让李老师赢得了孩子们的爱戴与家长的信任。她用自己的实际行动诠释了什么是优秀的幼儿园教师,也为自己树立了良好的职业形象。

2. 挖掘职业兴趣

工作多年的幼儿园教师,对工作的热情逐渐消失,更多的是对职业的倦怠。职业倦怠期的幼儿园教师,在经过了新入职时期的不适应和对工作的热情憧憬之后,慢慢到达一个瓶颈期,也就是对工作已经出现怀疑甚至不耐烦的态度,每天做着千篇一律的工作,更加需要外来的新刺激。园际间合作学习的模式,使他们能够走出幼儿园,接触不同的教育教学资源,给他们固定的工作和生活带来一种新的刺激。

案例 3-2 李老师的职业兴趣

李老师说自己最初报考学前教育专业时有些犹豫,毕业的时候也想过找其他工作。但当了幼儿园教师后,她发现自己还是比较喜欢这份工作的。一方面,这份工作给了她编制、工资和社保;另一方面,她能看到孩子们

每天的进步和变化,当看到孩子们说话越来越流利、行为举止越来越有礼貌的时候,她越来越喜欢自己的这份工作。另外,每周园长都会组织教师们去别的幼儿园参观学习。通过这个过程,她不断完善自己的教育理念,找到自己每天工作的乐趣。

3. 提升教师的专业水平

根据对不同学历的幼儿园教师的调查可知,研究生学历的幼儿园教师职业认同得分是最高的,本科次之,中专最低。近年来,我国以定向培养、免费师范、公开招聘、考核招聘的形式吸纳了一部分本科及以上学历的新教师进入幼儿园教师队伍,让幼儿园教师队伍整体学历水平有了明显提升。但从过往来看,幼儿园大部分教师都出自中专、中师、师专等培养机制,拥有大专及以下学历,而这部分教师正处于园所的成熟教师梯队,有中级以上职称、收入水平偏高,但职业认同各因子得分不高,究其原因是低学历教师的专业基本功扎实,在说唱弹跳画方面表现突出,但在职业认知、工作价值观等方面有待提高,而再学习的机会能在很大程度上提升这部分教师的职业认同(孙凌云,2023)。2024年8月26日,我国新出台的《中共中央国务院关于弘扬教育家精神加强新时代高素质专业化教师队伍建设的意见》中提到,要强化高层次教师培养,为幼儿园、小学重点培养本科及以上层次教师,实施教师学历提升计划。提高幼儿园教师的学历要求对提升我国幼儿教育的整体质量具有重要意义。一方面,它有助于吸引更多高素质的人才加入幼儿园教师队伍,提高教师队伍的专业素养和教育水平;另一方面,它也有助于推动幼儿教育的规范化、专业化发展,为幼儿的健康成长提供更加有力的保障。

案例3-3 李老师的成长飞跃

在某幼儿园里,李老师起初因中专学历在幼教领域的工作中感到力不从心。在知识更新迅速、教育理念日新月异的幼教领域,她感受到了前所未有的压力。每当参加教研活动,听到同事们引用高深的学术理论、分享前沿的教育理念时,李老师都深感自己知识储备不足,心中充满了焦虑与不安。面对挑战,她决心改变,参加了成人高考,攻读学前教育本科。在学习期间,她刻苦钻研,不仅完成了学业,还自学了多项教学技能。

毕业后,李老师带着更加完备的知识储备和更加坚定的教育信念回到了幼儿园。她将自己的所学运用到教学中，创新教学方法，设计富有吸引力的活动，让孩子们在快乐中学习，在学习中成长。她的课堂充满了欢声笑语，孩子们都非常喜欢她。

李老师的蜕变不仅赢得了孩子们的喜爱，也赢得了同事们的尊敬和园长的认可。她用自己的行动证明了，学历不是衡量教师能力的唯一标准，持续学习和不断进取的精神才是最重要的。她的故事激励着幼儿园里的每一位教师，大家都看到了学习的力量和成长的可能性。

（二）从社会层面促进教师的职业认同

1. 幼儿园为教师提供积极的环境氛围

幼儿园应当了解不同年龄、教龄教师的心理特征以及职业认同情况，提供一个公平的竞争平台，一个和谐、积极、向上的幼儿园组织氛围，尽量为幼儿园教师提供经济、社会等方面的保障，除去教师的后顾之忧。

案例 3-4 有趣的沙龙活动

某普惠性幼儿园会在每个月举行全园的沙龙活动，请幼儿园教师参与戏剧扮演，通过戏剧中的对话、角色互换和音乐等形式，引导幼儿园教师把工作中遇到的问题、挑战、不满和抱怨都说出来，园长和其他管理者则会在轻松的氛围中帮助教师排解压力，制定问题的解决方案。

2. 社会人士重塑对幼儿园教师的观念

尽管社会对幼儿教育越来越重视，但是仍然有人对幼儿园教师的认知存在偏差，认为幼儿园教师只是高级保姆，这使得幼儿园教师的社会地位比较低。从这个角度上，我们应当在社会层面上大力倡导尊重幼儿园教师的工作，纠正社会人士对幼儿园教师的偏见，完善社会保障系统，完善劳动法，为幼儿园教师提供应有的支持和保障，让幼儿园教师获得较高的职业认同感。

案例 3-5 重塑认知

李老师任教于市里的一所知名幼儿园，她充满热情与耐心，不仅深爱着每一个孩子，更致力于为他们提供一个充满爱与启迪的成长环境。然而，尽管她尽心尽力，社会上仍有一部分人对幼儿园教师抱有偏见，认为她们的工作仅仅是照顾孩子，缺乏专业性和挑战性。

一次偶然的机会，张先生作为家长志愿者走进了李老师的班级。张先生是一位事业有成的企业家，对儿子的教育极为重视，但对幼儿园教师的具体工作内容并不太了解。这次参与班级布置的经历，让他对幼儿园教师的工作有了全新的认识。

他亲眼看到李老师不仅耐心地指导孩子们画画、学习新知识，还鼓励他们发挥想象力，勇敢地表达自己的想法和创意。在李老师的引导下，孩子们一个个变得自信而开朗，他们的作品也充满了童趣和创意。张先生被李老师的专业素养和无私奉献所打动，他意识到幼儿园教师的工作远比想象中更复杂、更重要。

这次经历让张先生对李老师及其他幼儿园教师刮目相看，他开始更加尊重和理解幼儿园教师这一职业，也愿意更多地参与幼儿园组织的活动。李老师的努力不仅得到了家长的认可，也成功消除了家长对幼儿园教师这一职业的偏见。

很多教师因为社会压力而产生职业懈怠或者离职。社会人士仍然对幼儿教育行业有诸多误解，需要更多地了解学前教育专业的相关知识，知道幼儿园教师需要具备专业能力和专业精神，从而重塑他们对幼儿园教师的看法。

3．从多方面为教师构建社会支持网络

提高幼儿园教师的职业认同感，离不开社会各方面力量的支持。社会各方面的力量除了提供可见的物质支持，帮助幼儿园教师构建能够寻求帮助的社会网络，还需要帮助幼儿园教师获得情感上的支持，承认他们工作的意义和价值，为他们营造轻松、愉快的工作氛围。为此，社会各界人士应及早为幼儿园教师构建良好的社会支持网络，加强对他们的客观支持、主观支持，提高幼儿园教师对社会支持的利用度，让他们以更饱满的热情和更积极的态度投入工作（王照萱，张雅晴，程黎，2019）。

幼儿园园长是幼儿园教师群体的领导者和管理者。如果园长能理解与尊重幼儿园教师的工作，关注教师的言行和心理变化，在必要时帮助教师渡过难关，让教师对集体产生心理依存感，那么幼儿园教师会更加热爱、认同自己的这份职业。研究还发现，幼儿园教师获得的很多情感支持都来自家人和朋友。幼儿园教师的工作具有任务重、时间长、薪资待遇较低的特点。针对这些特点，家人要减少抱怨，表示理解，尽可能创造让幼儿园教师安心工作的条件。

案例 3-6　职业理想

某幼儿园曾经策划过一次教师节活动。园长请摄影团队拍摄幼儿园教师一天的工作，并且邀请教师说出自己的职业理想和故事。拍摄完成后，园长把这个短片发给了教师的家属们，并在教师节当天为教师的家属们赠送了鲜花，感谢他们对教师的理解和支持。用园长的话说："当教师家属看到短片时，他们能够理解教师工作的不易，希望我们的感恩行动能够为教师带来更多的支持！"

4. 致力于为教师提供专业帮助

幼儿园可以与专业的心理咨询机构合作，在幼儿园里建立心理咨询室，或开展教职工心理健康与发展的培训项目，定期对有职业倦怠倾向的幼儿园教师进行心理疏导，对教师开展心理评估和解析，帮助他们明确压力源和自身的压力水平，进行积极的自我压力管理，重新建立职业认同。

案例 3-7　压力评估与疏导

某幼儿园曾邀请专业的心理咨询师入园，对教师进行专业的压力评估。根据评估结果，心理咨询师与幼儿园管理团队协作设计适用于该园教师的心理压力疏导课程。课程采用教育戏剧的方式，教师在生动有趣的音乐剧、角色扮演等活动中释放压力，学习调节身心的技巧。教师们反映，这一系列的活动对他们的压力调节有明显的帮助。

5. 加强新手教师和低职称教师的职业期望

通过加强新手教师和低职称教师的入职和职后培训工作，鼓励他们对幼儿园教师工作抱有更良好的预期，可以加强他们对幼儿园教师职业的认同。在职业技能方面，采用多种形式的培训，将一些实用技能传授给新手教师和低职称教师。例如，发挥老教师经验充足的优势，采取"传帮带"的形式，帮助新手教师和低职称教师尽快适应幼儿园工作。在专业知识方面，将最新的幼儿教育政策和理念及时传达给新手教师和低职称教师，增强他们的职业自信和职业期待。通过幼儿园的"学习小组""新教师协作组"等形式，让新手教师和低职称教师预见职业发展的前景，通过榜样了解专业发展的路径，体会到职业价值感，同时能够有动力持续学习，提高自己的职业认同感。

案例3-8 一对一指导

某幼儿园每年年初都会举行拜师大会，由园长牵线，新教师寻找自己心仪的师傅，举行正式的拜师仪式。师傅要对徒弟进行一对一指导，比如分享活动方案、针对特殊儿童的引导方法，以及如何跟难以沟通的家长进行沟通等。这样的方式既让老教师有发挥自己作用的平台，又让新教师有机会获得最直接的指导。

第二节 幼儿园教师认知风格对心理压力的影响

幼儿园教师的"教"主要体现在教学策略的运用上，课堂上的有效互动离不开教师教学策略的选择。研究表明，教师自身的认知风格会影响其教学策略的选择，而教学策略的选择会对教学效果产生影响。

一、因人而异：幼儿园教师的认知风格

（一）认知风格

认知风格是个体在认知过程中经常采用的信息加工方式，是其在认知活动中表现出来的人格特质，在感知、记忆、思维和问题解决过程中会有所偏好地表现出来。

认知风格决定着个体对不同情境的反应方式。认知风格是反映个体差异特征的一种指标。如果说个体能力的水平和模式来源于其遗传天赋，那么认知风格将影响个体天赋能力的后天进化与发展。

（二）不同认知风格影响职业中的决策和判断

1. 场依存–场独立认知方式

场依存–场独立认知方式揭示了人们在处理信息时对外部情境的依赖程度及其独立判断的能力。具体而言，当将一组平行线置于复杂的折线背景中时，

个体可能会产生知觉上的错觉,误判平行线为不平行,这反映了人的视觉受到环境因素的显著影响,体现了场依存的认知特征。尽管折线背景对平行线的方位判断产生了同化效应,但这种效应的强度却因人而异。一般而言,个体在视觉感知中易受外界环境因素干扰的,属于场依存型认知;相反,那些不受或较少受环境影响的,属于场独立型认知。这一区分有助于我们更深入地理解个体在认知过程中的差异性与独特性。场依存-场独立认知方式影响个体心理的各个领域,不仅是知觉领域,也包括情感、认知能力、人格心理特征等多个领域。在幼儿园里,幼儿园教师的认知风格会极大地影响他们在日常工作中的表现,比如:是否能够遵守幼儿园的教学规则,是否能够与幼儿进行积极正向的师幼互动,特别是能否认识到自己的认知风格,并在工作中使自己的教学和互动与不同学习风格的孩子相匹配。一个场独立型的幼儿园教师需要理解一个场依存型的孩子,而不是拒绝或否定他们,后者依赖环境,依赖成人来学习新技能、做出决策;一个场依存型的幼儿园教师要学习理解和支持幼儿对独立和自主的需求,不能因为幼儿不服从教师指令,就打击幼儿,对幼儿感到失望(邓敏,陈旭,2010)。

2. 认知的复杂性与简单性

认知的复杂性与简单性主要是指,认知风格影响思维的发散度与辐射度,即思维的广度和跨度。我们处在信息时代,信息给人们带来沉重的负担,大量的信息数据几乎将我们淹没,决策者在获取信息时会感到异常困难。认知复杂的人可以看到与当前决策过程有直接或间接的、表面或潜在关联的信息,并在这些信息的基础上对未来的事态发展做出科学预测。认知简单的人表现出一种呆板的、机械的、过于简单的认知风格,处理信息时会忽略大量的信息,只获取一部分信息作为有效信息。当然,事物都有它的两面性:如果认知复杂的人在决策时拘泥于各类信息,对决策问题考虑得过于复杂,那么可能不能做出决定或延误决策的最佳时机;相反,认知简单的人可能会排除大量的无效信息,不受它们的干扰,做出恰当及时的决策(高祥,杜秀芳,2013)。

二、橘化为枳:认知风格对心理压力的影响

(一)认知风格与教师心理压力的关系

幼儿园教师所面对的心理压力源是非常多元而复杂的,包括社会氛围、社

会环境、政策、薪资待遇、教育观、儿童观、家园关系及职业倦怠等。在这种多重压力下,认知风格是如何产生影响的呢?

当压力源出现时,幼儿园教师认知压力情境是首先通过自己的认知风格对信息进行筛选,然后通过认知风格的作用将其转换为可感知的信息,从外在转为内化的信息,即通常意义上处理信息的过程,对压力的认知和所采取的态度取决于这种处理过的、内化的信息。

1. 场独立型与场依存型教师的心理压力源

场独立型的人容易在社会氛围中产生认知失调,他们善于进行批判性思考,并提出质疑。场独立型的人善于知觉分析,知觉稳定,能区分因素与背景,不易受背景影响。场独立型的人善于从复杂的人际关系中理出头绪,不受集体压力的影响,喜欢独立钻研、思考和学习。由于场独立型的人倾向于凭借内部线索来加工信息,他们善于对非结构化情境重新进行组织,能很好地分析事物。在职业选择和价值判断过程中,他们先考虑自身对职业的需求和要求,再按照自定的标准,重点分析自认为重要的信息。他们的优势是容易在复杂的社会背景中坚持自己的职业认同,并能够在他人的影响下坚持自己的教育观,从而不容易感受到社会评价、他人比较带来的压力(李琼,黄端,2021)。

案例 3-9 不善沟通带来的冲突

幼儿园里有一位葛老师,她理智冷静,独立思考,善于分析。但是她不善于与人沟通,因此在与园长、搭班教师和家长的沟通中经常有分歧。她质疑幼儿园课程教案的写法,希望能够突破现有的模式,按照课程领域设计教案的格式,但是园长觉得所有教师都应该遵循原有的教案模式。于是园长找葛老师谈话,希望葛老师能够多服从、少与他人发生冲突,但是葛老师似乎很难接受这个要求。

场依存型的人具有较强的依附性,容易服从组织,较难从复杂的背景中区分因素,知觉易受背景影响,往往从整体上去认识事物。场依存型的人在集体中能与他人和睦相处,比较随和,决策易受权威影响。场依存型的人在加工信息时倾向于依赖外在参照物,认知重组技能差,倾向于使用整体知觉的方式加工信息,让已存在的有组织的场保持原样,按自下而上的方式来加工信息。他们在职业决策和价值判断的过程中,从信息本身出发,按照其原样,根据职业在每个属性上的价值总和做出判断,比如虽然教师觉得自己工作烦琐、劳累,但是如果幼儿园管理者能够给予他们足够的重视和关怀,就可以补偿他们工作上的劳累。他们的优势是,由于自身的判断依从于环境,因此较少会质疑自己的工作系统,由此造成的冲突和压力较少。在学前教育的职业背景下,场依存型的教师容易被环境影响,幼儿园的工作环境、同事关系、评价体系能够极大地影响教师的职业热情,同时社会层面的负面信息、社会评价也能够影响他们的自我认识(祁乐瑛,梁宁建,2009)。因此,在双重的背景下,教师在职业中的压力就会来自多方面,在他们所生活的社会生态系统中,家人、朋友、同事甚至是家长都能带来压力,而且他们对职业价值的判断也经常因为环境而波动。

案例 3-10 受欢迎的王老师

幼儿园里的王老师表示,自己比较容易被人说服,尤其愿意吸纳对孩子或者教学有帮助的想法,因此她在与园长、搭班教师和家长沟通时游刃有余,在人际交往中也很受欢迎。园长表示,王老师有很大的包容性,而且能不断地反思自己,让人感到非常放心。

2. 认知风格简单性和复杂性的影响

个体因素和环境因素共同影响幼儿园教师对自己压力的认知和评价。认知风格复杂的幼儿园教师能够综合考虑多方面的线索,衡量事件对自己的影响,并做出判断。比如,他们会综合考量"教师工资低"这件事,会考虑职业对自己的意义和重要性,也会考虑自己对这个职业的信心和抱负,同时能接受短期和长期的变化、不确定性等。也就是说,应对复杂多变的环境时,他们比较灵活、具有应对能力。认知风格简单的幼儿园教师,容易从某个单一的视角做出判断,从而影响他们的职业认同和角色认同(李寿欣,周颖萍,2006)。比如,有的幼儿园教师会因个别家长持有"不尊重幼儿园教师的态度"而考虑离岗,也有的幼儿园教师会因幼儿的一次意外事故而离岗。他们在面对复杂的工作环境和人际关系时,常常力不从心,致使短期压力上升的事件比较多。

(二)通过认知风格调节心理压力

1. 提高对认知风格的认识

通过自学和幼儿园组织的培训活动,幼儿园教师能够增强自我认识,特别是认知风格方面的自我意识。当幼儿园教师能够意识到自己在态度、决策及压力应对时的倾向性时，他们就能够对压力采取理性的认识、全面的判断，做好反思，进而采取有效的策略来调节压力。

比如：场独立型的幼儿园教师可能需要更多地理解教育政策、幼儿园规则及集体决策，配合和支持组织的发展；而场依存型的幼儿园教师需要分辨压力源，了解自己的心理压力受哪些因素影响，并能有针对性地寻求帮助或者进行自我调节。

2．调节认知风格

良好的认知风格可以降低和避免心理压力，扫除心理障碍，因此幼儿园教师需要在自我认知的基础上对自己的认知风格进行改善和重塑。

幼儿园教师应该培养自己的独立性。缺少独立性的人常常会被外界因素影响，变得焦虑或者急躁，一方面竭力控制眼前的一切事情，另一方面又无法做出正确的决策，产生巨大的心理压力和心理障碍。特别是场依存型的幼儿园教师，要有意识地培养自己独立思考的习惯，从周围的环境中独立出来，特别是从周围的人际关系中抽身，独立思考，突破固有的思考空间。场独立型的幼儿园教师也需要调节认知，在幼儿园的工作环境中适当调整自己的行为和决策，找到独立与依存的平衡，以降低自我决策和系统决策冲突带来的压力（姚恩菊，2015）。

另外，幼儿园教师应激发创新的能力，拓展独立思维的广度，通过练习提高思维的深度。在面对职业压力和冲突时，幼儿园教师要能够做出有深度的思考，不会因单一因素造成巨大的认知偏差和压力。比如，有些幼儿园开展制作思维导图、跟着大师学教育等活动，其实就是通过这些活动提高教师的思维深度，减少冲动型思考，在面对复杂的工作和人际关系时能够充分利用资源，做出明智的选择。

第三节　幼儿园教师认知失调和角色失调的心理调适

认知失调展现了人类心理的复杂性以及追求心理一致性的内在需求。理解这个理论有助于我们深入了解幼儿园教师的心理运作方式，并在决策与信念冲突时找到有效的应对方法。

一、妙言要道：常见的失调理论

（一）认知失调理论

认知失调理论是美国心理学家利昂·费斯廷格（Leon Festinger）于 1957 年提出的，这个理论试图解释人的态度与行为的关系。认知失调理论认为，认知因素能解释人们行为产生的原因。人的认知是由许多的认知因素所组成的，这些认知因素包括对人们行为、态度、信念等方面的认知，也包括对事物的认知。有些因素是互无关系、彼此独立的，如"苹果是甜的"和"喜欢看电视"，这两个认知因素互不干涉；有些因素是互相协调的，如"我喜欢吃橘子"和"橘子含有丰富的维生素"；有些因素呈现不协调状态，这就会造成认知失调，如"环保很重要"和"浪费水"，明明知道环保非常重要，可是我们还是控制不了自己去浪费水，这时就会产生认知失调。费斯廷格认为，人们总有一种想要保持其各种认知协调的倾向以及保持自己态度和行为一致的动机。一旦不协调，便会产生矛盾和冲突，在这种情况下，人们会感到烦躁、不安和紧张，努力通过改变自己的认知或者改变自己的行为来达到一致，以消除这种不安感，获得内心的平衡。

没有人能够避免认知失调，一般来说，减少不协调感有三种方法。一是改变行为。美国心理学家埃利奥特·阿伦森（Elliot Aronson）认为，个体面对自己言行不一致的机会越多，他所承受的不协调感就越重，那么他想改变自己行为的动机就越强。人们往往会忽略自己的言行不一，但当被迫正视这个问题时，就会努力改变自己的行为，达到言行一致，以求得心理的平衡感。二是改变态度。当与态度不一致的行为带来的结果有益时，也就是说行为会获得奖赏，如果奖赏足以弥补内心的失衡感，人们就会倾向于改变自己的态度，默认这种行为是正确的，是有益的。三是引进新的认知元素，以消除不协调感。也就是说，在原有认知基础上，逐渐引入新的认知，以减少由于环境改变而引发的认知失调。

当幼儿园教师在教育教学过程中，面对新情境，必须表明自身的态度时，他们在心理上将出现新认知（新的理解）与旧认知（旧的信念）相互冲突的状况，当心理上出现这种互相冲突的状况时，教师就处于认知失调状态（过珺，2015）。

我们根据是否合乎幼儿园教师职业道德标准，将认知分为正确的认知和错误的认知。认知指导人们的行为，正确的认知导向正确的行为，而错误的认知导向错误的行为。认知失调总是由两个认知因素的互相冲突而引起的，根据这一特点，我们可以将认知失调分为正向认知失调和反向认知失调。正向认知失调是指，当幼儿园教师的外部认知和已有认知发生冲突时，外部认知有悖于幼儿园教师职业道德标准，即本体认知是正确的，外部认知是错误的（魏平西，2016）。由于人们总是倾向于达到内心的平衡状态，这种冲突最终会引发两种结果：一种是正确的认知压倒错误的认知，我们可以称之为正平衡；另一种是错误的认知压倒正确的认知，我们可以称之为负平衡。反向认知失调是指，当幼儿园教师的外部认知和已有认知发生冲突时，已有认知有悖于幼儿园教师职业道德标准，即外部认知是正确的，本体认知是错误的，这种冲突同样会引发两种结果：一种是正确的认知压倒错误的认知，我们可以称之为正平衡；另一种是错误的认知压倒正确的认知，我们可以称之为负平衡（见表3-1）。

表 3-1 教师认知失调类型

类型	已有认知	外部认知	平衡状态下认知
正向失调	正确	错误	正平衡（正确）
	正确	错误	负平衡（错误）
反向失调	错误	正确	正平衡（正确）
	错误	正确	负平衡（错误）

研究幼儿园教师认知失调，就是要了解幼儿园教师认知失调产生的原因和特征，在幼儿园教师产生认知失调心理时，分析幼儿园教师属于哪种认知失调类型，再采取相应的措施，引导幼儿园教师向正平衡方向发展。

（二）角色失调理论

有研究者（Kahn & Byosiere，1992）在总结以往研究的基础上，将影响工作压力的组织因素归为两大类：一类与任务内容相关，如任务的简单或复杂、多样或单调，以及工作环境的物理条件等；另一类与角色特点相关，如角色模糊、角色冲突及角色超载（有时称为角色冲突的特殊形式，即数量、质量和时间程序的冲突）。劳伦斯·B. 琼科（Lawrence B. Chonko）曾指出，角色因素（特别是角色冲突和角色模糊）与教师的工作压力存在着高相关。在许多研究中，导致工作压力的角色因素被表述为角色失调。所谓角色失调，即人们在社会角色的扮演中产生矛盾、遇到障碍甚至遭到失败的情况。个体在社会活动中都扮演着一定的社会角色，因而在任何群体中角色失调都有可能存在。刘玉新等人（刘玉新，张建卫，张建设，2000）认为，角色失调主要包括角色冲突、角色模糊、角色超载三方面；而张虹（2003）认为，角色失调主要包括角色不清、角色偏离、角色失败三方面；周玉（2003）则认为，角色失调有角色冲突、角色模糊、角色中断、角色失败四方面的内容。

总结上述内容，幼儿园教师角色失调的定义为：幼儿园教师在承担职业角色时，因角色自身各种规范相互矛盾，或是由于在角色领悟和角色行为之间存在偏差以及角色环境不确定所引发的矛盾的心理体验。它主要包括角色冲突和角色模糊两个维度。

1. 角色冲突

角色冲突最早是由罗伯特·金·默顿（Robert King Merton）提出来的，主要是指个体所体验到的难以调和的同时来自环境的不同期待。它是社会学角色理论中的一个重要概念。由于个人在复杂的社会活动中往往需要同时扮演若干个角色，当这些角色对个人的期待产生矛盾、难以取得一致时，就会出现角色冲突。这种冲突大致有四种情况：第一，发出者内冲突，即同一个人对某一角色承担者提出了不一致或彼此矛盾的期待。第二，发出者之间的冲突，即不同的人对某一角色承担者提出了不同甚至互相冲突的期待和要求。第三，个体与角色冲突，当组织管理者对角色承担者的期望背离了后者的价值观和道德准则时，就出现了角色冲突。第四，当外界对同一个体承担的不同角色的要求相互矛盾时，个体会面临角色冲突。其中，前三类角色冲突为角色间冲突，第四类角色冲突属于角色内冲突。角色间冲突是指个体必须同时扮演不同的角色，由于缺乏充分的时间和精力，无法满足这些角色提出的期望而产生的冲突。角色内冲突是指两个或两个以上的角色伙伴对同一个角色抱有矛盾的角色期望所引起的冲突（张怡欣，田静，2022）。

幼儿园教师角色冲突是指，个体在承担教师角色时，教师角色自身各种规范相互矛盾，使教师在行动时左右为难，或是由于幼儿园教师在角色领悟与角色行为之间存在差距而引起的冲突。

2. 角色模糊

当对自己充当的角色把握不准或缺乏真正理解时，一个人会产生无所适从的困惑和犹疑，或者是周围很多人对某一个体的工作提出了完全不同的期望和要求，造成个体进退两难的尴尬境遇，上述情形便引发了角色模糊。幼儿园教师角色模糊是指幼儿园教师所体验到的角色环境的不确定性，如角色定式之间的关系、其他人对角色的期望、满足这种期望的步骤、角色的行为目标及对角色行为的评价等。角色模糊是由于缺乏对义务、权利、目标、地位和责任的明确认识而导致的，其他的影响因素还包括任务和技术复杂性的增加以及组织持续、迅速的变化（舒坦，徐东，2018）。

二、知己知彼：幼儿园教师认知失调的表现

根据费斯廷格所说的，当认知失调产生时，外界因素对人们如何达到内心平衡的影响，我们可以得出这样的推论：当幼儿园教师处于正向失调时，强化正确认知，减少错误认知下的错误行为获得利益补偿的可能性或减少利益补偿，有助于幼儿园教师认知失调向正平衡发展；当幼儿园教师处于反向失调时，利用利益补偿和正确认知的引导，有助于幼儿园教师认知失调向正平衡发展。

认知失调和角色冲突逐渐影响着幼儿园教师对工作的态度，使他们从开始的满腔热情到后来的满腹牢骚，疑虑重重。日常繁重的教学、生活管理、沟通工作依然在继续，教师心理上的认识、态度和行为上的矛盾最终形成了费斯廷格所提出的"认知失调"。认知失调给教师的身心都造成极大的困扰，教师为了缓解由此带来的不适感，会自发寻求他们认为最合理、最能解释当前工作状态的认知信息，以达到心理上的新平衡。当无法改变当前不良的工作状态时，他们最后的新认知很可能是松懈的教学、少量的师幼互动、消极的专业学习等。紧接着新认知又影响他们在工作中的行为方式，以及与此有关的生理和情绪状态。例如：对待幼儿，他们可能不再有耐心去循循善诱或因材施教，不再愿意花时间和精力与幼儿互动，也不再细致地观察和指导；对待幼儿园的任务，他们可能会能躲则躲，躲不了则消极怠工，更谈不上积极地参与培训和教研。这种对工作的认识，也会反映在他们的生理和情绪上，由于厌倦工作，排斥带班时的各种工作，他们在生理方面的疲劳感和情绪上的压抑、焦虑情绪，最后会形成恶性循环。

一旦出现了认知的负平衡，比如幼儿园教师认为自己的付出"性价比"很低，付出远远大于回报，他们就会建立新的错误认知。据调查，有近三成的幼

儿园教师认为自己被"大材小用"。在城区幼儿园，特别是优秀园和示范园里，新入职的幼儿园教师往往需要从保育员做起，他们第一个学期的主要工作就是了解幼儿的脾性，熟悉园区的环境，学习老教师的经验。幼儿园保育工作的重点在于照顾幼儿的饮食起居，这让许多新幼儿园教师感到厌倦和劳累。同时，不少幼儿园教师认为日常琐事太多，根本不能按照自己的想法实施教学计划，认为自己的教育理念和才华难以发挥。这个时候他们就会认为越付出越失衡，转而寻求通过消极怠工、省力的方式完成一日工作，甚至寻求换岗位、离职等（侯敏，2010）。

有些幼儿园教师出现认知的负平衡是因为他们形成了错误的儿童观。幼儿园教师刚开始进入工作岗位时，都秉持着热爱儿童、尊重儿童等理念，然而当他们工作一段时间后，他们会发现某些幼儿园非常强调常规教育，用很多规则限制儿童的权利，甚至违反儿童的天性。在这样的环境影响下，可能有的家长会跟教师委婉地提出要求，希望他像隔壁班教师一样对幼儿严格要求，不然孩子可能上不了重点小学。幼儿园教师自身希望孩子自由快乐成长的想法与环境的要求形成了巨大冲突，他就可能形成新的错误认知。

三、百战不殆：认知失调心理调适的策略

幼儿园教师的思维和行为之间的冲突是正常的，可以通过改善外在环境和教师自身素质来实现心理健康。

（一）改善教师的外在环境

1. 营造积极的社会氛围

一种积极的社会氛围，对幼儿园教师来说是最重要的工作背景。"你只是一个幼儿园教师"的评论，往往带着社会对幼儿园教师的不认可，这一方面影响幼儿园教师的职业认同感，另一方面会给幼儿园教师带来认知失调。对于幼儿园教师来说，如果有人能够肯定他们的职业选择，并给予他们足够的尊重和重视，那么这对其工作积极性有很大的帮助。其他教育阶段的教师受到较多的关注和尊重，而幼儿园教师的职业常常被误解为低学历、低能力的选择。新时期的学前教育和幼儿园教师团队发展，已经远远超出人们的认知，现在有大量本科生甚至硕士、博士生加入幼儿园教师行列。我们需要通过社会宣传，改善公

众对幼儿园教师职业的看法。社会应为幼儿园教师角色建构提出合理期望。社会期望是角色建构的依据和前提,目前社会对幼儿园教师的角色期望五花八门,但集中强调教师的责任和付出,忽视其内在价值,导致社会大众对幼儿园教师产生不合理的角色期望。因此,社会大众应正确认识幼儿园教师角色的职能与价值,明晰角色规范,关注幼儿园教师的内在需要,为其营造一个充满支持、尊重与和谐的社会环境(朱家雄,裴小倩,2004)。

2. 重视幼儿教育

幼儿园教师的经济待遇一直较低。如果能合理地提高他们的经济待遇,可以在一定程度上提升公众对幼儿园教师的评价,扭转公众对学前教育的印象,科学地认识学前教育事业。另外,提高幼儿园教师的社会地位和经济待遇,有助于吸引更多的有识之士加入学前教育的大家庭,幼儿园教师会感受到职业前景无量,有持续投入事业的动力,也能够化解很多角色和心理上的失衡。

3. 改变评价体系

《中共中央国务院关于全面深化新时代教师队伍建设改革的意见》《中共中央国务院关于学前教育深化改革规范发展的若干意见》的核心都是高标准办好学前教育的要求,强调以提高师德素养和业务能力为核心,以创新幼儿园教师队伍管理体制机制为动力,提出未来相当长的时间内教师队伍建设的目标是加强师德师风建设、健全教师培养培训体系、创新教师管理模式、保障教师地位与待遇四个方面,并提出相应的工作举措。教育管理部门和幼儿园对教师的考评,目的在于考查教师目前各方面的情况,查漏补缺,以促进教师更好地发展。在对已有教师的考评中,延续以往的评价标准,以教师的艺术技能(比如唱歌、跳舞、弹琴、绘画和手工等)为主,其他的考评采用半日观摩、教学展示等方式。随着越来越多的高学历幼儿园教师和男幼儿园教师加入学前教育事业,原有的评价体系已经不适合所有的教师。对于高学历幼儿园教师来说,应主要考查其科研水平和创造力,对其艺术、实操方面的考查可适当放宽。同时,幼儿园教师的考核职称晋级系统也应根据教育的实际需求做出改变,比如在继续教育中增加心理健康教育的内容,以及对教师师德的系统化考核等(朱君,2011)。

4. 完善幼儿园教师的相关管理体系

健全的制度有助于所有人明晰幼儿园教师的角色规范,引导大众建立合理的角色期望,这也是幼儿园教师角色建构的基础。一方面,政策制定者应为幼儿园教师的职前培养、聘用体系、教学管理、在职进修、待遇保障等提供政策依据，为幼儿园教师的发展提供充足的经费和行政支持，并对幼儿园教师的角色失调问题采取相应的规范和矫治措施，如建立幼儿园教师角色行为的监控机制、评价机制、奖惩措施、心理干预措施等，切实为幼儿园教师的角色建构提供保障。另一方面，领域专业人员应积极关注幼儿园教师的角色建构。专业人员作为领域权威，具有最前沿的学识、经验和视野，特别是在社会变迁加剧、道德价值观多元且难以评判、专业规范笼统且不够健全的情况下，专业人员应致力于厘清幼儿园教师角色发展的本质，适应当前幼儿园教师的发展环境和幼儿教育运行环境的变化，根植于本土，吸收借鉴最先进的幼儿园教师专业发展经验，为我国幼儿园教师的角色建构提供专业性的支持（丁洁，2009）。

（二）提升幼儿园教师的内在素质

1. 强化正确认知，加强职业道德培训

根据幼儿园教师认知失调产生和发展的规律，个体对认知因素的认可度，是影响认知失调向正平衡发展还是向负平衡发展的关键因素，决定了幼儿园教师认知失调发展的方向。加强幼儿园教师职业道德培训，使其在正确认知和错误认知发生冲突时有强烈的减少失调的压力，并有向正平衡方向协调的倾向，从而取得培训效果。

兴趣是学习最好的老师，同样，热爱也是工作最好的动力。不管是哪行哪业，职业道德的基础就是热爱自己的职业，身为一名光荣的幼儿园教师，要为自己的职业感到自豪。幼儿园教师先学会做人，再学会做教师，养成高尚的师德，才能主动自觉地提高个人工作能力，进而更好地影响幼儿的生活方式、行为习惯以及情感体验。幼儿在潜移默化中学习教师的作风、态度和责任心，这些良好的品质对幼儿来说比文化知识更重要，能够使其受益一生。此外，"教学反思能力"应当是幼儿园教师提升教学技能的法宝（秦旭芳，左晓玲，2017）。

2. 根据幼儿园教师认知失调类型进行有效引导

管理者要时刻关心幼儿园教师的心理状况，了解幼儿园教师的认知状况，在执行新政策时，要有预见性地逐步对幼儿园教师进行新认知的注入，以减少幼儿园教师产生认知失调的可能性。管理者需要了解认知失调的类型、产生的原因及影响因素，并且根据教育教学的实际情况，总结出幼儿园教师在教育教学过程中容易出现认知失调的环节，做好相应的研究，制定对策，在幼儿园教

师出现认知失调时，根据幼儿园教师的个人实际情况调整解决对策，进行正确的引导，以保证教育教学活动有序进行，确保幼儿和教师健康发展（胡芳芳，桑青松，2013）。

3. 帮助幼儿园教师改善角色意识和实践能力

幼儿园教师的角色意识是指教师对自身角色地位、相应角色行为规范及角色扮演的觉察、认识、理解与体验。幼儿园教师的角色意识决定其角色观念的形成和角色行为的具体实践，对教师的专业发展具有重要影响。幼儿园教师要通过角色学习明确角色定位。社会、他人和角色主体自身的角色期望是幼儿园教师进行角色定位的依据，因此幼儿园教师应根据角色期望进行角色学习，包括角色的义务、权利、规范等，并将其内化为支配个体行为的角色认知，以此明确自身角色定位，在此基础上完善自己的角色意识，保证角色意识的正向发展（夏丽娟，2010）。

幼儿园教师应适时进行角色反思和调整。在角色扮演的过程中，幼儿园教师难免遇到挫折和阻碍，出现角色失调或角色意识定式难以改变的情况，影响自身的角色建构。有意识地进行角色反思，有助于幼儿园教师及时调整角色行为，对角色进行主动支配，增强角色适应性，以符合角色建构不断变化的规范和要求，避免产生角色失调的现象（程岩，2021）。

按照欧文·戈夫曼（Erving Goffman）的观点："个体在担任一定的社会角色之前要经过类似的学习和排练过程，具备了一定的能力以后，才能进入社会并扮演特定的角色。"首先，幼儿园教师应强化自身的专业知识和技能。专业知识包括学科知识、实践知识和通识性知识等，既有助于幼儿园教师为教育工作积累智力资源，提升教学水平，保障其幼儿教育工作的科学性和时效性，也为幼儿园教师角色的建构提供知识基础。而必要的专业能力，除了弹、唱、跳外，还包括教学科研能力、沟通组织能力、观察能力等，特别是在知识快速迭代的时代，专业能力的发展可以加强幼儿园教师工作的胜任力，使其更好地应对琐碎、复杂、多变的工作环境，减少角色失调现象的产生，提高其角色扮演水平（秦旭芳，张婷，2021）。其次，幼儿园教师应加强道德理论的学习，形成良好的职业道德和专业态度，有意识地规范自身行为，使其角色扮演始终保持在积极正向的状态。最后，幼儿园教师应掌握角色调整的能力，提高角色适应性。角色失调是角色建构中难以避免的客观现象，影响因素复杂多样，最终造成角色主体产生不协调的内心体验。幼儿园教师面临角色失调的境况，且可能呈现长期性、普遍性的特征，影响教师个体的身心健康和工作质量，更对其角色的整体建构起阻碍作用。

> **知识之窗**
>
> ### 关于教师职业认同的名人事迹
>
> 张桂梅："七一勋章"获得者，她筹建了中国唯一一所免费女子高中"华坪女校"，帮助偏远地区的女孩走出大山。即使疾病缠身，她仍坚守岗位十余年，展示了对教育事业的坚定认同和无私奉献。她的故事激励了广大教师致力于成为"四有"好教师，为祖国的明天贡献光和热。
>
> 张玉滚：全国教书育人楷模，他大学毕业后选择扎根乡村，通过一根扁担为孩子们挑来学习生活用品，挑起了孩子们走出大山的希望。他的事迹体现了他对乡村教育的深厚情谊和对教师职业的坚定认同。
>
> 支月英：全国模范教师，在大山深处从教四十余年。她不仅关爱学生，还拿出自己微薄的工资垫付贫困学生的学费，被学生亲切地称为"支妈妈"。她的勇于创新精神和适合乡村教学的动静搭配教学法，都体现了她对教师职业的认同和热爱。
>
> 莫振高：他坚守瑶山教育事业43年，筹集了3000多万元善款，让1.8万贫困学子圆了大学梦。他的座右铭"让瑶乡儿女走向世界"，体现了他对教师职业的深刻认同和崇高追求。
>
> 卢永根：作为作物遗传学家，他在水稻遗传研究领域做出了突出贡献。2017年生病后，他将毕生积蓄880万余元无偿捐献给华南农业大学，设立了教育基金，用于奖励贫困学生与优秀青年教师。他的行为展示了他对教育事业的深厚感情和对教师职业的认同。
>
> 白岩松：虽然他并非传统意义上的教师，但他创办了"新闻私塾"并亲自授课，跨界当起了教师。他的家庭背景（父母、姑姑、舅舅、舅妈都是教师）和他个人的教师梦想，都体现了他对教师职业的认同和向往。
>
> 这些名人的故事不仅展示了他们对教师职业的深刻认同和无私奉献，也激励了广大教师以他们为榜样，不断提高自己的职业素养和教育水平，为祖国的明天贡献自己的力量。

【微课】

【拓展材料】

第四章　不同人格特质幼儿园教师的心理压力与调适

本章要点

※ 通过人格理论了解幼儿园教师主要人格特质
※ 大五人格① 与幼儿园教师压力感应
※ A-B 型人格与幼儿园教师压力感应
※ 幼儿园教师人格特质与心理压力调适

> 教师的人格就是教育工作者的一切，只有健康的心灵才有健康的行为。
>
> ——乌申斯基（Ushinsky，1823—1870）
>
> 世界上的事情永远不是绝对的，结果完全因人而异。苦难对于天才是一块垫脚石，对于能干的人是一笔财富，对于弱者是万丈深渊。
>
> ——巴尔扎克（Balzac，1799—1850）

在面临压力情境时，不同的人会有不同的感受和表现。本章将介绍人格定义及理论，并以大五人格和 A-B 型人格为基准，探讨人格特质与压力感应及应对的关系，从而给不同人格特质幼儿园教师的压力调适提供有效的建议。

---

① 英文全称为"Big Five Personality"，指向人格特质的五个维度。后文有对这五个维度的详细介绍。

第一节　通过人格理论分析幼儿园教师主要人格特质

人格是千差万别的，世界上没有两个人是完全相同的人格，就像世界上没有完全相同的两片树叶，每一位幼儿园教师的人格都不完全相同，这影响其工作态度、状态以及在面对压力时的应对与调整等。

一、了解内涵：人格定义

人格是指一个人的心理特征、行为方式和情感反应的总和，包括个体的认知、情感、动机、价值观和行为方式等方面的特质和特点。人格是一个相对稳定的个体特质，它在个体生命历程中形成并发展，受到遗传和环境因素的影响。人格是一个非常复杂的概念，涉及多种因素，如个体的性格、心理状态、社会文化背景和生物学因素等。

二、知行合一：从人格理论中看幼儿园教师主要人格特质

人格理论是指一种探讨人格的结构、形成、发展和动力性的理论。从人格理论中，我们可以了解幼儿园教师所存在的一些主要人格特质。

（一）人格特质理论

1. 奥尔波特的特质理论

高尔顿·威拉德·奥尔波特（Gordon Willard Allport）首次提出了人格特质理论。奥尔波特把特质分成共同特质和个人特质。共同特质是在某一社会文化形态下，大多数人或一个群体所共有的相同特质。幼儿园教师应具备一些共同特质，比如：要有耐心，在面对幼儿的时候能够耐心教导，冷静处理问题；要乐观，乐观的幼儿园教师能培养出乐观的幼儿，通过自己的积极态度影响幼儿。

个人特质指的是个体身上所独具的特质。有的幼儿园教师很理智，喜欢给幼儿讲道理，在教育活动中，总是告诉幼儿应该怎么做，不应该怎么做，为什么应该这样做，为什么不应该那样做。他们大多具有丰富的生活经验，也比较擅长情理分析。有的幼儿园教师很感性，喜欢通过情感体验来开展教育活动，

在教育活动中，常常表露自己的情绪情感，以此来感染幼儿，使幼儿产生强烈的情感共鸣，获得情感陶冶。他们大多情感丰富，情绪感染力强。

2. 现代特质理论

汉斯·艾森克（Hans Eysenck）依据因素分析法提出了人格的"三因素模型"。这三个因素分别是外倾性、神经质和精神质。外倾性，表现为内外倾向的差异，如有的幼儿园教师非常活泼，有的幼儿园教师则比较文静。神经质，表现为情绪稳定性上的差异。情绪稳定的个体更容易处理复杂的情绪反应和幼儿的情感需求，通常有较低的紧张感，这有助于他们在工作中更好地控制情感状态，减少跟幼儿产生的摩擦。相反，高神经质的幼儿园教师不能很好地控制自己的情绪，可能会对幼儿发脾气，不能很好地理解他们的需求。精神质，表现为孤独、冷酷、敌视、怪异等负面人格特质。这三个因素不同程度的表现构成了千姿百态的人格特点。

3. 大五人格理论

沃伦·诺曼·塔佩斯（Warren Norman Tupes）用词汇学方法对雷蒙德·卡特尔（Raymond Cattell）的特质变量进行再分析，发现五个相对稳定的人格因素。开放性（openness）：反映出有创造性的、聪明的、开放的等特质。尽责性（conscientiousness）：显示了有组织的、负责的、谨慎的等特质。外倾性（extraversion）：表现为健谈的、精力充沛的、果断的等特质。宜人性（agreeableness）：反映出有同情心的、善良的、亲切的等特质。神经质或情绪稳定性（neuroticism）：包括稳定的、冷静的、满足的等特质。这五个特质的英文首字母构成了"OCEAN"（海洋）一词，代表了人格的海洋。

（二）类型理论

类型理论产生于20世纪30—40年代的德国，主要用来描述一类人与另一类人的心理差异，即人格类型上的差异。

1. 单一类型理论

单一类型是根据一群人是否具有某一特殊人格来确定的。最典型的单一类型理论是T型人格理论，由美国心理学家弗兰克·法利（Frank Farley）提出。T型人格是一种好冒险、爱刺激的人格。T型人格根据冒险行为的性质分为T+和T−。T+表示冒险行为朝向健康、积极、创造性的方向，如赛车、探险等。T+型人格根据活动特点可分为体格T+型和智力T+型。体格T+型的代表人物是运动员，智力 T+ 型的代表人物是科学家。T– 表示冒险行为朝向破坏性质，如酗酒、吸毒、暴力等，幼儿园教师中基本不会出现 T– 型人格，这与入职选拔时进行的筛查有关。

2. 对立类型理论

对立类型理论是依据某一人格维度的两个相反方向来确定的。

（1）A–B 型人格。

迈耶·弗里德曼（Meyer Friedman）和雷·罗森曼（Ray Rosenman）描述了 A–B 型人格类型，人们在研究人格和工作压力的关系时，常用到这种人格类型。A 型人格的人，性格急躁，缺乏耐性，成就欲高，上进心强，有苦干精神，工作投入，有时间紧迫感和竞争意识，动作敏捷，说话快，生活处于紧张状态，社会适应性差，具有不安定性。B 型人格的人，性情温和，举止稳当，对工作和生活的满足感强，喜欢慢节奏的生活，可以胜任需要耐心和谨慎思考的工作。

（2）内–外向人格。

瑞士著名人格心理学家卡尔·荣格（Carl Jung）依据心理倾向来划分人格类型，最先提出了内–外向人格类型学说。内向型，把兴趣和关注点指向主体。外向型，把兴趣和关注点指向外部客体。内向人格的特点是善于自我剖析，做事谨慎，深思熟虑；外向人格的特点是当机立断，独立自主，善于交往，行动敏捷等。外向型的幼儿园教师组织的教育活动常常包含轻快的节奏、活跃的气氛和愉快的情绪体验。这样的教师一般性格外向，充满朝气，生活乐观。内向型的幼儿园教师组织的教育活动则体现出舒缓的节奏和祥和的气氛。在活动中，幼儿常常流露出专注的神情。这样的教师一般性格内向，沉着冷静，教风稳健。

三、身体力行：受孩子喜爱的幼儿园教师的主要人格特质

（一）亲切随和

亲切随和的教师对幼儿有亲近感，能走进孩子的内心世界。教师应让自己的言行随和且接地气，不要显得过于拘谨，要言行得当。但这并不意味着让孩子们随心所欲不受控制，教师不应该过于呆板和正式，否则会让孩子们觉得害怕，他们会不喜欢提问或者和你说话。

案例 4-1　阳光下的温暖陪伴

在一个充满欢声笑语的幼儿园里，李老师以亲切随和的教学风格赢得了孩子们和家长们的一致好评。李老师在课堂上总是面带微笑，用温柔的声音和孩子们交流。她善于运用生动有趣的教具和游戏，激发孩子们的学习兴趣。在孩子们遇到难题时，她总是耐心地引导他们思考，鼓励他们勇敢尝试。她的亲切随和让孩子们感受到了学习的快乐，也让他们更加愿意与老师分享自己的想法和感受。她深知每个孩子都是独特的个体，需要用爱和耐心去理解和呵护。在她的班级里，孩子们不仅学到了知识，还感受到了家的温暖。

（二）有耐心

教师要有诲人不倦的耐心。幼儿园教师的教育对象是刚离开父母怀抱的幼儿，他们年龄小、自我控制能力差，这就要求教师有足够的耐心。在孩子学习的时候，教一遍不懂就教两遍，教两遍不懂就教三遍……在孩子犯错误的时候，不应该一味地责骂他们，而应该告诉他们怎样做才是正确的。教师要更严格地要求自己，做孩子们的好榜样。

案例 4-2　耐心呵护，花开有声

在一所充满爱与耐心的幼儿园里，王老师深知孩子们在成长过程中需要关注和陪伴。她耐心陪伴孩子们玩耍、交流，同时关注孩子们的每一个细节，从他们的言行举止中了解他们的内心世界。当孩子们遇到困难或情绪低落时，王老师会耐心地陪伴在他们身边，给予他们安慰和鼓励，让他们感受到温暖和关爱。

（三）有责任心

责任心是每一位教育工作者所必需的。家长把孩子稚嫩的小手交到教师的手中，教师应把责任烙在心中，真正做到眼到、心到、手到，让他们在幼儿园里健康快乐成长。

案例 4-3　责任在肩，幼教在心

在某幼儿园里，林老师始终把孩子们的安全放在第一位。每天清晨，她都会提前到园,检查教室里的各类设施,确保没有安全隐患。在课间活动时,她总是寸步不离地守护着孩子们,防止他们发生意外。此外,她还定期组织安全教育活动,教孩子们如何在紧急情况下保护自己。她以强烈的责任心和使命感,全心全意地投入幼儿教育事业,为孩子们的健康成长保驾护航。

(四)热情积极

教师性格热情开朗,朝气蓬勃,与人为善,就会把正能量、美好的一面带给孩子。热情积极的教师不抱怨工资的多少,看重的是教师职业的长期收益,由于他们不常抱怨、笑脸迎人,所以更容易获得好人缘,更容易获得成功。

案例 4-4 热情如火,积极向前

陈老师是一位充满热情和活力的幼儿园教师,她在工作中总是充满激情,对孩子们的成长充满期待。她用自己的热情点燃孩子们的好奇心和求知欲,为孩子们营造了一个充满爱与活力的学习环境。陈老师的热情积极赢得了孩子们和家长们的广泛赞誉。在她的教育下,孩子们不仅学会了知识,还学会了如何与人相处、如何面对困难和挑战。家长们纷纷表示,把孩子交给陈老师是他们最明智的选择。同时,陈老师的热情积极也激发了同事们的工作热情,为幼儿园营造了积极向上的工作氛围。

第二节 幼儿园教师压力感应与人格类型的关系

不同人格类型的人在面对生活和工作中的压力时,有不同的情绪体验和反应方式,幼儿园教师的压力感应与其人格类型之间有密切的关系。

一、深入剖析:大五人格与幼儿园教师压力感应

案例 4-5 一个并不那么美好的开端

怀着憧憬而期待的心情,我踏入了这所幼儿园的大门,我在心里对自己说:"我一定能成为一个可亲可敬的老师,孩子们,我来啦!"到了我所

教的星星班，孩子们三五成群，干什么的都有。见我进来了，不少孩子抬起头来好奇地看着我。看到他们可爱的样子，我的紧张也消退了不少。随后，我招呼孩子们坐好，开始引导他们就一个问题进行讨论。一开始很多孩子都能跟着我的节奏进行思考。可是慢慢地，回应我的声音越来越少，细细簌簌的说话声和做小动作的声音越来越大。我没有理会，继续引导他们探讨。突然，一阵尖锐的哭声响起，我一看，两个小男孩正在互相争执推搡着。我连忙过去把他们分开，问："这是怎么回事？"我抚摸着正在哭的孩子的后背，安慰他："别哭了啊，没事啦，老师来啦。"哭泣的孩子稍稍止住哭声，抽抽噎噎地说："老师，他推我。"另一个小男孩紧皱眉头，忿忿不平地说："不是的，老师。是他抢我的橡皮，还不给我。"我见哭的小男孩手里紧紧地攥着什么东西，便了然了。我给孩子们讲道理："不能随便拿别人的东西，遇到别人抢你的东西也不要和他争抢甚至打起来，因为这样可能会伤到自己和别人。如果自己解决不了问题，可以向老师寻求帮助。"然而，哭了的小男孩还是不肯把橡皮还给另一个孩子。最后，我软磨硬泡了好久，他终于将橡皮交了出来。一堂课就此泡汤了，我的心情十分复杂。

人与人面对同样压力时的表现是不同的，也就是说，人们的压力感应存在着个体差异。幼儿园教师所感受到的压力受到多种因素的影响，其中一个非常关键的因素就是人格。许多研究都发现，人格这一相对稳定的心理特质会影响人们对压力的感受和应对。即使人们面对相同的客观环境所带来的压力，他们最终对压力的感受也会因人格特质不同而有差异。内外向、神经质等人格特质都会对压力感应产生影响（孟小兰，章军建，2007）。

（一）大五人格理论

人格类型和特质理论中最著名的是五因素模型，也被称为大五人格理论。研究者通过对特质词表的统计分析，得出一个结论：人们描述自己或他人特质的时候仅有五个基本维度。这五个维度的内容如表4-1所示。每个维度都是两级的，与维度的名称意义相似的条目描述的是较高的一级，而意义相反的条目描述的是较低的一级。每个人都可以在每个维度上找到自己所处的位置，在五个维度上所处的位置汇总起来，就能够让我们了解一个人概括性的人格特质，抓住人与人之间区别的最重要的维度。

表 4-1　五因素模型

因素	双极定义	
外倾性	健谈的、精力充沛的、果断的	安静的、有保留、害羞的
宜人性	有同情心的、善良的、亲切的	冷淡的、好争吵的、残酷的
尽责性	有组织的、负责的、谨慎的	马虎的、轻率的、不负责任的
神经质或情绪稳定性	稳定的、冷静的、满足的	焦虑的、不稳定的、喜怒无常的
开放性	有创造性的、聪明的、开放的	简单的、肤浅的、不聪明的

（二）大五人格各维度与压力感应的关系

外倾性越高的人，职业压力越低。那些好交际、朋友多、爱开玩笑、健谈的人，与朋友、同事及领导相处得比较融洽。当发生一些自己难以应对的事情，产生负面情绪的时候，他们一般会向他人倾诉，求助于他人，这有助于他们更好地解决问题，因而工作中的不良情况不会对他们产生太大的影响，他们所面临的职业压力较低。

宜人性这一维度能够对职业压力中的人际交往方面产生影响。这很容易理解，宜人性越高的人，越具有同情心、善良、亲切、宽容和心软，这些特质使他们更容易让人亲近，建立良好的人际关系，从而在这方面的压力较低。

尽责性影响的是组织和教学环境、工作负荷、与实际工作任务相关的压力。尽责性较高的人，对自己所应承担的责任有明晰的认识。在工作中，幼儿园教师需要扮演许多角色。责任意识使他们不仅投入心力，更好地完成教学任务、照顾好孩子的饮食起居，还关注教学环境的优化、密切家园联系。因而，尽责性高的幼儿园教师在工作任务上的压力会更大。

对于神经质或情绪稳定性这一维度来说，高神经质个体更容易感到心理压力，情绪波动大，且对外界刺激的反应更为强烈。他们往往更容易体验到消极情绪，如愤怒、焦虑和抑郁，这些情绪会进一步增加他们的压力感。此外，高神经质个体在应对压力和挫折时可能缺乏有效的策略，导致他们更容易陷入困境。相比之下，低神经质个体情绪较为稳定，能够较好地应对压力和挫折。他们通常比较冷静、乐观，不容易被情绪左右。在面对挑战和困难时，他们可能更有耐心和韧性，能够更有效地寻求解决方案。

开放性仅会对工作负荷方面的压力产生影响。开放性高的人比较具有创造性，并且对各种经验持有开放的态度，在实际工作中能够更有效率、更具创造性地完成工作任务，因而其工作负荷方面的压力较低（刘燕，2007）。例如，很多新教师刚刚带班时，都会面对幼儿不睡午觉的问题。有的新教师感到压力很大，自己晚上也睡不着觉；有的新教师积极向老教师请教，提升自己的能力，顺利度过这段时期。

二、发人深省：A-B型人格与幼儿园教师压力感应

> **案例 4-6　性格迥异的老师**
>
> 　　小张和小王是同一所幼儿园的两名幼儿园教师，但她们每天的状态却迥然不同。
> 　　小张是个风风火火的人，做事雷厉风行，看到有人做事做不好就恨不得替他做，比如当看到幼儿穿不上自己的衣服时，她会着急地给孩子穿上。她班的孩子很听话，老师招呼集合坐好的时候，他们总能很快地坐好。孩子们总是怕自己出错或行动慢惹老师生气。但小张老师的眉头仍然时常皱起，总是操心孩子们大大小小的事情。
> 　　小王是个文静温柔的姑娘。她做事总是不紧不慢的。有孩子犯了错误，她都会耐心地跟孩子讲道理。有时，孩子们无心听课，她就会早点让孩子们进入游戏区域，带他们玩。孩子们都很喜欢她。但是因为她对他们过于宽松，孩子们比别的班调皮得多。对此，她抱着淡然的态度，觉得顽皮是孩子的天性，一般略施小惩便放过了他们。

（一）A型和B型人格特质的特点

上述案例中的两位教师的人格特质截然相反，其实，她们分别是典型的A型人格和B型人格。这种人格理论是由两位心脏病专家（Friedman & Roseman）提出的。在日常的诊疗过程中，他们发现许多冠心病患者具有好胜心强、挑衅、敌对、有野心的特点。他们把这种行为与情绪的复合倾向称为A型人格，它包括三方面的特征：雄心勃勃、有攻击性、有竞争性、缺乏耐心等行为倾向；肌肉紧张、警戒心强、语速和行为速度快等外显行为；充满敌意、易激怒等情绪反应。B型人格与A型人格的特征正好相反。

专栏 4–1　测一测：你是 A 型人格吗?

根据你过去的情况，对以下问题做出"是"或"否"的回答。你也可以简略地用"√"和"×"来标记你的答案。回答时不要考虑"应该怎样"，按照你"平时是怎样的"回答就可以了。

1. 我觉得自己是一个无忧无虑、悠闲自在的人。
2. 即使没有什么要紧的事，我走路也快。
3. 我经常感到应该做的事太多，有压力。
4. 我自己决定的事，别人很难让我改变主意。
5. 有些人和事常常使我十分恼火。
6. 我急需买东西但又要排长队时，我宁愿不买。
7. 有些工作我根本安排不过来，只能临时挤时间去做。
8. 当我正在做事时，谁要是打扰我，不管是有意的还是无意的，我都感到恼火。
9. 我总看不惯那些慢条斯理、不紧不慢的人。
10. 有时我简直忙得透不过气来，因为该做的事情太多了。
11. 即使跟别人合作，我也总想单独完成一些更重要的部分。
12. 我做事总喜欢慢慢来，而且思前想后，拿不定主意。
13. 排队买东西时，要是有人加塞，我就忍不住指责他或出来干涉。
14. 我总是力图说服别人同意我的观点。
15. 有时连我自己都觉得，我所操心的事远远超出我应该操心的范围。
16. 无论做什么事，即便比别人差，我也无所谓。
17. 做什么事我都不着急，着急也没有用，不着急也误不了事。
18. 每天的事情都使我精神十分紧张。
19. 出游时，比如逛公园时，我会先自己游览一遍，再等朋友们一起游览。
20. 我常常不能宽容别人的缺点和毛病。
21. 听到别人发表不正确的见解时，我总是立即去纠正他。
22. 无论做什么事，我总是比别人快一些。

23. 人们认为我是一个干脆、利落、高效率的人。
24. 我总觉得我有能力把一切事情办好。
25. 聊天时我总是急于说出自己的想法,甚至打断别人的话。
26. 人们认为我是一个安静、沉着、有耐性的人。
27. 我觉得在我认识的人之中,值得我信任和佩服的人实在不多。
28. 对未来我有许多想法和打算,并且总想尽快实现。
29. 即使时间很宽裕,我吃饭也很快。
30. 听别人讲话或做报告时,如果我感到他讲得不好,我就会非常着急,总觉得还不如我来讲。
31. 即使有人欺侮了我,我也不在乎。
32. 当别人对我无礼时,我对他也不客气。
33. 有人对我或对我的工作吹毛求疵,很容易挫伤我的积极性。
34. 我常常感到时间已经晚了,可一看表还早呢。
35. 我觉得我是一个对人对事都非常敏感的人。
36. 我做事总是匆匆忙忙的,力图用最少的时间做尽量多的事情。
37. 坐公共汽车时,即使车开得快,我也总觉得车开得太慢。
38. 无论做什么事,即使看到别人做不好,我也不想替他做。
39. 我常常为工作没有做完,一天又过去了而感到忧虑。
40. 很多事情如果由我来负责,情况要比现在好得多。
41. 即使领导我的人能力很差,水平低,我也能服从和合作。
42. 在必须等待的时候,我总是心急如焚,缺乏耐心。
43. 我常常感到自己能力不够,所以在做事不顺心时就想放弃不干了。
44. 别人托我办的事情,只要我答应了,就从不拖延。
45. 人们都说我很有耐心,干什么事都不着急。
46. 外出乘车、船或跟人约定时间办事时,我很少迟到,如果对方耽误了,我就感到很恼火。
47. 许多事本来大家可以分担,可我喜欢一个人去干。
48. 我觉得别人对我的话理解得太慢,甚至理解不了我的意思。
49. 我是一个性子暴躁的人。

50. 我常常容易看到别人的短处,而忽视别人的长处。

现在请统计一下你的分数。计分的规则是"是"计1分,"否"不计分。其中,1、12、16、17、26、31、38、41、43、45这些题反向计分,即"否"计1分,"是"不计分。根据这一规则,你可以把自己的分数加起来,得到一个总分。然后你就会知道自己属于以下五种人格类型中的哪一种。总分为36~50分的人是A型人格,总分为28~35分的人是偏A型人格,总分为27分的人是M型(中间型)人格,总分为19~26分的人是偏B型人格,总分为0~18分的人是B型人格。(注:测试结果仅供参考。)

(赵颖莹,2017)

(二)A–B型人格对幼儿园教师压力感应的影响

从A型人格的特征中,我们可以推想出他们的事业心很强,对自己有很高的期望,所以他们的压力可能比一般人高。从日常体验来看,个体在产生心理压力后,会不由自主地产生紧张、焦虑的情绪,并且抓紧时间去做事情,这恰恰就是A型人格的人所具有的特征。

针对A–B型人格与压力的关系,很多研究者做了较为广泛的研究并得出了一致的结果。研究表明,A型人格的人会体验到更高程度的压力、更多的身体和情绪疲惫,以及更低的工作满足感和个人成就感,更容易产生工作倦怠。这是因为A型人格的人往往有不切实际的高期望,将自己逼得很紧,工作很卖力。他们不仅容易产生职业压力,在面对压力的时候也倾向于产生更坏的结果,即工作满意度下降甚至发展为职业倦怠。

进一步的研究表明,当心理压力强度超过A型人格的人的感受阈时,其会产生持久而强烈的压力反应。A型人格的人竞争意识强、有敌对情绪、时间紧迫感强、求胜心切的特征,加之超过他们承受能力的压力重负,会使他们精神疲惫,情绪低落,内心烦躁不安,注意力不集中,对外界刺激反应降低,严重的还会导致心理障碍。

研究还表明,A型人格的不同方面对不同心理压力的影响是不同的。具体来说,在面对经济压力时,有时间紧迫感的人会感受到更大的压力,出现更多的压力反应。在面对人际压力时，争强好胜、易怒的人有更大的心理压力反应。这里的压力反应不是个体采取措施以应对压力，而是在压力源的持续作用下个体产生并能自己意识到的身体方面的消极反应。A 型人格不仅与心理压力反应有关，还与焦虑、抑郁等心理疾病，挫折、缺乏适应、消极应对压力等消极行为有关（赵颖莹，2017）。

相反，B 型人格的人举止稳当，对工作和生活的满足感较强，喜欢慢节奏的生活，较少产生焦虑情绪（刘建斌，祁健，2018）。有研究表明，B 型人格的人与 A 型人格的人的人格特质截然相反，前者不仅时间观念差、毫无敌意，而且缺乏向上的竞争意识（周艳芳，张秋梅，高立，2020）。B 型人格的人更加享受努力的过程，往往是由于喜欢才去做。同时，B 型人格的人对时间压力不太敏感，他们能够更好地应对压力，更加灵活，对待事情不太焦虑，更可能采取一种平和的生活方式，工作和目标带给他们的压力不那么强烈。

第三节　不同人格特质幼儿园教师的心理压力调适

不同人格特质的人在面对压力时会采取不同的态度和方法，幼儿园教师可以根据自己的人格特质来选择适合自己的压力应对方式，解决自己在工作中遇到的各种问题。

一、见仁见智：不同人格特质幼儿园教师的压力应对

案例 4-7　苗苗和琳琳老师的困扰

苗苗和琳琳是幼儿园教师，近日来，她们遇到了同样的困扰。我们来看看，她们分别是怎么解决的。

她们遇到的情况差不多，就是在自己没注意的时候，班上的一个孩子因为磕碰而受伤，家长来接孩子的时候便得理不饶人，对教师大加斥责。

苗苗当时感受到莫大的委屈，但想想也是自己的错，是她没有照看好孩子，便不断地道歉，没想到家长反而更生气了，说出的话也更难听。苗苗脑袋一片混乱地回到了家，不时想起家长的话，心里非常难过，沉默地扒拉了两口饭就回了卧室，家里人也没有发现她的异样，她的心情更加沉

重了。之后，苗苗更加小心地看护孩子，唯恐再出现什么差错，在工作的时候她的神经总是紧绷着，她感到越来越疲惫，越来越力不从心，出现了抑郁倾向。

琳琳同样觉得委屈，孩子不小心受伤是很正常的，不能怪老师呀，当时真是太忙乱了，有的孩子要上厕所，有的孩子想叫她陪着一块玩积木，有的孩子渴了要喝水，她实在照顾不到所有的孩子。于是，她反驳说孩子太多了，实在顾不过来，而家长指责她找借口，不承认错误，没有责任心。就这样她和家长争吵起来，最后还说出了"有本事自己看孩子，别往幼儿园送"这样的话，结果被园长知道了，狠狠地批评了她一顿。琳琳心里不痛快，找朋友好好哭诉了一场，说家长多么不讲道理，园长多么不公道。琳琳想，既然自己认真工作都要被他们这样斥责，那么为什么还要好好工作呢？！于是她开始对工作敷衍了事，再也没有了最初的热情。

（一）人格特质与压力应对的关系

在面对压力的时候，你会怎样应对呢？是主动出击还是退缩回避？是默默承受还是向他人倾诉，寻求他人的帮助？不同人格特质的人倾向于采取的做法是不同的。美国心理学家朱利安·罗特（Julian Rotter）认为个体在某些事件原因的归结方面存在很大的差异，用来描述这种个体差异的人格变量就是控制点。与其他人格变量一样，控制点是一个连续体。它的一端是外控制点，另一端是内控制点。大多数人都是落在这个连续体的某一点上，同时体现出不同程度的内控与外控。当人们把自己的行为结果归结为运气、命运或他人力量的影响时，罗特认为这种人持有外控制点的信念；与之相反，如果人们把行为结果归结为自己的行为和人格特质，则他们就持有内控制点的信念（陶丽，2008）。

内外向的人格特质的不同方面都会对压力应对产生影响。案例中的苗苗性格内向，遇到事情一般会独自承受，不愿向他人倾诉和寻求帮助，这会使她的负面情绪和压力累积在心中，不利于排解。但她做出了好的改变，更加谨慎小心地看护孩子，而这让她承受着身体和心理的莫大压力。琳琳的性格与苗苗刚好相反，她是个外向的人，遇到烦心的事情愿意找别人倾诉，这在一定程度上能够减轻她的压力。不过她认为自己遇到的麻烦是别人不明事理导致的，所以她后来不再认真工作。

1. 心理压力应对的含义

在面对心理压力的时候，我们会产生一系列的压力反应，而应对是其中的一个重要方面。拉扎勒斯和福尔克曼（Lazarus & Folkman）认为，应对是个体为了处理被自己评价为超出自身能力资源范围的具体内外环境要求，所做出的不断变化的认知和行为上的努力。斯金纳和韦尔伯恩（Skinner & Wellborn）认为，应对是在心理压力条件下，人们怎样管理他们的行为、情绪和倾向性。孔帕（Compas）认为，应对是人们在心理压力状态下调节行为、情绪以及适应的过程（王丽，2008）。从这些学者的定义中，我们可以看出，应对是人们在心理压力的状态下，通过调节自身的认知、情绪、行为以适应环境要求的过程。

2. 艾森克的三维人格与压力应对的关系

人格作为压力应对的一个预测量，得到了广泛的关注和研究。大量研究表明，人格特点对压力应对有重要的影响。对于人格与压力应对的关系，最早关注的是艾森克提出的三维人格理论中的神经质和外倾性。外倾性表现为内外倾向的差异。有不少学者将内外倾概念引入人格研究。艾森克的内外倾概念，除了具有其本身的一般含义外，还与神经系统的兴奋过程与抑制过程相联系。兴奋过程可以易化正在进行的感觉、认知和活动。抑制过程可以干扰或影响有机体正在进行的感觉、认知和活动。他发现，高外倾性的人兴奋过程发生慢、强度低、持续时间短，而抑制过程发生快、强度高、维持时间长。外倾者的大脑对刺激的反应相当慢和弱，因而渴求感官刺激，喜欢从事交友、冒险等活动，以获得兴奋，属于感觉扩张型。高内倾性的人兴奋过程发生快、强度高、持续时间长，而抑制过程发生慢、强度低、维持时间短。内倾者的大脑对刺激的反应相当快和强，因而仅能耐受少量刺激，厌恶环境刺激，喜欢阅读、写作和下棋等冥思活动，属于感觉缩小型。而神经质表现为情绪稳定性的差异。根据艾森克的研究结论，神经质与精神疾病并无必然的关系。他指出，神经质（情绪性）高的人喜怒无常，容易激动；神经质（情绪性）低的人反应缓慢且轻微，而且很容易恢复平静。研究表明，神经质与放弃自我、逃避、有敌意、爱幻想、优柔寡断、分离、寻求情感支持、痴心妄想、自责等应对策略有关。高神经质的人会感受到更多的压力事件，而且他们的应对策略多为不适应性的。同时，与此一致的是，研究表明不管压力的水平如何，神经质高的人更容易感受到负面情绪和忧伤，采取被动的和适应不良的应对方式，而外倾性高的人则更容易感受到积极情绪，更倾向于采取主动的和适应性的应对方式（如寻求社会支持)。

3. 大五人格与压力应对的关系

近年来,越来越多的研究者采用大五人格来测量人格的维度。保罗·科斯塔(Paul Costa)等人预测并验证了在大五人格模型的五个维度中,每个因素与压力应对方式的关系。

高神经质者与聚焦于情绪的应对策略相关。高神经质者报告,他们面对压力会变得易怒或急躁,常常会自责,也容易将不满发泄在周围人身上,有时甚至会出现幼稚的反应。神经质高的个体做事冲动,对他人的评价敏感,易受到伤害,在遇到压力事件时,容易夸大压力强度,担心他人的不良评价,往往采取回避、否认、幻想等方式来应对。

外倾性与问题解决方式和逃避应对方式均存在较显著的相关。外倾性高的人通常更善于通过社交互动来寻求问题的解决方案。他们倾向于主动寻求他人的意见、建议和帮助,利用集体智慧来克服难题。这种开放性和合作性使他们在面对复杂问题时,能够更快地汇聚资源、集思广益,从而找到更有效的解决途径。此外,外倾者往往更加乐观和自信,这种积极的心态也有助于他们更勇敢地面对挑战,不畏艰难地解决问题。虽然外倾性通常与积极的应对方式相关联,但在某些情境下,外倾性高的人也可能采用逃避的应对方式。这种逃避往往不是出于恐惧或无力感,而是基于一种"暂时回避以寻求更好解决方案"的策略。例如,在面对一个暂时无解的问题时,外倾者可能会选择暂时放下,转而寻求放松或娱乐,以恢复精力和心态,之后再重新审视问题。这种逃避并非真正的放弃,而是一种策略性的调整。

开放性与聚焦于问题的策略相关。高开放性的人通常会寻求一些新的信息、做些全新的尝试来努力减少压力、致力于寻找有助于问题解决的方法。尽责性也与问题解决的策略显著相关,这可能是因为尽责性高的人对事情很负责,通常会关注下一步应该怎么办。而尽责性与聚焦于情绪的策略则呈负相关。也就是说,尽责性高的人倾向于选择问题解决的策略,而不是关注情绪的策略。关于中学生压力应对的研究表明,宜人性高的人倾向于主动地应对压力事件(李文道,钮丽丽,邹泓,2000)。宜人性高的人具有诚实、利他的特点,与人交往时往往表现出顺从,倾向于采用社会认可的应对方式,所以其采用的应对策略可能会因具体压力情境的不同而有所差异,如在需要做出努力和改变的情况下主动应对,而在自身努力无法改变事实的情况下采取回避或淡然接受的态度。

另外，A–B 型人格也与压力应对有关。有研究表明，相比于 B 型人格的中学生，A 型人格的中学生会更多使用求助、发泄和幻想这三种应对方式（陈红，黄希庭，郭成，2002）。

我们每一个人都是丰富而复杂的个体，是不同人格维度的结合体。从单一的人格维度出发并不能深入地揭示人格如何影响压力应对。不同人格维度的结合如何影响压力应对呢？斯韦勒·托格森（Sverre Torgersen）将神经质、尽责性和外倾性三个维度相结合，组成了八种人格类型。这八种人格类型体现了神经质、尽责性和外倾性不同的组合，各有不同的特点。随后，沃尔拉特和托格森（Vollrath & Torgersen）研究了上述八种人格类型与大学生学习压力及其应对的相关性。研究结果表明，这八种人格类型在压力水平、情绪体验和应对策略的选择上均存在显著的差异性。就对压力的低敏感性、最适宜的情感体验和最有效的应对方式而言，这八种人格类型的顺序为：企业家型（+E–N+C）、怀疑型（–E–N+C）、快乐主义型（+E–N–C）、表演型（–E–N–C）、复杂型（+E+N+C）、沉思型（–E+N+C）、冲动型（+E+N–C）、不安全型（–E+N–C）。显然，三种人格维度之间存在着相互作用，它们共同作用于压力应对的机制是很复杂的。这三种人格维度的组合比单一的人格维度更好地阐释了人格与压力应对的关系问题（孟小兰，章军建，2007）。

（二）不同人格特质幼儿园教师的职业压力应对

相比于其他的职业，幼儿园教师这一职业有自身的特色，其面对的职业压力是独特的。幼儿园教师在工作中需要和很多角色的人进行互动，这就决定了他们需要承担许多不同的职能，如教育教学、行政、沟通等。幼儿园教师作为一种更细分的教师类型，有"保教结合"的职业特点，即保健、养育和教育工作并举，这使他们承担的工作比普通教师更繁杂琐碎。相应地，他们也面临着更多的心理压力挑战。如上所述，不同人格特质的幼儿园教师对压力做出的应对可能是不同的。已有研究表明，开放性、外倾性、宜人性和尽责性与心理弹性呈显著正相关，而神经质与心理弹性呈显著负相关。高心理弹性者具有更好的开放和探求态度，更加充沛的精力，在逆境与困难面前更加乐观，更能够自律，控制自己等（缪佩君，谢姗姗，陈则飞，等，2018）。因而，高心理弹性的人可能更倾向于采取主动、积极的压力应对策略。幼儿园教师的人格特质是影响其压力应对的一个重要因素。一方面，幼儿园教师的人格可能直接影响其面临压力时做出的反应；另一方面，幼儿园教师的人格也可能通过多种中间机制影响其做出最后的应对。不同人格特质的幼儿园教师可能会感受到不同强度的压力，进而做出不同的应对。例如，外倾性高的幼儿园教师可能会通过社交互动来缓解压力，他们喜欢与人交流、分享感受，并能够从他人的支持和鼓励中获得力量。不同人格特质的幼儿园教师可能具有不同程度的心理弹性，而高心理弹性的人在面对压力时会做出更为积极的应对。

在幼儿园教师的工作中，存在着许许多多的压力源，拥有不同人格特质的幼儿园教师在处理这些麻烦和问题的时候，既有适应的方面，也有不适应的方面。比如，有耐心的教师能够很好地安抚哭闹的幼儿，而没有耐心的教师可能在安慰了几回不奏效后就置之不理或大声呵斥了。如果幼儿园教师的人格特质中与工作内容产生矛盾冲突的方面没有得到很好的解决，不能对压力做出良好的应对，那么这不但对其自身的情绪、心理健康和职业发展有负面影响，还会影响到幼儿身心的健康发展。幼儿正处于身心发展的关键期，幼儿园教师人格外化的言行是幼儿观察学习的直接榜样，会对幼儿产生深远影响（雷小波，2001）。因此，从人格与压力应对的关系中的不适应方面入手，探讨不同人格的幼儿园教师如何更好地应对心理压力至关重要。

二、取长补短：大五人格心理压力调适

大五人格理论自从被提出以来，在更大范围的样本研究中一直被不断地重复发现，是一个心理学界公认的人格特质模型。其包含的五种人格特质各自与压力感应及应对的关系是不同的。所以，幼儿园教师应该发挥自己人格特质的优势，同时对不利的方面做出适当的改变，从而更好地应对心理压力。接下来，我们将对大五人格的每个维度进行逐一分析。

（一）外倾性人格心理压力调适

第一个维度是外倾性，相比于外倾性高的个体，内倾的人更容易体验到压力，他们容易把负面情绪和压力埋藏于心底，不愿意表达，这不利于他们的身心健康。对于他们来说，可以从以下两方面入手，有效地应对压力。

1. 认知的重建

一方面，要增强自我效能感，在观念上认为自己能够很好地应对压力，解

决问题。在很多时候，我们面对的困难并没有我们想象得那么可怕，只要采取行动，脚踏实地地努力，困难终将被我们克服。另一方面，要更新自己对于压力的认识。人们一般都会对压力抱有讨厌和排斥的态度。但其实以辩证的观点来看，任何事物都具有两面性，压力也有其促进性的一面。将压力视作一种前进的动力，有助于幼儿园教师更好地成长。其实，感受到压力是很正常的。我们可以想一想，一个没有压力的人是什么样的状态。可以想见，他一定是在自己的舒适圈内原地踏步。每个人都会或多或少地感受到压力，压力是你寻求别人帮助，加强与别人联系的机会。

2. 情绪的排解

将负面情绪压抑在心里不利于身心健康，所以要进行适当的表达和抒发。比如，可以向朋友和亲人倾诉，写日记，唱歌，参加体育运动或娱乐活动等。有了一个好的心情、精神饱满的状态，压力自然会消散很多，困难也会变得更容易被解决。我们往往觉得身与心、肉体与灵魂好像是独立的，其实它们是相互影响、密不可分的。比如，仅仅改变你的走路姿势，不再垂头丧气地走，而是昂首挺胸，大踏步向前走，你的心态也会变得积极和阳光。一点点微小的举动就能够对你自身产生好的影响，就能够使你走出阴霾，迎来雨后彩虹。另外，要发挥自身的主动性，找出压力背后的原因，采取行动解决问题。在你全身心地投入工作之后，你可能早已忘记了如山的压力。

（二）宜人性人格心理压力调适

第二个维度是宜人性。宜人性低的人冷漠、好争吵、残酷，人际关系一般很差，这使得他们丧失了十分重要的应对压力的资源——社会支持系统。社会支持系统指的是个人在自己的社会关系网络中所能获得的、来自他人的物质和精神上的帮助和支持。一个完备的支持系统包括亲人、朋友、同学、同事及合作伙伴等。研究表明，一个人能否从重创中恢复，很大程度上取决于他是否有一个良好的社会支持系统。这充分说明了拥有一个作用良好的社会支持系统，能够帮助我们更好地与困难和压力做斗争。冷漠的人可能并不是天生就冷漠，可能是他们没有得到好的教养，这并不是他们的错，也不是他们想要的。每个人的心里都有着向善、亲社会的天性，所以他们只要试着做出一点改变，就可能会收获意想不到的结果。具体来说，他们需要相信并珍惜来自他人的善意。宜人性低的人平常可以看一些温情的故事，做一些关怀他人的小事，体会"赠人玫瑰，手有余香"的感觉。

（三）尽责性人格心理压力调适

第三个维度是尽责性。尽责性高的人容易感受到更多的压力。对于他们来说，可以通过以下方式，减轻自己的压力。

1. 调整自己的要求和期望

尽责性高的人往往希望自己能够面面俱到，将所有事情都完成得很好，但人无完人，在工作的过程中难免出现纰漏，这时他们达不到自己的要求，就会觉得失职，从而产生过高的压力。所以，他们应该认识到自身的能力和限制，制定合理的目标，这样才不至于产生过大的压力而难以应对，给自身造成巨大的苦恼。

2. 提高自己的能力和效率

在工作的时候，不能总是待在自己的舒适圈里，一遇到超出能力的挑战就退缩避让，因为这样永远不能使自己的能力得到提高。同样是上公开课，为什么有的人紧张忐忑、坐立不安，有的人却云淡风轻、泰然自若？那是因为后者有实力，早已准备得很充分，自然就没有压力。

（四）神经质人格心理压力调适

第四个维度是神经质。高神经质者更容易受到负面生活事件的影响，产生强烈的消极情绪，因而体验到更大的压力。对于他们来说，如果能够更好地调适自己的情绪，使情绪更加稳定，他们就能够在很大程度上缓解压力。高神经质者要认识到情绪是一种自然的反应，对于引发自己情绪的已经发生的事情，要抱有一种接受的态度而不是否认、排斥、躲避它，因为这样做无济于事，只会使这些负面情绪在心底越积越多。在接纳自己的负面情绪之后，我们要选择适当的方式来抒发和排解它，如向亲近的人表达、倾诉，做一些运动，找一个没人的地方大声喊或高声歌唱。

（五）开放性人格心理压力调适

第五个维度是开放性。开放性低的人固守传统的观念，不愿进行改变和创新，因而可能不适应工作的新要求，产生更大的压力。他们可以通过以下几种方式做出改变，缓解自己的压力。

1. 改变观念，跟上时代潮流

时代总是在发展变化，如果一味地保持旧的观念做事，毫无疑问会被时代抛弃，所以要打开胸怀，拥抱新事物。对于资历较深的幼儿园教师来说，可以多看看年轻幼儿园教师的教育方式，多和他们沟通，了解新的教育理念。这样不仅有助于自己更新观念和认识，也能使自己的经验和观点启发年轻教师，大家相互学习，共同进步。

2. 培养创新意识和创造力

这里有两种实用的方法可以帮助你。一是思考更多的方案。比如：班里的两个孩子吵架，除了使用普通的处理方式之外，还有没有更好的方式？面对家长的责难，除了争执和辩驳，有没有更好的方式使他对你放心？二是探索其他领域。幼儿园教师在自己的领域有了一定的经验和成就之后，可以置身其他的领域，摆脱惰性，使思想焕发新的活力。将探索新领域得到的新知识与自己从事的领域联系起来，幼儿园教师往往能够更具创造开发的潜力，使自己的事业更加成功。

3. 换位思考，学会沟通

每个人的阅历和经验都是不同的，这使得我们拥有不同的价值观和思想观念。所以，我们不能自大地认为自己的认识一定是正确的，他人的认识是错误的和肤浅的。我们要尊重不同的想法和意见，善于交流和思考，了解别人观点的依据和根由，同时也毫无保留地分享自己的宝贵经验。

三、对症下药：A-B 型人格心理压力调适

A 型人格的人雄心勃勃、争强好胜，对自己寄予极大的期望，以事业成功与否作为人生价值的评价标准，终日忙忙碌碌，极不情愿把时间花在日常琐事上。由于对自己期望过高，他们在心理和生理上，负担都十分沉重。他们被自己顽强的意志力驱使，抱着"只能成功，不能失败"的坚定信念，不惜牺牲一切，拼命直奔超出自己实际能力的既定目标，其思想、信念、情感和行为的独特模式，源源不断地产生内部的紧张和压力。对于 A 型人格的人来说，他们要更多地关注生命中其他事物的重大价值，比如与爱人的相濡以沫，与朋友的相知相伴，探索其他有趣的领域，以及延伸生命的广度。另外，A 型人格的人可以采取一些具体的方法来缓解自身的压力。

1. 制定一个切实可行的目标

A型人格的人往往有不切实际的高期望，因而当自身能力与之不匹配，付出极大努力仍旧得不到想要的结果时，他们就会产生很大的压力和痛苦。他们需要对自身有一个清晰的认识。他们可以采用这样的方法来评估自己的能力：先把幼儿园教师这一职业需要的能力一一列出，每一项的满分为10分；然后针对每一项给自己打分，并在其后写明具体的事实依据；最后将分数相加，就能得到一个反映自身能力的总分。根据自己的现有水平，幼儿园教师就可以制定一个恰当的目标。这样他们更加有动力去工作，并且在不断达成目标的过程中收获充实感和满足感。

2. 合理安排工作时间

A型人格的人喜欢把工作日程安排得满满的，试图在极少的时间里做极多的工作。他们认为休息就是浪费时间，总是把自己绷得紧紧的，殊不知张弛有度，才能保持最好的工作状态和效率。所以，做好时间和精力管理对他们是有百利而无一害的。

首先，对工作的情况做详细的记录，这样有利于分析时间的使用情况，看出哪项工作占用了更多的时间，哪项工作消耗的时间最少，各项工作的进度如何，以及分析怎样才能让自己的工作效率更高，完善自己对时间的利用计划。然后，对工作按照优先级进行排序，把一天内必须完成的事情、应该做的事情以及想要做的事情全都列出来，按照事情的紧迫性和重要性进行排序。要把最重要的工作先做完，这样就可以以相对轻松的心情做完接下来的工作，并且能够更好地应对突发情况。最后要注意，工作不要超负荷，留出一部分的时间什么都不做。如果你感觉自己的状态下降到正常水平的一半，那么就要好好休息，适当地放松疲惫的身体和精神。假如我们连自己都照顾不好，那么更别提其他的事情了。

3. 划清工作与生活的界限

工作固然需要拼搏，但是如果一直拖着疲累的身躯工作，就是在过度透支身体和精神，对于职业的长远发展是不利的。所以，我们要在该做什么的时候就做什么。回到家之后，我们应该放下工作上的事情，看看电视、听听音乐，约三两朋友出去打打球，尽情地放松身心，这样才能在第二天以饱满的精神状态继续投入工作。

4. 培养业余爱好

探索一些工作之外的令你感兴趣的东西，能够使你拥有更多的寄托，也使你的生活更加缤纷多彩。沉浸在我们爱好的事物中，不仅能让我们暂时忘却烦恼和压力，心情更加愉快，还能提升我们的气质，陶冶我们的情操，甚至能给我们带来意外的惊喜。就像乔布斯设计第一台麦金塔的时候，十年前学的书法才体现出用处。

5. 多进行体育运动

运动不仅能够使你的身体变得更强壮，还能够使你的心情更愉快。这是因为在做完一定量的运动后，你体内内啡肽的水平会升高，它会使你产生欣喜快乐的感觉，帮助你缓解压力、放松身心。

知识之窗

八种人格划分

（1）外向思考型的人，偏爱知性生活，尽量让自己的生活活动，合乎知性结论。所谓知性结论，就是客观而普遍的、被一般人接受的。这类人不独断、不任性、谨守客观，以知性为行动规范，客观地分清各种事实和条件，仔细考虑之后才下结论。他们对人待己，采用相同的基准。与人相处，分辨善恶、美丑等，都是以这个基准为先。

（2）外向感情型的人多半是女性。这种类型的女性，生活方式顺应感情，感情也能与周围状况相匹配，并持有这样的价值观。

（3）外向感觉型的人，对客观的事实敏锐，注重客观事实。当他们凭感觉具体地感受某种事物时，必定会感受到生命的喜悦。如果他们举止优雅，定是有高尚志趣的唯美主义者。他们把自己的感觉提高到美的最高境界，享受旁人无法体会的艺术。

（4）外向直觉型的人，具有洞察客观事实背后潜在可能性的能力。这种人注重的不是现实，而是可能性，并且不断追求可能性。安定的生活环境对他们而言犹如地狱，令人窒息。他们非常热衷于追逐可能性，甚至异常狂热。但是一旦遇到无法突破的瓶颈，他们会立刻冷淡下来，或干脆放弃。

（5）内向思考型的人和外向思考型的人一样，追随理念，只不过方向是向内，而不是向外。他们会在自己的内部建立一个理念世界，积极地推动其发展，不会因为怕麻烦、危险、被视为异端、伤害自己与他人之间的感情等理由而放弃。

（6）内向感情型的人，感情受到内在、主观要素支配。他们感情的深度，不易被人察觉。他们内在是沉默、孤僻、厌恶粗俗的人，但在外人看来，他们文静有礼，捉摸不定。他们多愁善感，有时会被别人认为"这种人对别人的幸或是不幸，完全无动于衷"。

（7）内向感觉型的人与所有内向型的人一样，远离外部的客观世界，沉浸在自己的主观感觉之中。他们往往不看重事物本身，却关注着事物的效果和自身深刻的主观感觉。艺术家往往属于这种类型。

（8）内向直觉型的人，可能成为预言家或艺术家。因为他们受到外在的刺激时，只注意自己的内在感觉，不会被外界影响。

【微课】

【拓展材料】

第五章　幼儿园教师情绪压力与调适

本章要点

※ 幼儿园教师面临的情绪压力
※ 情绪压力对幼儿园教师心理健康的影响
※ 幼儿园教师消极情绪管理与调适

> "我们不能期待别人随时体察我们的情绪，沉默换不来别人的帮助，如果我们需要帮助，就要用语言表达出来。"
>
> ——阿尔弗雷德·阿德勒（Alfred Adler, 1870—1937）
>
> "在焦虑的情形中，危险感是由内在的心理因素所激发和夸张了的，无能为力的感觉也是由个人自己的态度所决定的。"
>
> ——卡伦·霍妮（Karen Horney, 1885—1952）

幼儿园教师可能会因为一些工作压力产生情绪波动，倘若没有进行有效的情绪管理，他们的情绪在很大程度上会通过师幼互动影响幼儿。因此，幼儿园教师如何调节与管理好自己的情绪就成了一个很重要的话题。在本章，我们将重点探讨幼儿园教师面临的情绪压力，情绪压力会对幼儿园教师的心理健康产生什么影响，进而对幼儿园教师消极情绪的管理与调适提出一些建议。

第一节 幼儿园教师情绪压力与心理健康

幼儿园教师在面对繁重的工作和各种压力时，难免会产生一些消极心态，这不仅会影响自己的情绪和心态，还可能对孩子的成长产生负面影响。

一、职业现状：幼儿园教师面临的情绪压力

幼儿园教师是一个需要高情绪劳动的职业。在工作时，幼儿园教师自身的情绪往往被压抑着不能表现出来。为了工作的需要，他们会表现出幼儿需要的情绪。当长期处于这种高情绪劳动的工作中时，幼儿园教师可能会产生压力和负面情绪，如果处理不当，就会对他们的心理健康产生消极影响（钟燕，2020）。

（一）情绪压力的含义

情绪压力是指个体在一些消极情绪状态下的生理反应，例如个体感到心理紧张。出现这种状态一般与个体面临的某种意外环境因素以及个体对自身能力能否应对意外状况的评估有关。比如，当个体受到一些自然环境下的重大刺激，并且感到自己无力应付时，他们就会体验到这种情绪压力，出现肌肉紧张、血压升高、心率加速、呼吸频率上升以及腺体活动增强等一系列生理反应（Christianson，1992）。

（二）幼儿园教师情绪压力的影响因素

幼儿园教师面临的情绪压力往往不是单一的，而是源于各种压力源的综合作用。对于幼儿园教师来说，情绪压力的影响因素主要有以下几点。

1. 工作本身

幼儿园教师不仅要为幼儿未来在学校里取得成功做好准备，还需要时刻关注幼儿的安全。由于工作要求高、责任重，幼儿园教师经常会经历巨大的工作压力和负面情绪（例如，出现抑郁和焦虑症状）（Cumming，2017；Kyriacou，2001）。

幼儿年龄较小，生理和心理尚不成熟，自控能力较差，所以他们的自我保

护能力较弱，意外事故随时都有可能发生。不少幼儿园教师表示："自从担任教师以来，我承受着沉重的心理负担，总是担心班上的孩子会发生意外，甚至总做噩梦。""现在，大多数家庭只有一个孩子，一旦孩子稍有不慎，家长就会产生强烈的反应。作为教师，持续高度紧张的工作使我身心疲惫，无法有效地执行教育计划，有时为了避免'事故'，我宁愿减少开展教育活动的次数。"由此可见，经常性的精神紧张状态会对幼儿园教师的情绪产生负面影响。

案例 5-1 王老师的烦恼

幼儿园的王老师表示自己很喜欢和孩子们在一起，孩子们的纯真让她充满了快乐。然而，对于有些孩子的问题，她感到无能为力。例如，有些孩子睡觉时总是哭闹想家，有些孩子总爱打人，或者乱扔玩具。无论她怎么劝告他们，或者与家长沟通，他们还是保持原样。她觉得孩子似乎永远听不进去她的话，也记不住她的话。

幼儿园教师的教学工作负担比较沉重。在早期教育阶段，教育主要以活动的形式进行。因此，幼儿园教师必须以促进幼儿对学习的兴趣、培养良好的学习习惯和学习的积极态度为目标，来组织教育活动的设计、实施和评价。即使幼儿离园回到家后，幼儿园教师也需要与家长就各种各样的问题进行交流。此外，教师还要准备第二天的活动内容、拟定教学大纲、制作教具等，导致个人休息时间不足。这些情况容易让教师产生烦躁和抵触情绪，进而引发职业倦怠。在教师与家长沟通时，家长也可能出现负面情绪，例如，对教师提出一些质疑，甚至纵容孩子的不良行为等，这些情况也在很大程度上影响幼儿园教师的情绪状态。

案例 5-2 老师也有自己的生活

一般情况下，下班时间标志着工作的结束，但对于幼儿园教师来说并非如此。许多幼儿园教师表示，他们工作这么多年了，仍然经常会在休息时间收到家长发来的消息。幼儿园教师平时的工作特别多，需要针对每个幼儿制定教案、写观察记录和教养随笔等，还要抽时间进行业务进修，甚至占用很多休息时间。对此，马老师说："我们老师也有自己的家庭、自己的孩子和老人需要照顾啊！"

综上，幼儿园教师面临着巨大的工作压力。当一个人遇到来自工作场所的外部压力时，他有可能产生更大的心理负担和倦怠，从而产生消极情绪。

2. 幼儿园方面

幼儿园教师的情绪受其对幼儿园环境的适应程度的影响。不同幼儿园的环境和人际关系差异会影响教师的教育教学活动。有的幼儿园教师在适应并熟悉幼儿园和班级后，新学期又转到了新的班级。这种变化使他们与同事之间的感情基础变得更加薄弱，对新班级的孩子也不熟悉，从而使他们在面对问题时过度放大，很容易出现情绪失控的现象。

案例5-3 园长的理解就是对教师莫大的鼓励

在接受采访的时候，张老师说自己作为刚入园的新教师，经验不足，在家园沟通中总会遇到各种问题。张老师还说今年幼儿园新增了四个小班，她第一次接触小班，虽然她知道孩子哭闹是正常现象，但这种情况持续了一个多星期，她开始怀疑自己是否适合做幼儿园教师。

面对这种情况，幼儿园园长总是能够表示理解，通过新教师座谈会、党群携手谈心会等方式，表达对新教师的理解，还鼓励新教师大胆实践、积累经验。园长的理解对于刚入园的新教师来说就是莫大的鼓励。

有些幼儿园存在忽视教师的情绪管理的问题，很少对教师开展关于情绪管理的讲座或者培训。幼儿园的内部支持主要体现为园领导对教师的理解和关心，以及园内同事的相互支持。当幼儿园教师的努力得不到园领导的认可和理解时，他们会感到委屈，长此以往，他们的工作热情也会下降。尤其是在家园合作方面，园领导对教师与家长的沟通情况和沟通方式关注较少，很多幼儿家长对幼儿园教师的工作表示不理解，园领导也没有做到积极鼓励或及时安抚幼儿园教师，这就导致幼儿园教师与家长、幼儿园教师与园领导之间的关系慢慢疏远，进而降低教师对工作的投入度和家园融合度。

案例5-4 教师的情绪失控

在某幼儿园里，有一位张老师，她平时工作认真负责，深受孩子们喜爱。然而，由于近期家庭和个人生活压力较大，张老师的情绪状态一直不太稳定。幼儿园管理层虽然注意到了张老师情绪上的变化，但并未及时给予足够的关注和支持。

一天,在孩子们进行户外活动时,一个小男孩不小心弄脏了另一个小朋友的衣服,两人发生了争执。张老师在处理这一冲突时,由于情绪已经处于紧绷状态,她采取了较为严厉的方式,大声斥责了两个小朋友,并使用了不当的惩罚手段。这一幕不仅让在场的孩子感到害怕和困惑,也引起了其他教师和家长的关注。

事后,幼儿园园长对张老师进行了调查和谈话,发现她近期确实面临较大的生活压力,且没有得到有效的情绪支持和疏导。这一事件不仅影响了张老师的职业形象和工作状态,也给幼儿园的声誉和教学质量带来了负面影响。

(三) 关注幼儿园教师情绪压力的原因及意义

教师是非常需要情感投入的职业,对幼儿园教师来说更是如此。幼儿园教师面对的是身心尚在成长的孩子,他们需要表现出极大的耐心和热情。这种情感投入会造成较高的倦怠水平(Zinsser & Curby, 2014)。教师职业倦怠就是指教师在长期的工作压力下产生的一种疲劳综合征,主要表现为情绪耗竭、去个性化、低成就感。最近10年来,越来越多的资料显示,幼儿园教师尤其是我国沿海城市的幼儿园教师社会地位和福利待遇正在逐步提高,同时工作情绪以及工作环境等因素对幼儿园教师特别是年轻幼儿园教师职业压力的影响正在逐步提高。因此,探索工作情绪因素对幼儿园教师职业压力的影响并尝试解释这些因素的作用机制是教育管理领域的研究者们关注的一个新的研究方向(王婕,2023)。此外,幼儿园教师教授对象的年龄比较小,工作量庞大,幼儿的人身安全备受重视,师幼之间沟通不畅等,都极易引发幼儿园教师的消极情绪。消极情绪进一步影响教师对其工作的满意度,导致教师对工作的总体评价更加消极(Ray, Wilhelm, & Gross, 2008)。因此,要促进幼儿园高质量教学,就必须重视幼儿园教师情绪情感的健康发展。

二、积羽沉舟:情绪压力对幼儿园教师心理健康的影响

(一) 情绪压力下的反应

当面临压力时,人们会有一系列的生理、心理和行为反应。在某种程度上,

这些反应是身体对环境变化的积极适应，可以唤醒和利用身体的潜力来提高对疾病的抵抗性。然而，如果这些反应太强烈或太持久，可能会导致身体和精神功能出现紊乱。在持续的压力下，我们可能会产生几种生理、心理和行为反应。

1. 压力下的生理反应

在压力下，我们可能会有一系列的生理反应，它们主要是由自主神经系统、内分泌系统和免疫系统引起的。这些反应包括心跳加速、血压升高、呼吸急促、激素分泌增加、胃肠蠕动和出汗等。加拿大心理学家薛利通过对白鼠的研究发现，在压力下，身体的反应可以分为三个阶段。

- 第一阶段是警觉阶段。在第一阶段，个体会出现紧张的情绪并集中注意力，同时体温和血压下降，肾上腺素分泌增多，这个时候身体进入应激状态。
- 第二阶段是抗拒阶段。如果压力持续存在，身体就会进入此阶段，即抗拒阶段。在这个阶段，生理反应试图维护和恢复受损的部分，从而产生大量调节身体的激素。
- 第三阶段是衰竭阶段。如果压力存在时间过长，精力耗尽以应对压力，身体各种功能会突然下降，丧失适应能力。

因此，暂时的压力有助于个体激发身体的潜能，从而更好地应对一系列变化，然而，长期的压力可能会影响人类的适应能力。

2. 压力下的心理反应

压力引发的心理反应包括警觉、注意力集中、思维敏捷和精神振奋，这些都是适应环境的积极心理反应，有助于个体面对挑战。例如，学生参加考试或运动员参加比赛，在适度的压力下更容易取得好成绩。然而，过度的压力可能导致消极情绪，如忧虑、焦虑、愤怒、沮丧、悲观和抑郁，可能导致狭隘的思考、自卑、自信心下降、分心和记忆丧失以及出现消极被动的行为。有心理学研究表明，压力过大或者长时间的压力可能会影响个体的智力，个体的自我效能感会降低。人们在面对压力时的心理反应是不一样的，这取决于个体如何感知、理解和应对压力。

3. 压力下的行为反应

个体在面对压力时会有各种行为变化，这些变化取决于压力的程度和环境条件。压力下的行为反应可以分为直接反应和间接反应。

直接反应是对压力驱动因素的反应,以消除压力的刺激源。例如,当遇到歹徒时,个体可能选择与其搏斗或逃避。对于幼儿园教师来说,他们的直接反应就是将压力释放到幼儿身上。

案例 5-5 教师做出的不恰当行为

据网友上传的视频,在某幼儿园里,一位教师在午休时间对一名幼儿施暴,其行为包括打他的背、扯他的耳朵,甚至用鞋底打他的脸。旁边的另一位教师只是抬头看了一眼,就继续睡觉了。警方已介入调查,并对涉事教师进行控制。根据该教师的描述,当时他正在午休,孩子长时间的噪声让他情绪失控,因此他做出了不恰当的举动,现在他非常后悔。

由此可见,幼儿园教师在照顾各方面都发育不成熟的幼儿时,很可能因为不耐烦控制不了自己的情绪,在某个积压的爆发点将情绪压力发泄到幼儿身上。

间接反应包括通过某些物质(如饮酒)暂时缓解与压力经历相关的痛苦。一般来说,轻微的压力会增强积极的行为反应,比如寻求他人的支持和学习压力管理技能。然而,当压力太大或持续时间太长时,它会引发不良的行为反应,如口吃、刻板动作、暴饮暴食、攻击行为和失眠等。

(二)情绪压力与幼儿园教师心理健康的关系

在幼儿园教师的成长过程中,我们会发现,教师参与一些自己喜欢的且有收获的活动时会感到非常高兴,但是在面对竞争时可能感到忧郁和彷徨。工作烦琐可能导致他们烦躁不安,而自尊受损可能使他们狂怒和神伤。这些都会引发个体产生不同的情绪。情绪是个体在认知基础上对客观事物所产生的一种内心体验。在一定的条件下,情绪对人的思考和决定会产生很大影响,而拥有稳定良好的情绪是一个人心理健康的重要标志。幼儿园教师由于自身职业的原因,每天接触和处理的都是一些与情绪相关的事情,比如幼儿哭闹和捣乱、依赖和要求、退缩和惧怕、撒娇和任性等。这些不可避免地会引起教师的不良情绪,让他们感到厌倦、烦恼和心理失调。因此,我们可以看出,长期的情绪压力对幼儿园教师的心理健康会产生不利影响。

第二节 幼儿园教师消极情绪管理与调适

幼儿园教师应该更加注重情绪管理，因为他们的服务对象是无法自我保护的孩子。如果幼儿园教师无法正确管理自己的情绪，就会增加孩子受伤的可能性。当低龄的孩子进入学校时，他们正在脱离父母的怀抱，与社会接触，这是他们人生的第一步。如果他们遇到一个不懂得处理情绪、缺乏自控力的教师，那么孩子们所受到的心理伤害将是终身的。实际上，从某种意义上来说，掌握教学技能、心理健康和人格完整，应该成为教师行业最基本的准入门槛。

一、情感体验：幼儿园教师的消极情绪

（一）消极情绪的含义

情绪是十分复杂的，对情绪进行分类更为复杂。以往有学者根据情绪的性质对情绪进行分类，将情绪分为快乐、愤怒、恐惧和悲哀；也有学者根据情绪的状态进行分类，将情绪分为心境、激情和应激。情绪就是个体对于环境下的某种刺激产生的一种应激状态，根据情绪所带来的不同反应，可以将情绪分为积极情绪和消极情绪。

消极情绪也就是具有负效价的情绪，是指个体在面对压力、挫折、不满或其他不利情境时产生的一种不愉快、负面的情感体验。这种情绪通常伴随着身体和心理上的紧张反应，可能表现为焦虑、沮丧、愤怒、失望、悲伤、恐惧和烦躁等。消极情绪是人类情感体验中不可或缺的一部分，它反映了人们对当前情境的不满意或不适感。

幼儿园教师的消极情绪是指在日常工作或生活中受到外界或自身事件影响而产生的一种不利于个人发展的情绪状态。这种情绪状态不仅影响教师自身的心理健康和幸福感，还可能对幼儿的成长环境、教学质量以及师幼关系产生深远的负面影响。

（二）幼儿园教师消极情绪的表现和危害

积极情绪给予个体开心愉悦的感受，维持身心平衡，促进健康和谐发展，为生活提供动力；而消极情绪影响个体的日常生活和工作，阻碍发展，限制能

力的发挥。了解幼儿园教师消极情绪的表现和危害，有助于减少消极情绪带来的不良影响，促进幼儿和教师的心理健康发展。

1. 幼儿园教师消极情绪的表现

在幼儿园工作中，教师经常伴随着沮丧、易怒、不满、厌烦和紧张焦虑等消极情绪。沮丧是幼儿园教师工作时常见的一种消极情绪状态，表现为缺乏热情和精神萎靡，同时自我效能感逐渐降低。易怒是当客观事物与个人意愿相冲突时产生的情绪体验，容易导致教师失去理智。不满和厌烦是对幼儿行为感到失望而产生的情绪反应，容易引发教师的冲动行为。紧张焦虑是由工作压力引起的一种不安的情绪状态，容易导致教师行为混乱。

2. 幼儿园教师消极情绪的危害

无论是何种形式的消极情绪，都会给人带来负面情绪体验。这不仅会影响幼儿的健康成长，还会对教师自身的发展造成困扰。

幼儿园教师的消极情绪会引发幼儿的成长危机。幼儿园教师并非一台没有感情、麻木的机器。在学前教育工作中，幼儿园教师面对各个发展水平的幼儿，需要投入丰富的情感、强大的爱心和耐心。然而，他们会时不时地受到消极情绪的困扰。由于幼儿园教师每天都在和幼儿接触，所以他们的一言一行都会影响孩子们的成长。研究表明，幼儿期是健康情绪形成的关键时期，幼儿主要通过观察学习来塑造自己的情绪体验。他们会通过模仿教师所表达的一些情绪和情感，形成自己的情绪体验。因此，如果教师长时间表现出消极情绪，会给幼儿带来消极的情绪体验，进而影响幼儿健康情绪的形成和发展。

案例 5-6　让老师头疼的涵涵

涵涵是小二班的一个可爱的小女孩，她在各方面都表现出色，但唯一的问题是她不喜欢午睡。每天午睡时间，老师最头疼的就是涵涵，其他小朋友都已经安静地躺下了，只有她还在活动不止。为了不打扰其他小朋友，老师决定躺在涵涵旁边，搂着她睡觉。刚躺下，涵涵就要去上厕所，老师有些生气："你不是已经去了两次吗？怎么又想尿尿？不能去！睡觉时不允许！"涵涵感到不开心，开始哭闹个不停，老师有点不耐烦了，强行抱着她，拍她入睡。然而，这种做法适得其反，涵涵不仅没有入睡，还闹了整个午休时间，导致其他小朋友无法好好休息。

案例 5-7 教师正确的情绪表达

涵涵小朋友因为一些原因被调到了小一班。现在是午睡时间，其他小朋友都已经躺下了，只有涵涵还在玩耍。今天值班的是张老师，她非常有耐心。

张老师说："涵涵，你应该躺在被子里休息，否则可能会感冒。"涵涵说："老师，我要小便。"张老师说："去吧，轻轻地，别吵到其他小朋友。"涵涵回来后继续玩耍。张老师问涵涵："要我拍你睡吗？"涵涵拒绝了。张老师建议道："如果你想小便了，可以悄悄地去，不要吵到其他小朋友。你可以躺在被子里玩，好吗？"涵涵若有所思地点了点头，然后躺进了被窝，睁着眼睛。老师并没有强迫她睡觉，涵涵也没有再去小便，不久后就入睡了。

从上述两个案例，我们可以看出，教师不同的情绪表达对幼儿的影响不同。在案例 5-6 中，老师没有控制好自己的消极情绪，反而引起了幼儿的反抗；在案例 5-7 中，张老师采用正确的情绪表达方式，控制自己的消极情绪，所以结果也不一样。由此可见，幼儿园教师的消极情绪会对幼儿产生负面影响。

幼儿园教师的消极情绪也会影响教师的自身发展。幼儿园教师的身心健康受到消极情绪的困扰。根据世界卫生组织的调查数据，超过 70% 的人会因情绪问题而影响身体健康。消极情绪下的教师常常表现出焦虑、抑郁、愤怒、沮丧和悲伤等情绪，这可能导致他们出现各种身体疾病。同时，情绪状态也是评估一个人的心理是否健康的重要指标。长期处于消极情绪会使幼儿园教师失去工作热情，逐渐耗尽精力，直接导致职业倦怠，进而影响教师的职业幸福感。此外，长期的消极情绪还会阻碍幼儿园教师的专业成长。《幼儿园教师专业标准（试行）》对幼儿园教师的情绪管理提出了严格要求，并强调教师应该"善于自我调节情绪，保持平和心态"。可见，幼儿园教师是一个需要大量情感投入的职业，拥有良好的情绪状态是促进其专业成长和发展的动力。张傲子、张琦和石小加等人（2022）研究了幼儿园教师的情绪意识现状，并探讨了情绪意识与心理健康之间的关系。研究结果显示，所调查的幼儿园教师在多伦多述情障碍量表（Toronto Alexithymia Scale-20，TAS-20）下的情绪意识得分属于中等水平，而在心理健康方面，躯体化、抑郁、焦虑和恐怖因子的得分显著高于全国常模。此外，TAS-20 量表中的"难以识别自己的情感"对心理健康的四个因子均有显著的正向预测作用。

案例 5-8　幼儿园教师曾惊恐发作

幼儿园里的张老师曾有过惊恐发作的情况。三年前的一天，在她负责的小班中，有一名幼儿被其他幼儿抓伤了胳膊，当时她没有及时察觉到这一情况，直到孩子的家长在接走孩子后通过电话告诉她。那个时候，家长并没有提出投诉，但两三天之后，其他幼儿家长对那位家长说："你应该去投诉她。"虽然这位家长最终没有投诉，但家长把这些话转告给了张老师。从那时起，张老师就感到非常紧张。每当幼儿离开幼儿园后，只要看到家长打来的电话，她的心就会跳到嗓子眼儿。她不敢接听电话，但又不得不接听。只有当听到家长询问作业情况时，她才能稍微松懈下来。三年来，她一直处于这种紧张状态下，超过了自己的心理承受能力，最终出现了惊恐发作的情况。

在那段时间，张老师的心中充满了无助与自责，她害怕自己再也无法胜任这份工作。幸运的是，幼儿园的领导和同事们给予了她极大的支持与理解。他们安排了专业的心理咨询师为她进行心理疏导，帮助她逐步认识并接纳自己的情绪。在后期的调适中，她学会了如何管理自己的焦虑，如何通过呼吸练习、冥想等方法来平复内心的波澜。更重要的是，她意识到，每个人都会有脆弱的时候，关键在于如何面对并克服它。

随着时间的推移，张老师逐渐找回了内心的平静与力量。她开始重新参与幼儿园的日常活动，虽然初时她还有些许不安，但每当看到孩子们纯真的笑脸和听到他们无邪的笑声，那份对幼教事业的热爱便如同被点燃的火焰，再次熊熊燃烧起来。

二、得心应手：消极情绪管理与调适

李宜谦（2017）在对四所幼儿园进行调研后发现，家园冲突的比例高达47%。研究表明，在幼儿园教师与其他利益相关者（如家长）的互动或冲突中，教师的职业压力和家长对孩子的保护意识是引发冲突的主要因素。教师常被公众误解，学生、家长、管理者和社会普遍缺乏对教师作为专业人员的正确认识，未能给予他们应有的尊重（孙彩霞，王丽媛，2018）。幼儿园教师通常处于劣势地位，受到歧视、不公平对待和投诉。这种社会地位的不平等也需要幼儿园教师具备额外的能力来调节和管理他们的情绪。

（一）宏观层次

情绪管理与调适要注意以下两方面。

一方面，要让教师体会到自身价值、职业认同，进而提升教师的心理素养。教师感受到自己的价值和对幼儿教育职业的认同，是推动他们职业发展的内在动力和动机因素。这种内驱力影响着教师的外部行为，决定了他们对职业的态度，是促进教师专业发展的关键因素。

另一方面，要在幼儿园教师招聘中增加心理测试。在招聘幼儿园教师时，可以增加心理测试，以选择合适的候选人。要采用标准化方法评价幼儿园教师的心理健康状况，如 16PF 人格测验（Sixteen Personality Factor Questionnaire）、大五人格测验、SCL-90（Symptom Check List-90）测验等，也可以选择有针对性的心理量表，如情绪稳定性测试（见表 5-1）、自我控制测试等。此外，根据幼儿园工作的性质，可以通过情景测试、面试和其他手段，全面了解候选人的心理健康状况，以确保所有幼儿园教师心理健康。

表 5-1　艾森克情绪稳定性测试

1	你认为你能像大多数人那样行事吗？	是	否	不好说
2	你似乎总碰到倒霉事。	是	否	不好说
3	你比大多数人更容易脸红吗？	是	否	不好说
4	有一个思想总在你脑中反复出现，你想打消它，但是办不到。	是	否	不好说
5	你有想戒但戒不掉的不良嗜好（如吸烟等）吗？	是	否	不好说
6	你是否总感觉良好并精力充沛？	是	否	不好说
7	你常常为负罪感而烦恼吗？	是	否	不好说
8	你是否觉得有点骄傲？	是	否	不好说
9	早上醒来时，你是否经常感到心情郁闷？	是	否	不好说
10	即使发愁的时候，你也极少失眠吗？	是	否	不好说
11	你时常感到时钟的嘀嗒声十分刺耳、令你难以忍受吗？	是	否	不好说

注：测试结果仅供参考。

根据艾森克的研究，情绪不稳定的人会表现出喜怒无常、容易激动的特点，而情绪稳定的人反应缓慢且轻微，很容易恢复平静。他进一步指出，情绪稳定性（神经质）与植物性神经系统，尤其是交感神经系统的功能有关。通过测试，你可以了解自己的情绪稳定性情况。如果肯定选项较多，说明你的情绪容易波动；反之，说明你的情绪不容易波动。

（二）教师个人角度

教师可以从以下三方面管理与调适情绪。

一要学会洞察情绪。能准确感知和洞察自身情绪是情绪管理的必要条件和基础。日常的洞察情绪训练可以用洞察情绪三步法：第一步，及时感受自己的内在情绪，尤其是消极情绪，比如当怒火中烧时，及时意识到"我现在的情绪不好，我很愤怒"，然后把注意力放在你的内在感受上，而不是放在让你产生情绪的人和事上；第二步，感受自己身体的感觉和肢体动作，这也是准确分辨自己情绪的关键；第三步是反思自己的想法，像旁观者一样分析自己头脑中的想法，而不去评判和改变它。

二要学会表达情绪。很多情绪问题其实都是因为情绪没有得到及时准确的表达而造成的，所以学会正确表达情绪也很重要，尤其是学会表达积极情绪。由于中国人的含蓄性，我们在生活中很少表达对他人的欣赏与鼓励。因此，我们格外需要积极情绪的表达，比如，"我欣赏你这个观点，它有独到之处""我喜欢你为人的真诚，这使我和你相处时感觉放松"。这些积极情绪的表达不仅有助于师幼的沟通、建立良好的师幼关系，也有助于教师发展良好的人际关系，消除消极情绪产生的源头。

三要学会及时调节情绪。当意识到自身的消极情绪时，要学会及时调节。调节情绪的方法有以下几种。

- 冷却法：在情绪爆发之前，可以采取冷静的方法，例如心理倒数法。从10倒数到1，并深呼吸。如果条件允许的话，可以离开事发现场，有效避免在情绪失控时，做出不理智的举动。
- 宣泄法：情绪就像洪水一样，宜疏不宜堵，因此，消极情绪还可以通过不同的渠道宣泄，如眼泪宣泄法、喊笑宣泄法、模拟宣泄法，以及环境宣泄法（即换个环境或者去优美、轻松的环境中改善情绪）。最推荐的是运动宣泄法，比如每天坚持跑步20~30分钟，这样既可以让情绪有效放松，又可以改善体质。

- 呼吸放松法：呼吸放松法也是一种有效的方法。这种方法是缓慢地进行深呼吸，每分钟进行6次腹式呼吸，每次吸气和呼气各持续5秒钟。当人处于高压力状态时，呼吸会变得急促且浅短，而进行几次深呼吸有助于挺直肩膀并放松肌肉。
- 放松肌肉法：每天早上睡醒后和晚上睡觉前，放松一下身体的肌肉，这有助于缓解肌肉紧张。
- 音乐疗法：听音乐可以帮助个体减轻压力、放松心情、缓解精神紧张，同时有助于健脾养胃，增强对生活的信心。
- 学习转移法：学习不仅是获取知识和经验的重要途径，还是促进个体发展和心理健康的手段之一。
- 亲近自然法：每月去远足郊游，沉浸在大自然的怀抱中，感受绿草的温柔，嗅闻鲜花的芬芳，聆听雏鸟的歌声，欣赏夕阳的余晖，甚至观察小蚂蚁不懈劳动，都能给我们带来温馨的感受和有益的启示。
- 认知训练法：基于美国心理学家阿尔伯特·埃利斯（Albert Ellis）的情绪ABC理论，其中，A（Activating Events）代表诱发性事件，B（Beliefs）代表对事件的信念，C（Consequences）代表情绪和行动后果。一般人们会认为情绪是由事件引发的，比如伤心是因为失恋。然而，情绪ABC理论指出，引发伤心的并不是失恋事件本身，而是对失恋这件事的看法：如果认为失恋是失去了一切，就会伤心；如果认为失恋是重新开始新生活的契机，就不会那么伤心了。对幼儿园教师来说，当孩子们吵闹时，把"孩子们真烦人"的认知替换为"这是孩子们的特性，现在得想办法转移他们的注意力"，这样情绪就会从烦躁变成心平气和。当然，认知的改变不是一蹴而就的，可以先每天记录下当天的情绪事件，再进行认知替换的训练，久而久之，良好的认知模式就会产生积极的情绪。

因此，幼儿园教师想要情绪健康，最重要的是调整心态，树立积极的职业态度，发自内心地热爱幼儿、热爱幼儿教育。

案例5-9　王老师对考试的恐惧心理

王老师是一名大专生，现在是一家公办幼儿园的临时工，之前曾参加过全市的教师招聘考试。她非常珍惜那次机会，希望通过考试成为正式在编教师，但由于她过度紧张，考试时忘记了原本已经牢固掌握的知识。结果考试成绩不理想，未能通过。她感到沮丧和自责，对考试产生了强烈的恐惧心理。在忧虑和焦躁的情绪中，她夜以继日地学习，准备参加第二年的教师招聘考试，导致自己情绪紧张、疲惫不堪，严重影响了正常的生活和工作。

对上述案例进行分析可知，诱发性事件 A 为考试失败。对事件的信念 B 为对考试产生的一些非合理信念："我是一名大专生，在幼儿园里表现出色，拥有丰富的理论知识和教学经验。然而，我却没有通过这么重要的考试，感到非常丢脸，甚至开始怀疑自己是否只能做临时工。我感觉自己的前途渺茫。由于考试成绩不佳，我开始对自己的能力产生怀疑，认为自己无法胜任任何事情，甚至出现了消极怠工的行为。"

以上非合理信念包括对自己过分完美的要求，对考试分数意义的歪曲，以及缺乏根据的自我怀疑和自我挫败。这表明"我"的思维缺乏合理性，倾向于绝对化和以偏概全。情绪和行为反应 C 为在考试时感到紧张，进入考场后出现心慌手僵的情况，大脑反应也变得迟钝。考试结束后，如果成绩不理想，就感到烦躁不安，整天陷入苦恼之中，精神状态低落。D（Disputing Irrational Beliefs）是要找出自己通常使用的有可能会误导并使自己得出不准确结论或判断的不合理信念，并与这些不合理信念进行辩驳。

- 考不上也没关系。每个人都有自己擅长的领域，我在某些方面比别人强，但是在其他方面可能不如别人，这是很正常的现象。只要我尽力了，即使考不上又有什么大不了呢？一所幼儿园里只有几十个人有编制，大部分人都是合同制的，没有什么丢人的。生活依然美好，天空依然明朗。
- 我已经尽力了，无愧于自己。金无足赤，人无完人，我已经尽了最大的努力，不必过分计较，苛求自己十全十美，给自己带来精神负担。
- 还有很多机会等着我。每年都有教师招聘考试，今年没通过，就明年再考，只要努力准备，就有可能成功。

E（Effective Rational Beliefs）是需要找到有效的办法，来帮助自己解决问题。在案例中，这位教师在放弃了对教师招聘考试的非合理信念后，开始用更合理的态度看待考试，情绪和行为也发生了明显变化。对于以后的考试，她不再担心失败，也不会过分看重他人的评价。在专注于本职工作的同时，她认真复习，不再分心，心情平静，考试焦虑得到有效缓解。

在生活中，多数人在体验到消极情绪后会选择消极的方法来应对，而这样的方法不仅会给自己带来消极的情绪体验，也会给身边的人增加烦恼。对于幼儿园教师来说，他们面对的群体十分特殊，不合理的情绪发泄会严重影响幼儿的言行举止和价值观，因此教师要为人师表，调整好自己的情绪，选择合理的情绪调节策略，学会调节情绪。

幼儿园教师在职业生涯中需要进行消极情绪的防控。情绪素养应该在职前教育阶段就融入准幼儿园教师的职业素养。面对心理压力，幼儿园教师是体验者和调整者，是正确对待心理压力的主体。因此，幼儿园教师应主动积极地维护自身的心理健康。首先，幼儿园教师应不断完善自己的人格，因为健康的人格不仅有助于维护心理健康，还能帮助他们适应快速变化的社会生活环境。其次，幼儿园教师应培养乐观、豁达的人生态度，并建立积极的自我概念。再次，除了教师自身的努力外，幼儿园应充分重视教师的身心健康，管理者应尽可能了解每一位教师的实际情况，关心他们，带领他们创造良好的幼儿园环境和融洽的教学氛围，使他们的合理需求得到满足。最后，建立合理的评价机制刻不容缓。社会和幼儿家长应理解和支持幼儿园教师的工作，并以客观公正的态度评价他们。

知识之窗

做自己情绪的主人

美国著名心理学家戴维·D. 伯恩斯（David D. Burns）提出了认知扭曲导致的10种典型的消极思维方式，深刻揭示了人们在面对现实时可能产生的种种不合理信念和思维模式。这些扭曲的认知不仅会影响个体的情绪状态，还可能进一步导致情绪障碍和心理健康问题。以下是这10种典型的消极思维方式。

（1）两极化思维：这种思维方式倾向于把事情看得过于绝对，非黑即白，没有中间地带。例如，将一次小失败视为彻底失败，忽视努力和进步的价值。

（2）以偏概全：基于一次或几次的经历，就得出普遍性的结论。比如，因为一次失败就认为自己永远会失败，或者因为某人在某方面不好就全面否定其价值。

（3）心灵过滤：类似于心理学中的"心理过滤"现象，只关注消极的细节，而忽视整体中的积极方面。这会导致个体对现实产生过于悲观的看法。

（4）贬损积极的东西：拒绝承认或轻视积极的经验，认为它们"不算数"。这种思维方式会削弱个体的自信心和幸福感。

（5）错误揣测他人或先入为主的错误：错误揣测他人指未经证实就武断地认为别人对自己有消极的看法。先入为主的错误指预期事情会变糟，并坚信这个预期是已经成立的事实。

（6）极度夸张的思想：又称"双光眼镜效应"，指不合比例地夸大或贬低事情的重要性。例如，夸大自己的错误或恐惧，贬低自己的优点和成就。

（7）情绪推理：假定自己的消极情绪必然反映了事情的真实状况，即"我这么感觉，所以它肯定是真的"。

（8）应该和不应该的自我折磨：用"应该"或"不应该"来要求自己或他人，导致负罪感或愤怒、灰心的情绪。

（9）贴上错误的标签：用过于概括或主观的语言来描述自己或他人，给自己贴上消极的标签，如"我是一个失败者"。

（10）罪己化思想：将许多外界的消极事件归咎于自己，即使自己并不应该为这些事件负主要责任。这种思维方式会导致过度的自我责备和负罪感。

【微课】

【拓展材料】

第六章　幼儿园教师职业人际压力与调适

本章要点

※ 幼儿园教师职业人际压力概述及来源

※ 幼儿园教师关系处理与人际压力调适的方法

> "一个好的教师，是一个懂得心理学和教育学的人。"
>
> ——苏霍姆林斯基（Сухо-млинский，1918—1970）
>
> "在教育你的孩子时要进行你自己的较高的教育。在心智方面，你必须学好那门最复杂的学科，那就是在你的孩子、你自己和社会中所表现的人性和它的规律。在道德方面，你必须经常发挥你的高尚情感而控制那些较低级的。"
>
> ——赫伯特·斯宾塞（Herbert Spencer，1820—1903）

近年来，工作中的人际关系逐渐成为幼儿园教师职业压力的主要来源，对幼儿园教师的心理健康和日常工作有重大的影响。在幼儿园教师的所有关系中，师幼关系是最主要的一环，因此压力不仅会影响教师自身，还会对幼儿的发展产生影响。此外，在当前的国情下，幼儿的心理健康教育不断获得更多的关注，调适幼儿园教师的人际压力成为当前教育工作中不可忽视的一个重要环节。

第一节　幼儿园教师职业人际压力及其来源

幼儿园教师职业人际压力的来源是多维度的，它始于日常工作中与幼儿及其家长之间的复杂互动，延伸至与同事、管理层乃至更广泛社区的交流与合作之中。随着社会对幼儿教育质量的期望不断提高，教师在努力满足个性化教育需求的同时，还需应对家长的高期待、同事间的竞争与合作、管理层的评估与指导等多重挑战，这些因素交织在一起，构成了幼儿园教师职业人际压力的独特而复杂的图景。

一、束广就狭：幼儿园教师职业人际压力的概述

人际关系是压力的一种来源。人际压力是一种心理状态，是个体在人际交往中发现自身能力和资源不足以满足环境要求，或者感觉受到威胁、自身价值无法实现所引发的一种生理和心理反应（史琳，2023）。职业人际压力是人际压力的一种，它是指在职业生涯中，个体与同事、上级、下属或合作伙伴等交往过程中所产生的心理压力。这种压力源于多种因素，包括但不限于工作关系的复杂性、沟通障碍、角色冲突、期望差异、资源竞争以及人际关系的不和谐等。

在职业环境中，人际关系的良好与否直接影响到工作效率、团队合作氛围以及个人的职业发展和满意度。当个体感受到来自人际关系的压力时，可能会出现焦虑、紧张、沮丧、挫败等消极情绪，进而影响其工作表现和生活质量。

人际关系是影响幼儿园教师自我效能感的重要因素，是自我功能的重要部分，低自我效能感的个体难以应对工作压力。研究表明，幼儿园教师的职业压力大部分来源于人际压力，而且人际压力与心理健康水平显著相关，可见研究幼儿园教师的职业压力调适是非常重要的（邓潇君，2021）。

二、洞悉入微：幼儿园教师职业人际压力的来源

调查发现，幼儿、同事和家长是幼儿园教师在工作中接触频率较高的三类人群，是教师人际压力的主要来源（陈姝娟，黄艳华，2012）。幼儿园教师与幼儿之间的人际压力主要来源于幼儿个性差异、发展需求多样及沟通障碍等，要

求教师具备耐心、爱心与专业素养，以灵活应对不同幼儿的情绪变化和行为挑战，同时有效促进幼儿身心健康发展，建立良好的师幼关系。幼儿园教师与特殊儿童之间的人际压力是一个复杂且多维度的问题，涉及教师的工作职责、特殊儿童的需求、教育环境的特殊性以及社会支持等多个方面。特殊儿童包括聋哑盲、智力障碍、情绪行为障碍、精神障碍、学习困难、自闭症等多种类型的儿童，他们的需求各不相同，要求教师具备高度的专业性和灵活性。相较于普通儿童，特殊儿童在认知、情感、行为等方面可能存在更大的挑战，教师需要投入更多的时间和精力去了解、教育和支持他们。特殊儿童的行为与情绪问题、学习障碍以及社会适应难题也给教师带来了不小的挑战。教师需要应对特殊儿童在认知、情感、行为等方面的复杂需求，设计个性化的教学方案，并付出额外的时间和精力。

和谐的同事关系会使幼儿园教师拥有轻松的工作氛围，从而减轻心理压力。在工作场所中，相对于来自同事与下属的支持，来自上级的支持是幼儿园教师最重要的支持来源，能有效缓解教师的职业压力和职业倦怠（宁艾伦，2020）。在与幼儿家长沟通方面，56%的新入职教师认为自己有轻微压力，39%的新入职教师认为自己有较大压力（李阳，2022）。幼儿园教师与家长之间的人际压力主要源于双方在教育理念、儿童发展期望、沟通方式及责任分担等方面的差异与冲突。这种压力要求教师不仅要具备专业的教育能力，还要具备良好的沟通技巧和情绪管理能力，以建立和维护积极、互信的家校关系。

因此，幼儿园教师有哪些职业人际压力，以及如何用积极的态度面对压力是本章主要讨论的问题。近年来，许多心理学家与教育学家在这个研究课题上取得了很多的成果，本章主要是在先前研究的基础上提出一些具体的应对措施，以期帮助幼儿园教师有效地进行压力调适。

第二节 幼儿园教师与幼儿关系压力及调适

师幼关系是幼儿园教师最为核心的人际关系，伴随着国家对幼儿教育事业的大力扶持，幼儿园教师的压力问题逐渐引起人们的关注。理想型的教师不仅能给幼儿提供更加丰富的学习材料，还能够与幼儿形成更加良性的互动关系，使幼儿从一开始就体验到轻松舒适的关系，这样既有助于幼儿认知、情感和社会性的健康发展，也能够让幼儿园教师在工作中体验到满足感和自豪感（任佳琦，2019）。

> **案例 6-1　严格管理引发关系紧张**
>
> 　　李老师经验丰富，对工作认真负责，对大班幼儿的常规训练要求严格。她认为严格的纪律是幼儿园教育的基础，因此她制定了详尽的班级规则，并要求幼儿严格遵守。这些规则包括但不限于坐姿端正、排队有序、不允许随意讲话等。对于违反规则的幼儿，李老师会立即进行批评指正，有时甚至会采取惩罚措施，如暂时剥夺游戏时间或要求幼儿站立反思。
>
> 　　部分幼儿因为性格原因或尚未形成良好的行为习惯，难以适应李老师的严格管理。他们开始表现出抵触情绪，不愿意参与集体活动，甚至在课堂上故意捣乱。这些行为进一步加剧了师生之间的紧张关系。家长们观察到孩子的变化后，纷纷向幼儿园领导反映情况。他们认为李老师的管理方式过于苛刻，不利于孩子的身心健康发展。部分家长还担心孩子因长期受到批评而产生自卑心理或厌学情绪。

一、动中肯綮：幼儿园教师与幼儿关系压力分析

　　手牵手，心连心。师幼关系是一种蕴含着情感因素的人际关系，幼儿园教师与幼儿不仅需要有认知上的交流，更需要有情感和心灵上的互动，唯有后者才能使幼儿对教师产生亲近感，这对于建立平等互动的师幼关系十分重要，同时也给予教师巨大的责任，让教师产生一定的压力。

（一）师幼关系不和谐的原因

1. 教师对待幼儿的观念不正确

　　教师对待幼儿的观念直接影响着师幼关系的好坏。当教师以积极的心态对待幼儿时，师幼关系会更加和谐；当教师以消极的心态对待幼儿时，师幼关系会变得紧张。

2. 教师自身调节与处事方式欠缺

　　教师在面对日常工作压力时，若不能有效管理个人情绪，容易将消极情绪带入与幼儿的互动中，导致沟通氛围紧张。此外，部分教师在处理幼儿行为或

问题时，可能缺乏足够的耐心和同理心，倾向于采用简单粗暴的方式，忽视了幼儿作为独立个体的情感需求和成长特点。这种处理方式不仅无法真正解决问题，还可能加深幼儿的抵触情绪，破坏师生之间的信任基础。同时，沟通技巧的欠缺也使教师在与幼儿交流时难以准确传达信息，从而引发误解和冲突。

3. 幼儿自身的原因

幼儿正处于身心快速发展的阶段，他们的自我控制能力、情绪表达能力和社交技巧尚不成熟，这可能导致师幼互动中出现冲突或误解。例如：幼儿可能因为无法理解教师的指令或期望而产生挫败感，进而表现出不合作或抗拒的行为；幼儿可能因为情绪调节能力不足，在面对挑战时爆发情绪，影响与教师的沟通效果。

同时，每个幼儿都拥有独特的个性和气质。有的幼儿活泼好动、善于表达，而有的幼儿内向害羞、较为敏感。这种气质差异会直接影响师幼之间的交流和互动方式。对于外向的幼儿，教师可能更容易与他们建立起亲密和谐的关系；而对于内向或情绪化的幼儿，教师可能需要花费更多的时间和精力去理解、安抚他们，并找到适合的沟通方式。此外，气质影响了幼儿情绪反应的强度和自我调节能力有关的行为。儿童在气质倾向和行为能力强弱上会表现出差异。儿童的情绪调节与执行性注意发展有关，有些儿童很难控制自己的情绪和行为，而另一些儿童却能很轻松地掌控自己。例如，有些儿童在接触新环境时会迅速适应，毫不畏惧，而有些儿童很容易为环境所控制，表现出烦躁和沮丧情绪。有些儿童的气质特点表现为不易受外在刺激所感染，因此这些儿童不容易受到教师的语言或行为的影响（彭菲菲，刘文，2007）。

拥有一些气质的幼儿可能比拥有另一些气质的幼儿更符合课堂上的要求。例如，那些专注、持久、适应性强的儿童可能比在这些气质维度上做得差的孩子表现更好。那些注意力持续时间短、容易分心的儿童可能很难在刚开始就完成所要求的任务或对所学课程给予足够的注意（刘文，2002）。还有证据表明，教师常会曲解学生的气质差异：当缓慢发动型儿童没能及时完成新课业时，他们被看成是缺乏学习动机的，而当他们需要多次尝试才能掌握新任务时，他们又被认为是不聪明的；活动水平高的孩子可能会被看成是爱制造麻烦的儿童；容易分心的儿童可能被看成是对学习不感兴趣的人（刘文，2002）。幼儿在幼儿园里的表现影响着教师对其行为的解释，师幼间的相互作用最终影响了师幼关系。

(二)幼儿园教师与幼儿关系压力的分类

1. 从幼儿园教师角度

一些新入职教师可能存在一定的适应问题，容易产生压抑感，缺乏归属感，对工作产生消极的心理。此外，对行业期望过高，以及对自己的工作要求完美等，也可能影响幼儿园教师在日常中的人际交往。

2. 从幼儿角度

幼儿自身的问题，包括自身的行为、性格问题等，也会给幼儿园教师带来压力（白荣，高叶淼，李金文，等，2023）。有些教师认为，"某些幼儿过于活跃，影响了正常的教学活动"，给他们带来很大的职业压力；有些教师认为，"随着社会的发展，幼儿的个体差异越来越大，越来越难以管理"，给他们带来很大的压力，他们甚至感到难以应对。

3. 从双方角度

幼儿园教师与幼儿之间若缺乏沟通与配合，将导致关系压力显著上升。教师难以准确了解幼儿的需求，情感联系疏远，管理困难；而幼儿可能面临学习受阻、社交障碍及情感压抑等问题。为缓解此压力，需建立有效沟通机制，培养双方的沟通技巧，增强相互理解，并加强家园共育，共同促进师幼关系和谐发展。

二、量体裁衣：幼儿园教师与幼儿关系压力调适

（一）恰当进行自我管理

1. 培养自己乐观积极的心态

根据合理情绪疗法，人们的困扰来源于自己对事物的看法（即非合理信念），管理与调节自己的非合理信念就会使人乐观积极。乐观积极的态度能够给幼儿园教师带来信心。遇到困难的时候，他们会保持良好的心态来处理幼儿的问题，克服职业困难，不断朝着教学目标前进，形成良性循环（蔡永辉，程秀兰，李玲，2022）。

2. 不断完善自己的人格

在这个过程中，教师可以从生活、职业中的方方面面来增强自我效能感，不断地树立自信心。教师的自我成长对幼儿来说也是良好的榜样，幼儿能透过

教师的变化进行感受，这样在双方相互促进的关系中，教师能够调适自己的压力，从而与幼儿建立良好的关系。

3. 树立终身发展的职业观念

所谓终身发展的观念就是教师不断保持自身的心理健康，在一生中不断学习，在提高自己的同时不忘培养学生的能力。有了这样的观念，教师在与幼儿相处的过程中就有非常明确的目标，并努力在工作中达成目标，从自己不忘初心的过程中找到自信。

（二）在教育过程中针对幼儿问题具体分析

1. 遇到难题学会适当求助

在暂时难以解决问题时，幼儿园教师可以：一方面，向幼儿园配备的心理健康教师倾诉，寻找问题的根源，做出适当的心理调适，让自己的身心状况达到平衡；另一方面，向身边有经验的教师请教与学习，学习他们多年来教育幼儿的经验与方法。当问题比较复杂或严重的时候，要根据具体的情况处理问题。

2. 具体问题具体分析

幼儿园教师在教学的过程中应当深入了解学生的特点，在和幼儿相处的过程中应当有发现美的眼睛，针对不同的幼儿制定具体的应对与教育方案。如果对幼儿有深入的了解，幼儿园教师就可以在遇到突发问题时，快速地找到适合的解决方案。在与幼儿相处的过程中，幼儿园教师可以尝试建立学生档案，这也有助于建立良好的师幼关系，方便教师反思与总结。如此一来，通过深入了解每个幼儿的具体情况和需求，教师能够更精准地满足他们的学习和发展需求，从而增强幼儿对教师的信任和依赖，促进师生关系的和谐与亲密。此外，对于教师自身而言，深入了解幼儿也是一种专业成长的过程。通过不断观察、分析和反思，教师可以提升自己的教育敏感性和洞察力，更加准确地把握幼儿的心理变化和行为特征。这种能力的提升有助于教师在教学过程中更加灵活和有效地应对各种挑战，提高教学效果和质量。同时，深入了解幼儿还能激发教师的创造力和创新精神，促使他们不断探索新的教学方法和手段，以适应幼儿多样化的学习需求。

（三）正确对待师幼关系

教师与幼儿之间不仅存在着相互影响、相互促进的密切关系，更是携手共进的成长伙伴，在发展的道路上相互陪伴与支持。有研究表明，幼儿的心理问题与幼儿园教师的心理健康状况有较高的相关性，教师的心理健康状况越好，幼儿的问题行为就越少，反之亦然。幼儿园是幼儿成长的重要场所，幼儿园教师和幼儿是相互影响与相互成就的，教师的态度、情绪、性格乃至为人处事都可能会影响幼儿，因此教师不能一味地带着消极的心理状态工作。正确对待师幼关系，意味着教师应以尊重、理解、关爱和引导为核心原则，与幼儿建立平等、和谐、互动的关系。教师应认识到幼儿是独立的个体，具有独特的个性、需求和潜力，应尊重他们的意愿和选择，关注他们的情感变化和成长需求。同时，教师应以开放的心态和专业的素养，积极倾听幼儿的声音，理解他们的想法和感受，为他们提供适宜的支持和帮助。在师幼互动中，教师应注重培养幼儿的自主性、创造性和解决问题的能力，鼓励他们积极探索、勇于尝试，促进他们全面发展。此外，教师还应与幼儿建立亲密的伙伴关系，共同分享成长的喜悦和挑战，相互学习、相互成就，在教育的道路上携手前行。

专栏 6-1　幼儿园沙盘游戏

教师与幼儿之间的关系可以通过沙盘游戏进一步调适，幼儿园教师更加深入地走进幼儿的内心世界，更好地了解幼儿，促进双方进一步交流和沟通。

在沙盘游戏开始之前，教师应进行环境方面的相关准备，需要准备一个安静的环境和安全的房间，以及相应的沙具和沙盘等。然后，教师将幼儿带领至沙盘室，允许幼儿在沙盘内随意摆放自己喜欢的沙具，创作自己的沙盘作品。需要强调的是，在整个过程中，教师要注意对沙盘游戏的内容进行保密。

由于幼儿语言系统发展并没有那么完善，有时候很难靠言语表达出自己的想法，因此沙盘游戏这种非言语沟通的方式有助于打破传统的师生界限，增进彼此的了解和信任。在幼儿园沙盘游戏的互动中，教师细心观察每名幼儿的独特创作，耐心倾听他们天马行空的想法，这种细致入微的关注让幼儿感受到被尊重和理解，从而加深对教师的信任。同时，教师在游戏中展现出的温暖鼓励与适时引导，让幼儿在自由表达中获得了情感上的支持和安全感，建立了坚实的情感纽带。双方在游戏中的密切合作与共同探索，不仅能促进幼儿的社交技能与团队合作能力，也让教师在实践中不断提升自己的教育敏感性和专业素养，从而形成更加紧密和谐、相互促进的师幼关系。

（谭健烽，《沙盘游戏应用与研究》，2021）

第三节 幼儿园教师与同事关系压力及调适

"邻居好，赛金宝。"在幼儿园里，同事就是幼儿园教师最好的"邻居"，人际交往是一座桥梁，连接着每一个孤独的心灵。通过交流，幼儿园教师能够与同事分享彼此的喜怒哀乐，让彼此的心灵互相慰藉，只有互相支持、互相帮助，才能实现共同发展。

一、洞见症结：幼儿园教师与同事关系压力分析

在人际交往的过程中，教师不仅要关注师幼关系，还要关注同事关系。同事关系不仅包括教师与其他教师之间的关系，还包括教师与领导和管理层之间的关系（何晴利，2015）。这些关系都是幼儿园教师在工作中需要特别注意的。在很多时候，良好的同事关系能促进教师形成良好的心态和工作状态。与管理层进行适当沟通，能够激发教师在教学工作上的积极性。"如何妥善处理同事关系？"是幼儿园教师要面对的至关重要的问题。

案例 6-2　复杂交织的职场关系

张老师是一所幼儿园的保育员，拥有丰富的教育经验并深受孩子们的喜爱。近期，她发现自己置身于一种复杂的人际关系中。她所在的班级如同一个小社会，每位教师都扮演着不可或缺的角色——主班教师李老师，以其雷厉风行的作风和丰富的管理经验，对班级事务拥有绝对的话语权；新来的副班教师王老师，带着满腔热情和对教育的憧憬，在初入职场的迷

茫中挣扎；保育员张老师，作为班级的中坚力量，试图在两位同事之间找到平衡点，却逐渐发现这并不是一件易事。

李老师的高效与强势在某些时候显得不容置疑，她的决策往往快速且坚定，但有时忽略了与团队成员充分沟通和协商。这导致张老师在一些重要的班级决策中感到被边缘化，她的专业意见和丰富经验似乎难以得到应有的重视。与此同时，王老师的新手身份让她在工作中频繁遇到挑战，她的犹豫不决和求助需求有时也让张老师感到分身乏术。在这样的背景下，张老师不仅要承担自己的保育员工作，还要时刻准备为同事"补位"，工作压力与日俱增。

更为微妙的是，张老师还察觉到了班级内部微妙的人际关系变化。同事间的误解、猜疑和竞争，似乎在无形中加剧了她的心理负担。她开始担心这种紧张的氛围会影响到孩子们的成长环境，甚至对自己的教育信仰产生了动摇。面对这一系列复杂的问题和挑战，张老师深知自己不能坐视不管，她必须采取行动，寻求改变。

幼儿园教师与同事关系紧张的原因主要有以下两点。

1. 教师自身因素

幼儿园教师与同事关系紧张的原因复杂多样，主要包括：教师自身在教育理念、教学方法上的多样性导致的碰撞与冲突，沟通能力的欠缺及人际交往技巧的不足引发的误解与隔阂，不同性格、气质与不同处理问题方式加剧的矛盾，以及过高的自我期望与不当的压力管理带来的情绪负担等。此外，合作意愿的缺失与团队精神的薄弱也是导致同事间关系紧张的重要因素。

2. 同事之间分工不明确

在充满挑战与变化的幼教环境中，每位教师都扮演着不可或缺的角色，他们的协同努力是保障幼儿园日常运作顺畅、孩子们健康成长的重要基石。然而，当分工的界限变得模糊，或者职责分配不够清晰具体时，一系列问题便会逐渐浮现。

首先，分工不明确容易导致工作重叠与资源浪费。教师们可能会在不自知的情况下重复劳动，或因为不清楚自己的具体职责范围而忽略了某些重要任务。这不仅降低了工作效率，也浪费了宝贵的教育资源。其次，责任推诿成为潜在问题。在分工模糊的情况下，当遇到难题或需要承担责任时，教师之间可能会出现相互推诿的现象。这种缺乏责任感的态度不仅会损害团队的整体形象，还可能影响到孩子们的教育质量。最后，工作盲区与沟通障碍加剧紧张关系。由于分工不明确，教师之间可能难以形成有效的沟通与协作机制。一些重要信息或问题可能因为无人负责而被忽视，进而产生工作盲区。这种沟通不畅不仅会影响团队的整体效能，还可能引发不必要的误会和矛盾，加剧同事之间的紧张关系。

二、各个击破：幼儿园教师与同事关系压力调适

（一）幼儿园教师要适当采用认知调节策略

1. 正视并接纳情绪

教师需要认识到自己当前的情绪状态，无论是焦虑、沮丧还是愤怒，都是对压力情境的正常反应。接纳这些情绪，而不是逃避或否认，是调节的第一步。通过自我觉察，教师可以更加清晰地认识自己的情绪来源，从而有针对性地进行调节。

2. 理性思考

在面对与同事的分歧或冲突时，教师应尽量保持冷静和理性，避免情绪化的反应。通过理性思考，教师可以更加客观地分析问题的本质和原因，找到合理的解决方案。同时，教师也要学会换位思考，理解同事的立场和感受，这有助于减少误解和冲突。

3. 积极归因

当遇到挑战或困难时，教师可以通过积极归因的方式来看待问题。教师应将问题视为成长的机会，而不是失败或挫折。通过积极归因，教师可以增强自信心和韧性，更加积极地面对工作中的压力和挑战。

4. 调整期望值

有时候，关系压力可能源于对同事或工作的过高期望。教师应根据实际情况调整自己的期望值，避免因不切实际的期望而产生失望和挫败感。同时，教师也要学会欣赏同事的优点和努力，以更加宽容和包容的心态看待他人的不足。

（二）增强团队协作、创造和谐氛围的策略

1. 建立良好的沟通习惯

在幼儿园的日常工作中，良好的沟通习惯是维系同事关系的关键。教师应主动与同事沟通，无论是工作上的问题还是个人感受，都应及时与同事分享。同时，清晰、准确地表达能够减少误解，而积极倾听则能展现对他人的尊重和理解。通过开放、坦诚的沟通，教师们能够共同解决问题，促进团队的和谐与进步。

2. 尊重差异，促进包容

每位教师都是独一无二的，有着不同的背景、经验和观点。我们应该认识到并尊重这些差异，将它们视为团队宝贵的财富。通过提高文化敏感性和包容性，我们能够营造一个让每位成员都感到被尊重和被接纳的工作环境。同时，学习并欣赏他人的长处，不仅能够增强团队的凝聚力，还能激发我们的创造力和创新精神。

3. 共同参与决策和规划

在幼儿园的工作中，决策和规划是不可或缺的环节。为了增强团队协作，我们应该鼓励每位同事积极参与其中，发表自己的意见和建议。通过透明化的决策过程，我们能够确保每位成员都了解决策的背景、依据和结果，从而增强对决策的认同感和执行力。同时，共同承担责任也是团队协作的重要体现，它能够让我们在面对挑战时更加团结一致，共同克服困难。

幼儿园应该明确同事之间的守则，界定公私分明的标准，为良好沟通奠定基础。作为幼儿园教师，我们应保持专业的沟通态度，避免在工作场合中谈及私人话题或敏感信息，可以在显眼的地方贴出本园制定的同事守则。总之，幼儿园同事守则是一个综合性的体系，它要求我们在尊重、理解、倾听、表达、信任、协作与和谐等多个方面做出努力，共同为幼儿园的发展和孩子们的成长贡献力量。

第四节 幼儿园教师与家长关系压力及调适

教师和家长，并肩可以成为孩子们的导师，携手可以成为孩子们的朋友。

因此，幼儿园教师和家长应该建立相互信任的关系，共同分享孩子们的成长经历和喜悦，为他们的未来发展打下坚实的基础。

一、深入解析：幼儿园教师与家长关系压力分析

（一）幼儿园教师与家长关系压力概述

幼儿园教师与家长的良好关系状况是幼儿园教师顺利开展教学工作的基础，不仅影响着师生关系的好坏，也对幼儿的发展产生不可磨灭的影响。《幼儿园教育指导纲要（试行）》指出："家庭是幼儿园重要的合作伙伴。应本着尊重、平等、合作的原则，争取家长的理解、支持和主动参与，并积极支持、帮助家长提高教育能力。"教师应当作为家长和孩子之间沟通的桥梁，通过换位思考去体谅家长，尽力和家长更好地相处，尽可能耐心地听取家长的宝贵建议，在行动上更加积极主动，真诚可信地做好自身的教学工作，耐心细致地倾听并主动和家长沟通，更深层次地了解幼儿，赢得家长的信任，才能更好地开展自身的工作。

案例 6-3 不被理解的老师

姜子乐小朋友在幼儿园里十分淘气，经常惹刘老师生气。他在班级里总是干扰别的小朋友，吃饭的时候时常把饭汤洒到身上。刘老师也经常向姜子乐的家长反馈这些情况。

这天，在休息的间隙，子乐一直追着别的小朋友跑，刘老师一直喊："子乐，你慢点跑。"只听"砰"的一声，子乐一下子跌倒了，"哇"的一声就大哭起来。刘老师赶忙跑过去看，只见子乐的腿已经磕破了。保健医生也连忙赶来，刘老师给家长打电话，家长在电话那头很生气地说："我们家子乐平常比较淘气，老师就应该给予更多的关注啊，你们这些老师连一个小朋友都看不住吗？！"然后家长沉默了许久，说："一会儿我下班就赶过去，看看怎么处理吧。"刘老师感觉自己很委屈。

家长在很多时候都有工作的压力，没有办法了解自己的孩子在幼儿园里究竟受到怎样的关怀。家长一听说自己的孩子在幼儿园里出问题，就容易情绪激动，很容易让自己与教师的关系变得紧张。很多家长抱怨，现在的幼儿园教师

不能认真负责，甚至认为教师缺乏爱心，没有把孩子们当作自己的孩子对待。但很多时候，孩子在成长的过程中难免会有磕磕碰碰，教师也很难预料到意外的发生，但这并不意味着教师没有发自内心地关心幼儿。幼儿园教师需要通过一系列的技能培训才能上岗，家长要建立起对教师的信任。另外，由于接触的信息面比较广，现在的孩子更有自己独立的思想，相对而言教师对他们比较难管理。有学者根据调查发现，有71.3%的幼儿园教师表示与某些家长沟通比较困难，给他们带来很大或者较大的职业压力。对于新入职的幼儿园教师而言，幼儿家长也是他们在人际关系方面的压力来源之一。可见，与家长有良好的沟通是十分必要的，只有协调好家长与幼儿园教师的关系，了解幼儿的家庭情况，明确地沟通好培养目标，才能理解幼儿的行为模式，更好地促进幼儿的发展。

（二）幼儿园教师与家长在家园合作中存在的问题

目前已有研究指出，家园合作在实践过程中存在三方面的问题：一是家庭参与意识缺乏。二是家园合作主体间的地位不平等。双方之间缺乏有效互动，参与频率低，虽然主体在认知层面认可家园合作的重要性，但行动上并不主动，最终合作过程流于形式，合作表面化。三是家园合作主体的能力不匹配。幼儿园应该与家庭、社区合作共育，但由于幼儿园角色意识缺位、教师缺乏与家长沟通的技能、幼儿园缺乏对家园社合作的保障工作，家园合作的实施受阻（刘梦凯，2023）。

1. 家庭参与意识缺乏

这主要源于家长对幼儿园教育活动的认知不足、时间压力以及传统教育观念的束缚。许多家长可能认为教育是幼儿园的责任，自己只需负责孩子的日常生活，因此缺乏主动参与幼儿园教育活动的意愿。为了改善这一状况，幼儿园应加大宣传力度，提高家长对幼儿园教育活动的认知度，同时灵活安排活动时间，以适应家长的工作节奏。此外，通过家庭教育指导等方式，教师能够帮助家长树立正确的教育观念，增强他们的参与意识。

2. 家园合作主体间的地位不平等

这主要体现在幼儿园教师和家长在合作过程中缺乏平等的对话机会，家长往往处于被动接受的地位。这种不平等不仅限制了家长的参与热情，也影响了合作的实际效果。为了打破这一局面，幼儿园应建立更加开放和平等的沟通机制，鼓励家长积极参与幼儿园的管理和决策过程。同时，幼儿园应明确家园合作的目标和期望,确保双方在合作中能够形成合力,共同促进幼儿的发展。

3. 家园合作主体的能力不匹配

幼儿园教师和家长在教育理念、方法等方面存在差异,导致他们在合作过程中难以形成有效的互动和协作。为了提升双方的合作能力,幼儿园应加强对教师和家长的培训,帮助他们掌握科学的教育方法和沟通技巧。同时,幼儿园可以利用现代信息技术手段,推动幼儿园教师与家长共享优质教育资源,促进双方共同成长。此外,幼儿园还应建立激励机制,表彰在家园合作中表现突出的家长和教师,激发他们的积极性和创造力,为家园合作注入新的活力。

二、积极应对:幼儿园教师与家长关系压力调适

(一)幼儿园教师与家长关系压力调适的策略

1. 认知调适

认知调适策略主要聚焦于教师与家长在观念、态度上的相互理解和认同。教师应该努力做到以下三点。

①树立"家园共育"的核心理念。教师需要深刻认识到,家庭教育与幼儿园教育是相互依存、相互补充的。家长不仅是孩子的第一任教师,更是孩子成长过程中不可或缺的陪伴者和支持者。因此,教师应主动寻求与家长的合作,共同为孩子的全面发展努力。

②增强同理心与理解力。教师应努力站在家长的角度思考问题,理解他们的担忧、期望和困惑。通过换位思考,教师可以更加敏感地捕捉到家长的情绪和需求,从而以更加贴心和有效的方式与他们沟通。

③持续学习与自我反思。教师应不断学习家庭教育知识,了解最新的教育理念和方法,以便更好地指导家长进行家庭教育。同时,教师还应定期反思自己在与家长沟通中的表现,总结经验教训,不断优化自己的沟通策略。

2. 行为调适

行为调适策略主要聚焦于教师与家长在互动过程中的具体做法。教师应该努力做到以下三点。

①建立有效的沟通机制。教师应主动与家长建立定期沟通的习惯,如每周或每月一次的电话沟通、学期初和学期末的家长会等。在沟通过程中,教师应清晰、准确地传达孩子在园的表现和需要改进的地方,并耐心听取家长的意见

和建议。

②鼓励家长参与幼儿园活动。教师可以通过组织亲子活动、家长开放日等方式，邀请家长走进幼儿园，亲身参与孩子的教育过程。这样不仅可以增进家长对幼儿园教育的了解，还可以增强家长与教师的互动和合作。

③提供个性化的家庭教育指导。教师应根据每个孩子的特点和家庭情况，为家长提供个性化的家庭教育指导，针对孩子的性格、兴趣、学习能力等方面提出建议，或针对家庭环境、教育方式等方面提出建议。通过个性化的指导，教师可以帮助家长更好地理解和支持孩子的成长。

3. 认知调适与行为调适的关系

认知调适与行为调适在调适幼儿园教师与家长关系的过程中各有侧重。认知调适侧重于教师内在的观念转变和心态调整，它要求教师从内心深处认同家长的价值和作用，以积极、开放的心态面对和接纳家长（李志敏，李超，刘文，2015）。行为调适更侧重于外在的行为表现和实践操作，它要求教师在实际行动中践行"家园共育"的理念，通过具体的沟通、合作和互动来加强与家长的联系和合作。两者相辅相成，共同促进幼儿园教师与家长关系的和谐发展。认知调适为行为调适提供了思想基础和精神动力，而行为调适是认知调适的具体体现和实际效果。

（二）幼儿园教师与家长之间沟通交流的策略

家园合作是幼儿健康、全面发展的需要，是教育治理现代化的题中之义。教师和家长之间的建设性关系有助于幼儿的学习和发展。

1. 建立信任与尊重的基石

教师应当以开放、包容的心态接纳每一位家长，不论其文化背景、教育程度或家庭状况如何。通过积极倾听家长的意见和建议，教师能够展现出对家长的尊重与重视。同时，教师需要不断提升自身的专业素养，以专业的知识和技能赢得家长的信任。当家长感受到教师的真诚与关怀时，他们就会更加愿意与教师分享孩子的成长点滴，探讨孩子的教育问题。

2. 采用多元化的沟通渠道

为了确保与家长有效沟通，教师应采用多元化的沟通渠道。除了传统的面对面交流外，教师还可以利用书面沟通、网络沟通等多种方式与家长保持联系。

例如：通过家园联系册，定期向家长反馈孩子在园的表现；利用微信群或QQ[①]群发布幼儿园的最新动态和教育资讯；通过电子邮件或电话进行个别化的深入交流。这些多元化的沟通渠道不仅能够满足不同家长的沟通需求，还能够确保信息的及时传递和有效共享。

3. 注重沟通内容的选择与表达

在沟通过程中，教师应注重沟通内容的选择与表达。首先，教师应确保沟通内容的真实性和客观性，避免夸大其词或隐瞒事实。其次，教师应以正面、积极的语言描述孩子的表现和进步，让家长对孩子有信心，并为孩子提供支持。再次，教师应关注家长的需求和关注点，有针对性地提供相关信息和建议。最后，教师应注重语言的清晰、简洁和易懂，避免使用过于专业或晦涩难懂的词汇。通过注重沟通内容的选择与表达，教师可以与家长搭建起沟通的桥梁。

4. 建立持续的沟通与合作机制

在幼儿教育生态中，幼儿园教师与家长的协同合作对孩子成长意义重大，而建立持续的沟通与合作机制是关键。

首先，教师要定期组织家长会和家长工作坊，借此机会向家长全方位呈现幼儿园的教育理念、教学方法以及丰富多样的教育活动，使家长深入理解幼儿园教育的内涵与特色，提升其对幼儿教育的认知水平。其次，教师要积极鼓励家长参与亲子运动会、担任家长志愿者等，这不仅能让家长亲身融入幼儿园的教育情境，还能让家长在互动中深化家园情感联结，从教育的旁观者转变为参与者。最后，教师要善于收集并整合家长的反馈信息和建设性意见，将其融入教育计划与教学方法的优化过程，确保教育方案能够精准对接每个孩子的个性化成长轨迹，真正做到因材施教。

然而，在现实中，教师与家长常因教育理念分歧、对孩子成长预期差异以及沟通障碍引发矛盾和冲突。对此，教师要以扎实的专业素养为根基，运用良好的沟通技巧搭建起与家长交流的桥梁。教师还要秉持开放包容的心态，耐心倾听家长的心声，同时条理清晰、有理有据地传达自己的教育理念和对孩子发展的规划，与家长化解误解，增进互信，营造和谐宽松的家园共育氛围。

从整体上看，缓解教师与家长之间的关系压力，离不开双方的共同努力。教师应主动探索多元化、高效的沟通渠道，如利用线上交流平台及时分享孩子

[①] 腾讯公司推出的一款基于互联网的即时通信软件。

的日常表现、定期发布教育科普文章等，保证信息流通的及时性与准确性，让家长随时了解孩子动态并获取专业的教育知识。家长应主动加强与教师的互动协作，积极参与幼儿园各类教育活动，与教师携手关注孩子成长的每一步，共同为孩子的健康成长筑牢根基，推动家园共育迈向更高质量、更深入的发展阶段。

> **知识之窗**
>
> ### 如何有效地与他人沟通
>
> （1）讲出来。特别是坦白地讲出自己内心的感受、想法和期望。
>
> （2）不无根据地责备、抱怨与攻击他人，不使事件恶化。
>
> （3）互相尊重。只有给予对方尊重才有沟通。若对方不尊重你，你要努力争取得到对方的尊重。
>
> （4）绝不口出恶言。恶言伤人，就是所谓的祸从口出。
>
> （5）不说不该说的话。如果说了不该说的话，往往要花费极大的代价来弥补，甚至可能造成不可弥补的遗憾。
>
> （6）在有情绪时不要沟通，尤其是不能做决定。带着情绪沟通常常无好话，容易因冲动而失去理性，也容易做出让自己后悔的决定。
>
> （7）理性地沟通，不理性时不沟通。
>
> （8）选择适当的时间和地点进行沟通。每个人都会有情绪低落或心情不佳的时候，如果在不恰当的时间与人沟通，可能会导致沟通无效。
>
> （9）沟通过程中要有技巧。沟通的要义在于：一是换位思考，二是善于倾听。要真正地倾听他人的困惑与想法，形成平和的谈话气氛，提高沟通效率。

【微课】

【拓展材料】

第七章 幼儿园教师职业和家庭环境压力与调适

本章要点

※ 组织氛围给幼儿园教师带来的压力与调适
※ 幼儿园新手教师的职业环境压力与调适
※ 幼儿园专家型教师的职业环境压力与调适
※ 幼儿园教师的家庭环境压力与调适

> "工作要占据你生命中的大部分时间,你被真正满足的唯一方法是做你认为伟大的工作。而做伟大工作的唯一方法是爱你所做的。"
>
> ——史蒂夫·乔布斯（Steve Jobs,1955—2011）

> "让孩子感到家庭是世界上最幸福的地方,这是以往有涵养的大人明智的做法。这种美妙的家庭情感,在我看来,和大人赠给孩子们的那些最精致的礼物一样珍贵。"
>
> ——华盛顿·欧文（Washington Irving,1783—1859）

如果将教师比喻为人类文明的园丁,那么幼儿园教师无疑是其中的育苗师,他们承担着培养幼小生命茁壮成长的重要责任。在这片充满希望的土壤中,幼儿园教师面临的职业环境压力与挑战也是独特而复杂的。人情世故和沉重的时间以及环境的压力时时刻刻影响着每位幼儿园教师的身心。

幼儿园教师职业环境指教师在工作中接触的各种条件和因素,其包括工作条件、组织文化氛围、职业发展、人际关系等（林冬梅,李智涛,2016;孙智明,王湘蓉,邓晓婷,等,2023）。针对教师职业环境引发的压力类型,我们可以从多个维度进行分析，包括工作本身的压力、组织氛围压力、职业发展压力等。其中，工作本身的压力以及人际压力在本书前面的章节已经有专门讨论，本章将针对幼儿园教师的组织氛围、职业发展和家庭环境等压力进行探讨。

第一节　组织氛围给幼儿园教师带来的压力与调适

在当今社会，教育领域的竞争日益激烈，幼儿园教师作为儿童成长道路上的重要引路人，承载着巨大的责任与期望。然而，这种责任与期望往往伴随着组织氛围所带来的压力。组织氛围，作为幼儿园内部环境的重要组成部分，直接影响着教师的工作状态、心态以及专业成长。当组织氛围呈现为紧张、焦虑或缺乏支持时，幼儿园教师可能面临巨大的压力，这不仅会影响他们的工作效率和创造力，还可能对他们的身心健康产生不良影响。

因此，深入探讨组织氛围给幼儿园教师带来的压力现状，不仅有助于我们更好地理解教师的工作环境和心理状态，还能够为改善幼儿园的组织氛围、减轻教师压力提供有益的参考。接下来，我们将就这一主题展开深入分析，以期为促进幼儿园教师的专业发展和幼儿园的整体进步贡献一份力量。

一、溯本求源：组织氛围给幼儿园教师带来的压力现状

戴维·查尔斯·霍夫曼（David Charles Hofmann）于1966年提出了"幼儿园组织氛围"的概念，它是指一所幼儿园区别于另一所幼儿园并影响其组织内部成员行为的一系列内部心理特征。这种心理特征可以被组织内部成员亲身体验，并可以影响组织内部成员的组织绩效和组织行为。

我国学者李晓巍等人（2017）通过研究表示，幼儿园组织氛围是影响幼儿园教师教育教学效能感和心理健康水平的重要因素，以投入型和封闭型这两类为主，涵盖服务、文明、道德和竞争等内容。

（一）关注幼儿园组织氛围的原因及意义

在幼儿园组织氛围的策略研究方面，王艳（2010）提出：为营造良好的幼儿园组织氛围，应当完善幼儿园薪酬体系，建立以教师为本的激励机制；要在

幼儿园里树立组织氛围观念，并重视组织氛围的作用；园领导要关心教师、支持教师，帮助教师实现自身成长与进步。刘茵斐等人（2016）对幼儿园组织氛围、大五人格及幼儿园教师建言行为的关系展开进一步探讨，根据研究结果可知：公办幼儿园教师的建言行为明显多于民办幼儿园，公办幼儿园教师能更多地感知到高绩效性组织氛围。在提升幼儿园组织氛围的策略方面，研究指出需要创设和谐融洽的组织氛围，激发幼儿园教师的责任感，鼓励幼儿园教师积极表达自身想法，这也有利于幼儿园管理效能的提高。

（二）教师在组织氛围中的压力来源与产生原因

具体分析教师的压力来源，主要有以下几方面。

1. 教师工作方面

一是来源于教师自身专业发展需求。现代社会竞争越来越激烈，对教师专业素质提出了更高的要求。新时期的教师要想适应时代发展的需要，就必须不断提高自己的学历层次，更新自己的知识结构（秦旭芳，沈文，谢果凤，2011）。

二是来源于教师多重角色压力。在现代社会，幼儿园教师一方面要面对社会大环境带给自己的压力和挑战，另一方面要担负照顾家庭及子女的责任和义务，这势必给他们带来一定的压力。在此还需指出，压力并不一定都是消极的，有的教师在接受访谈时表示，这些来自方方面面的压力也是教师专业成长的动力，适当的压力可以促进教师的主动发展。

2. 家长工作方面

幼儿园教师在日常工作中扮演着至关重要的角色，他们不仅负责孩子们的教育和成长，还需要与家长建立良好的沟通和合作关系。然而，当教师感觉到家长不能理解和支持他们的工作时，他们的职业满意度和心理健康就会受到负面影响。

首先，幼儿园教师的工作性质要求他们具备高度的耐心、同理心和专业知识。他们需要理解每个孩子的独特性，设计适合不同孩子发展的教育活动，并时刻关注孩子们的情感和社交需求。当家长对教师的工作缺乏理解，甚至有时因为误解或信息不对称而产生怀疑时，教师可能会感到挫败和不被尊重。

其次，家长的支持对于幼儿教育的成功至关重要。家长的参与可以提高教师的教学效果，帮助孩子们在家庭环境中继续学习和成长。如果家长不支持或者不参与孩子的教育过程，教师可能会感到他们的努力没有得到应有的回报，从而产生无意义感。

最后，教师与家长之间的良好沟通是提高教育质量的关键。当沟通不畅或存在障碍时，教师和家长之间可能会产生误解或冲突，使得教师感到他们的专业意见和努力没有被重视，这种感觉可能逐渐演变成对自己工作价值的怀疑。

3. 园长与园所方面

倘若园长对教师的管理和园所的各项规章制度过于死板，或者评价体制不合理，这些因素都可能导致教师产生疏离感。相反，如果幼儿园的行政管理比较开放民主，赋予教师更多的专业自主权与更大的自由度，并且为教师提供更多参与学校决策的机会，将有助于激发教师的工作热情与动力，从而使教师具有更强的责任感和归属感。

领导是否给予教师充分的发挥空间，是否提供学习培训的机会，是否给予充足的教育资源支持，评价体系和奖励制度是否合理，教师是否拥有一定的自主权等，都直接影响着教师的工作积极性和职业满意度。如果领导冷漠、管理专制，教师就会感到紧张、有压力，不能全身心地投入工作。在访谈中，大部分教师表示，幼儿园里的自由空间小，他们没有足够的时间按自己的意愿做事。因此，教师们都建议设置灵活的时间表，给予他们充分的自由时间和发言的权利。幼儿园教师只有获得了专业自主权，才能有独立创造的空间，从而更好地获得专业发展。此外，部分教师表示，多参加一些培训、外出学习活动会激发他们的创造力。如他们说："我们幼儿园经常会有一些外出学习培训的机会，不管是生活上还是工作上，园长都会给予我们很大的帮助。寒暑假时，我们还会组织各种娱乐活动。大家在幼儿园里工作都觉得很开心、很满足，也愿意主动发挥自己的才能。"

在教师的心目中，决定幼儿园组织氛围的重要因素是园长的管理和同事间的人际关系。虽然直接来自园长的压迫感或园长直接带给教师的负能量并不多，但是在幼儿园里，园长能够通过一些媒介间接地给教师施加压力，比如园长规定的工作任务、制定的赏罚制度等。假如一所幼儿园里的其他条件都不变，幼儿园园长是比较民主、人性化的，那么这所幼儿园的整体气氛就会很好；但是如果园长很专断、不够尊重教师，那么教师在这所幼儿园里工作一定很不开心。

4. 同事关系方面

幼儿园的组织氛围是否轻松和谐，很大程度上取决于同事之间的关系，例如同事之间的权力之争、彼此缺乏信任等问题都是常见的消极因素。创新氛围是组织成员在人际互动以及与组织互动的过程中形成的对组织创新特性的一致性认知。内部冲突、保守和缺乏弹性的人际关系会阻碍组织创新行为；轻松、平等的人际关系能够促进教师的共同进步。因此，群体层面的因素对于教师感知幼儿园创新氛围水平的高低具有重要作用。教师的工作压力在很大程度上是由于人际关系紧张造成的。幼儿园教师普遍反映，他们有上进心和高度的工作热情，他们需要的是领导和同事的支持与肯定。良好的人际关系可以激发教师的工作主动性，提高其专业意识，促使其不断加强专业知识的学习和专业技能的训练。

当教师处于积极和谐的组织氛围中，同事们爱岗敬业，同事之间团结协作时，这种氛围会带动教师的工作热情，激发其工作积极性。良好的幼儿园组织氛围（教师行为）也能促进教师们共同学习与反思，促进他们教学效能感的提升，进而提高其工作成就感，降低其职业倦怠水平。

一位五星级幼儿园的教师说："我们幼儿园名气并不大，但是我们的老师都很'实在'。大家都很好，像一家人一样，氛围很好，给我的感觉是自己可以在这里工作一辈子。"可见，人际关系是组织氛围中重要的一环，能够让教师对组织氛围有一个直观的感受。即使是级别较低的幼儿园，只要人际关系好，"氛围"好，教师也愿意继续工作下去。此外，对于幼儿园教师来说，在幼儿园里接触最多的同事就是搭班教师。一位教师说："我们园长说得很好，搭班就像谈恋爱，谈得好就很融洽，谈得不好就天天争吵。"因此与搭班教师关系的好坏对幼儿园教师来说也是影响组织氛围的重要因素。

二、正本清源：幼儿园组织氛围压力的应对策略

1. 要学会进行自我调节，掌握一些应对冲突的方法和技巧

幼儿园教师对工作和家庭的角色认同不仅可以缓解工作与家庭之间的冲突，而且有助于其努力去维系工作与家庭之间的平衡。同时，幼儿园教师对幼儿园工作和自身也应该有清楚的认知，知道虽无法轻易改变客观环境，但可以通过控制和管理自身的情绪来减少或者消除冲突。对于自己所处的压力情景做出积极的、客观的评价，可以使教师减弱对工作－家庭冲突的体验，从而降低由此产生的职业倦怠感。

另外，幼儿园教师还需掌握一些应对冲突的方法和技巧。幼儿园教师要清楚工作边界的维护者（如园长）和家庭边界的维护者（如配偶、父母或子女）对自己的角色期望，明白行为方式、时间、精力以及情绪情感方面的不同要求，然后根据自身的实际情况采取适当的策略，减轻来自工作和家庭的压力。

幼儿园教师还应积极地与工作和家庭领域各自的边界维护者进行沟通。对于个人来说，与工作和家庭领域各自的边界维护者进行经常性沟通是解决问题的关键。对于那些工作干扰家庭的教师来说，他们可以经常与家庭边界的维护者积极沟通，不仅增进家庭成员对自己的理解，也促使他们更加主动地多承担一些家庭角色，从而使工作领域角色对家庭领域角色的干扰得到一定的缓解。对于家庭干扰工作的教师来说，他们可以主动找工作边界的维护者进行沟通，说明当前家庭所遇到的一些困难，尽量争取部分弹性工作时间，或者争取暂时调整部分工作内容，以降低家庭领域角色对工作领域角色的干扰。

因此，对于作为工作与家庭边界的跨越者的幼儿园教师来说，经常与家人和幼儿园管理者积极沟通是减少工作-家庭冲突并进一步缓解职业倦怠的有效途径。

2. 提升自身的专业知识和能力

幼儿园教师应该努力提升自身的专业知识和能力。在实际的幼儿园工作中，教师自身的专业知识和能力不足，往往是导致其不能智慧地处理日常教学活动和班级管理中的各种问题，以及工作低效、低成就感的重要原因。因此，教师需要重新审视自身在专业知识和能力上的不足，可以通过看书、参加学习培训、向有经验的老教师学习等方式，有针对性地弥补自身的不足。如果教师的专业知识和能力都达到专业化的程度，那么其必然能够机智、有效地应对教学过程中的各种问题，不会觉得诸如准备教学活动材料、开展游戏活动、处理幼儿之间的冲突等事情是让人头疼的，反而会觉得这是一个良好的自我学习机会，是一个教育幼儿的良好契机。

3. 幼儿园应营造良好的组织氛围

（1）幼儿园应营造良好的支持性氛围。

这种支持不仅包括物质上的支持（如提供教师顺利开展各项活动所需的各种材料和教具、支付教师相应的薪酬等），还包括精神上的支持（如对教师工作的表扬和鼓励）。一位教师在谈到这方面的时候说道："我们园长其实很理解教师的辛苦，因为她自己也是从教师阶段过来的。虽然她想为我们多争取一些福利，但是物质条件确实有限，所以她经常会口头表扬和鼓励我们。我们都能体会到园长对我们的关心，特别是当园长对我们的工作给予极大认可时，我们心里所受到的鼓舞也非常大，觉得我们所付出的劳动都是值得的，甚至看到了未来工作的希望。"有时候，这种精神上的被认可、被支持，可以使教师获得更加持久的动力，也可以增强其开展工作的自愿性、自主性。

要注意的是，并不是每位教师所需要的支持都是一样的。对于幼儿园教师来说，幼儿园能够给予的支持包括两种：一种是物质性支持，即向教师支付劳动报酬；另一种是非物质性支持，如领导和同事的认可、组织所带来的愉悦感等。幼儿园教师所需要的支持因人而异，这时幼儿园管理者就要了解幼儿园教师的期望和目标。

幼儿园管理者应尽量为教师提供其需要的材料、教具等，并满足教师的职业发展诉求，赋予其职业以更为丰富的意义。主动倾听教师期望的做法，能够促进教师更加积极地投入幼儿教育事业；反过来，教师的一些想法也能够为幼儿园管理者提供一些启示。因此，倾听教师的期望对于幼儿园管理者和教师来说是一个互惠之举。

（2）幼儿园应营造良好的亲密性氛围。

每一所幼儿园都有自己的工作氛围，这种氛围能让教师在超越管理、超越物质的情况下更好地规范自己的行为，更好地提高自己的素养。在幼儿园管理过程中，要以人为本，并营造良好的管理氛围。幼儿园管理者需要通过文化建设来团结教师，打造一个振奋人心、积极向上的集体，让教师在幼儿园文化的影响下积极工作、努力生活。幼儿园管理者可以适度开展幼儿园文化节等活动，向家长和幼儿展示幼儿园的文化，并让幼儿园的小朋友看到教师的另一面。在活动中，可以开展团结互助游戏，如两人三足传球、蒙眼识字等活动，让教师之间有更多的沟通和交流。开展对应的主题演讲活动也很有必要，幼儿园教师在撰写稿件和收集资料的过程中，能进一步深化自己对幼儿园文化的理解。除此之外，幼儿园还可以开展定期学习，让教师在工作之余，不忘提升自己的文化素养。例如，每年公务员、教师编制考试结束后，幼儿园可以选取与幼儿教育相关的题目，组织教师学习，让教师不断地充实自己的专业技能，更切实地了解当前对幼儿园教师提出的新要求，从而在具体的工作中调整自己的工作方式，使用最新的幼儿教育理念开展教学。再如，新参加工作的幼儿园教师在面对调皮孩子时会有无从下手之感，管理者不应埋怨教师，而应合理地引导教师，让他们利用所学知识更好地调整幼儿情绪，同时让有经验的教师对其进行一对一指导。要想让新教师融入幼儿园的大家庭，就要做好交流工作。幼儿园管理者需要在与教师交谈时了解教师当前的困境，并利用人格魅力来加强人际关系，消除工作中的不利因素，缩短管理者和教师之间的距离。

良好的人际关系有助于给教师以愉悦的感觉，从而增强幼儿园的凝聚力，提高教师的职业承诺。好的人际关系能够增强教师对职业的认同感，而不好的人际关系会让教师在工作中施展不开拳脚。因此，幼儿园应该提倡彼此真诚、相互信赖的人际关系，避免恶性竞争，提升教师对职业的认同感，降低离职的倾向。

专栏 7-1　幼儿园组织氛围调查问卷

钱琴珍、姜勇等人（2007）对丹尼森（Denison）等人的组织氛围问卷（Organizational Climate Survey，OCS）进行改编，形成《幼儿园组织氛围调查问卷》，该问卷由 60 道量表题和 2 道附加题组成，附加题不计入总分。问卷中的题项采用李克特五级计分法，分为很不符合、不太符合、一般、比较符合、完全符合，依次计为 1~5 分。该问卷有 7 道反向计分题，分别是第 15、24、29、34、39、50、60 题。在计分时，若反向计分题得 1 分则记作 5 分，得 2 分则记作 4 分，以此类推。最后，总分越高表示幼儿园教师所感知的幼儿园组织氛围越好。

表 7-1　幼儿园组织氛围调查问卷

题目	很不符合	不太符合	一般	比较符合	完全符合
1. 幼儿园里大多数教师积极投入自己的工作。					
2. 大多数教师可以参与园务发展的决策与规划。					
3. 幼儿园里信息广泛分享，每位教师都可以在需要时获得所需信息。					
4. 每位教师都相信自己在幼儿园里能够产生积极的影响。					

（续表）

题目	很不符合	不太符合	一般	比较符合	完全符合
5. 幼儿园的决策规划不断完善，并且完善的过程中会邀请每位教师参与。					
6. 幼儿园非常鼓励各部门（例如后勤与教师）之间的合作。					
7. 大多数教师视幼儿园为球队，视自己为球员，视同事为队友。					
8. 教师们完成工作依靠团队协作，而非上级授权和命令。					
9. 团队是我们工作的主要基石。					
10. 幼儿园工作的组织方式，使每位教师都能了解本职工作与组织目标之间的关系。					
11. 幼儿园赋予教师们充分的自主权，大多数教师可以按自己的意愿独立开展工作。					
12. 大多数教师的能力在不断提高。					
13. 幼儿园经常为促进教师提高教育能力而进行各种投资。					
14. 幼儿园总是将教师的能力视为形成竞争优势的重要资源。					
15. 由于很多教师尚未充分掌握完成工作所需的各种能力，所以时常会出现问题。					
16. 幼儿园领导会亲身实践他们所宣扬的教育理念。					
17. 幼儿园领导已形成特定的管理风格与管理行为。					
18. 幼儿园已形成一套鲜明而稳定的价值体系，并支配着教师们的一言一行。					
19. 当与幼儿园的主流价值观相违背时，教师就会感到工作中处处受阻。					
20. 幼儿园有一套明确的行为准则，告诉教师哪些是对的，哪些是错的。					
21. 与他人意见相左时，大多数教师常常会努力寻找双赢的解决方法。					
22. 幼儿园形成了强而有力的组织文化。					
23. 即使遇到难题，教师之间也很容易达成一致意见。					

（续表）

题目	很不符合	不太符合	一般	比较符合	完全符合
24. 面对重要问题，教师们往往很难达成一致意见。					
25. 对于什么是正确的，什么是错误的，教师们往往会形成明确而一致的看法。					
26. 大多数教师工作的方法比较一致，具有很强的可预测性。					
27. 幼儿园各部门的成员具有共同的愿景和奋斗目标。					
28. 在完成一项任务时，幼儿园各部门之间的合作配合是轻而易举的。					
29. 和幼儿园里其他部门的同事合作很困难。					
30. 幼儿园的工作目标被很好地分配到不同的部门。					
31. 幼儿园的决策与发展是灵活的，会根据情况随时调整。					
32. 幼儿园能很好地应对其他幼儿园的竞争与挑战，应对环境的变化。					
33. 幼儿园不断采用新的方式改进教育教学。					
34. 幼儿园试图创新和变革的尝试经常会受阻。					
35. 幼儿园各部门经常合作，尝试着创新与变革。					
36. 幼儿园常常根据家长的评价与建议改进教育教学工作。					
37. 家长与幼儿的参与常常影响幼儿园的决定。					
38. 大多数教师深刻地理解家长与幼儿的需求。					
39. 幼儿园做决定的时候，常常忽略了家长与幼儿的兴趣与需要。					
40. 幼儿园常常鼓励教师直接和家长交流。					
41. 教师们把每一次的失败都视为学习与改进的机会。					
42. 教师们的创新、甘冒风险，得到幼儿园的充分鼓励与奖励。					
43. 在幼儿园里，教师相互之间可以公开地提出批评与意见。					

(续表)

题目	很不符合	不太符合	一般	比较符合	完全符合
44. 在每天的工作中，大多数教师的重要目标是不断地学习。					
45. 教师相互之间都知道同事正在学习、研究哪些内容。					
46. 幼儿园有长远的规划和发展方向。					
47. 幼儿园的成功吸引了其他幼儿园的仿效学习。					
48. 大多数教师感受到幼儿园工作的意义和明确清晰的方向。					
49. 幼儿园有明确的未来发展规划。					
50. 大多数教师不清楚幼儿园未来的规划方向。					
51. 教师们对幼儿园的工作目标普遍认同。					
52. 园长确定的目标远大但符合实际。					
53. 园长将教师们正在努力的计划目标记录备案。					
54. 大多数教师始终按照已制定的目标前进。					
55. 大多数教师很清楚在一个较长时期内需要怎样做才能成功。					
56. 大多数教师对于幼儿园的未来发展有着相同的愿景。					
57. 园长有高瞻远瞩的眼光与远景。					
58. 幼儿园的短期计划常常配合着长期计划的制订。					
59. 幼儿园的远景常使教师们倍受鼓舞。					
60. 大多数教师常常能实现短期需求，却不能配合长期计划。					

61. 您有工作压力吗?
　　压力很重（　） 　压力较重（　） 　不太重（　） 　没有压力（　）
62. 您的工作压力主要来自哪些方面?
_____
_____

注：测试结果仅供参考。

第二节　职业发展给幼儿园教师带来的压力与调适

职业发展是职业环境的重要部分，对于幼儿园教师而言，职业发展更意味着自身社会地位、经济条件和岗位的调整。幼儿园新手教师与专家型教师在职业环境中面临的压力存在显著差异：新手教师处于职业生涯的起始阶段，他们可能更关注如何证明和提升自己的能力和价值；而专家型教师通常已经建立了稳定的职业地位，他们的关注点可能更多地集中于如何进一步提升教学质量、参与教育研究或担任领导角色。因此，本节会分别论述幼儿园新手教师和专家型教师所面临的职业压力以及应对措施。

一、透视表里：幼儿园新手教师的职业压力来源

在充满挑战与机遇的职业道路上，新手教师不仅要肩负起教育下一代的重任，还要在不断学习、探索与实践中，找到平衡自我成长与满足职业期待的方法。因此，深入探讨幼儿园新手教师的职业压力来源与原因，不仅有助于我们更好地理解他们的职业困境，也为他们提供了寻求解决之道的重要参考。接下来，我们将一同走进这个话题，探寻其中的奥秘与启示。

（一）保育工作经验及一日生活组织经验不足

现在的家庭对学前教育重视程度越来越高。一方面，家庭对幼儿身心健康和安全问题的敏感度日益提升；另一方面，家庭对学前儿童的教育期望不断提高。这些都给幼儿园教师带来了极大的压力。幼儿园新手教师刚进入工作岗位不久，在与家长及时、有效沟通方面经验不足，工作中一旦出现纰漏，易与幼儿家长发生摩擦。幼儿自我保护能力差，生活自理能力低下，幼儿园新手教师因工作经验不足，难以对幼儿进行全方位的呵护。一旦发生意外，不论是幼儿家长的迁怒，还是自身的内疚，都令幼儿园新手教师在日常工作中提心吊胆。

从任教年级来看，小班教师压力很大。小班幼儿正处于直觉行动思维到具体形象思维的过渡阶段，他们的认识依赖行动，口语表达能力、生活自理能力和人际交往能力相对较差，行为很容易受到情绪的影响。特别是在开学第一周，他们刚刚脱离父母，进入新环境，激动的情绪难以控制，而且他们爱模仿，常

常出现"全班哭"的情况。另外，小班幼儿经常出现尿裤子、呕吐等情况，因此担任小班教师就必须更有耐心和爱心，处理更多的突发事件。负责中班和大班的幼儿园新手教师的职业压力也较大，因为中班和大班幼儿处于生长发育的快速期，而且需要为进入小学奠定基础，对于教师的要求和能力考验较大。但值得注意的是，小班更需要教师具有一定的耐心，因为小班幼儿个人自理能力较中、大班幼儿弱，教师需要关注的范围更广，需要给予幼儿更多的耐心。无论幼儿园新手教师最终在哪个年级任教，都应该保持良好的风貌、饱满的热情以及对孩子有爱心、耐心和细心。

对于新手教师的职业压力来说，幼儿在园安全问题的影响最为明显。近年来，各地幼儿园、幼儿教育机构频繁发生教师虐童事件，幼儿在园的饮食安全问题、校车安全事故频频出现，社会公众对幼儿安全问题的关注程度逐渐增加，幼儿在园的安全成为家长最担心、最关注的事情。在幼儿园里，与幼儿安全关系最为密切的就是幼儿园教师，社会的关注与要求使幼儿园教师在工作期间需要时刻对幼儿的安全问题保持高度的注意与警惕。教龄为0~5年的幼儿园教师刚入职不久，有些还是刚参加工作的毕业生，工作经验十分欠缺，在幼儿安全方面总是处于紧张状态，害怕因为自己某一方面的疏忽造成不可挽回的后果。

案例7-1 经验之河尚浅

车老师是刚入职不久的幼儿园新手教师，她对教育工作充满热情，但由于缺乏保育工作经验，她在日常工作中面临诸多挑战和压力。她经常在一些琐事上花费大量时间，甚至影响正常的教学进度。面对这些琐碎而繁重的工作，车老师备感压力，担心自己无法胜任。另外，在幼儿园的日常教学中，车老师经常会遇到一些突发状况，如孩子突然生病、受伤或情绪失控等。由于车老师缺乏相关经验，她在面对这些突发状况时往往手足无措，不知道该如何妥善处理。这让她感到非常焦虑和无助，担心自己处理不当会给孩子带来更大的伤害。

（二）工作负荷过大

工作时间长，导致幼儿园教师负担重。大多数幼儿园的日平均工作时间为8~10小时，很多新手教师刚从相对宽松的校园生活过渡到长时间的工作中，往往难以立刻适应，甚至许多民办幼儿园在师资力量紧张的情况下会让新手教师直接进入带班教师的角色，超长的工作时间使他们身心俱疲。

教学内容过多，导致幼儿园教师负担重。由于幼儿的特殊心理、生理特点，幼儿园教师通常需要同时掌握多种教学技能，不仅要掌握基本的绘画、音乐、体操、语文等方面的教学技能，还要掌握心理学、生理保健等方面的知识。此外，随着学前教育改革不断推进，对于新教学理念与方法的要求不断增加，教师在短时间内也会有很大压力。

> **案例 7-2　工作负荷沉重，新手教师的压力挑战**
>
> 景老师是一名刚踏入幼儿教育行业的新手教师。由于园所教师人手不足，她承担了大量的教学任务和保育工作，工作负荷远远超过她的承受能力，这给她带来了巨大的心理压力。面对沉重的工作负荷，景老师感到十分孤独和无助。园所的其他教师也因为人手不足而忙于自己的工作，很难给予她足够的支持和帮助。同时，由于景老师是新手教师，她在工作中遇到的困难和挑战往往难以得到同事们的理解和同情。这让她感到更加沮丧和失落。

（三）自我生活与发展压力

1. 学历压力

近年来，国家和社会各界对学前教育越来越重视，对幼儿园教师队伍的要求也越来越严格，甚至对幼儿园教师学历的要求也有一定的改变。因此，从事幼儿教育的教师不仅要加强自身的教学技能和知识，在知识储备和学历上也应该对自身有一定的要求，从而适应不断变化的社会。

2. 家庭压力

幼儿园新手教师往往处于恋爱或刚刚建立家庭的阶段，往往会面临额外的压力。恋爱关系中的不确定性（如失恋），可能会引起情绪波动，影响教师的情感状态和工作表现。此外，新婚或新建立家庭的教师可能会面临家庭与工作的平衡问题，如处理婆媳关系、家务分配等家庭矛盾，这些矛盾可能会分散教师的注意力，增加其心理压力。

研究表明，幼儿园教师的工作-家庭冲突对其职业倦怠有显著影响，其中工作对家庭的干扰更为明显，这可能导致教师情绪耗竭。情绪智力在工作-家庭冲突和情绪耗竭之间起到调节作用，即情绪智力较高的教师能够更好地管理工作与家庭之间的关系，减少情绪耗竭的风险。

新手女教师在孕期或哺乳期也会面临更多的压力。这些压力来源于她们需要应对身体的变化和不适，还要适应初为人母的角色转变，同时担心产假对职业生涯的影响。此外，教师的工作性质要求她们在家庭和工作之间找到平衡，这在孕期和育儿期间尤为困难。

3．职业发展压力

首先，新手教师需要一定的时间来适应自己的工作。在被调查的新手教师中，大部分新手教师在适应期都面临着较大压力，高学历的新手教师压力更大。究其原因是新手教师在入职前对自己的职业有较高的期待，自我要求很高，希望自己能够做得比别人更好。高学历的新手教师在他人眼中有"学历"上的优势，但他们在入职初期并未对工作完全适应，所以他们会十分焦虑，产生较大的压力。

其次，新手教师对自己的职业发展感到困惑。研究发现，工作两年到三年是一个关键期，幼儿园教师基本上已经经历了一轮带班。当他们熟悉这一系列工作之后，他们开始思考自己的专业发展方向，希望能更好地实现自身价值，不安于一线带班，但发现自己在幼儿园里很难有提升的空间和机会，对自己未来的职业发展方向感到迷茫。

最后，幼儿园人际关系复杂多变。对于新手教师而言，如何处理好与领导、同事和家长的关系，是他们在幼儿园工作中需要解决的难题。一方面，幼儿园教师具有特殊性，幼儿园教师队伍中基本上都是女性，而且教师之间的合作性较强，所以教师之间难免会出现分歧、摩擦。另一方面，对于新手教师而言，他们不仅要适应外部环境和教育教学工作，还要与幼儿园领导、同事和家长保持关系融洽，这也给新手教师的职业适应增添了难度。

（四）幼儿园内部因素

幼儿园内部因素有以下几方面。

首先，有些幼儿园提供的物质条件差。很多新手教师都反映，幼儿园没有给他们提供集体备课教室，他们经常都是利用周末的时间在家里备课、准备教具。幼儿园的辅助设施差，不利于教师高效率地完成工作。例如，很多教师表示，幼儿园的户外运动器材不够，当几个班同时进行户外活动时，大家都是靠争抢来获得运动器材。对于上述问题，新手教师表示很无奈。

其次，幼儿园教师之间竞争较激烈。根据已有研究，大部分公办幼儿园教师在人际关系适应方面优于民办幼儿园教师。公办幼儿园的师资力量比较雄厚，工资福利待遇比较稳定，因此教师之间的竞争关系不明显；民办幼儿园的教师都是合同工，以年轻教师为主，工资待遇差异较大，且常常与教师的工作量和人际关系相关，使得教师之间的竞争比较激烈，影响新手教师对人际关系的适应。

最后，园所差异也会导致幼儿园教师压力过大。有研究表明，74%的民办幼儿园教师表示自己压力很大，55%的公办幼儿园教师表示自己压力很大。由此可知，民办幼儿园教师的工作压力普遍高于公办幼儿园教师。

一位在民办幼儿园工作的女教师说："部分民办幼儿园更注重对孩子灌输知识，例如教拼音、写汉字、学加减法等。我们还常被抽调到其他岗位上加班，甚至去招生。这些民办幼儿园还常常举办一些亲子活动，耗神费力。"

根据教师角色冲突理论，我们可以知道，由于教师要履行不同的角色，所以他们会产生角色冲突，进而有害身心健康。幼儿园教师需要在教育教学中扮演教师，在幼儿的生活起居上扮演家长，布置环境时扮演装修工人和设计师，举办活动时扮演主持人，参与教研活动时扮演学生等，而民办幼儿园教师除了要扮演这些角色，还要扮演小学教师、招生员、冲突调节员等，角色转变得更多、更快。

（五）幼儿园外部因素

根据马斯洛的需要层次理论，只有当人的低层次需要被满足之后，才会寻求更高层次的需要。对于新手教师来说，低层次的生理需要和安全需要主要体现为其入岗后的工资待遇和医疗保险等福利待遇。然而非在编幼儿园教师的身份基本相当于企业教师，身份和地位不明确直接导致他们各项基本待遇得不到切实保障，很多幼儿园新手教师入职后都面临着无编制、无保险、工资待遇低等社会保障问题。与幼儿园高强度工作相比，他们觉得自己的付出并没有得到公平的待遇，高付出并没有高回报，这使新手教师感到非常不平衡，往往会陷入"我是谁""我该何去何从"的纠结中，缺乏归属感、认同感和责任感，也极易诱发其职业倦怠感。

二、积极进取：幼儿园新手教师压力应对策略

（一）提升新手教师自身职业素养

作为一名新入职的幼儿园教师，要清楚地知道自己工作的一些基本情况和幼儿园的规章制度要求，树立正确的职业道德观，这样才能有条不紊地开展教育教学工作。新手教师在施教的过程中，要提升自己的职业素养，发挥主观能动性，加快自我适应，从而提升自我。提升新手教师的职业素养，应从以下几方面入手。

1. 提高个人综合素养和能力

幼儿园新手教师要想具有较强的职业适应能力，不仅需要在大学学习相关的知识，对学前教育有一个理性的认识和准确透彻的了解，还需要提高自身的学习能力、应变能力、人际关系处理能力等，使自身综合素养更加符合幼儿园教师的职业要求。

2. 培养健康的心理状态

职场上必然存在优胜劣汰的现象。对于幼儿园新手教师而言，他们除了要拥有较强的心理素质以外，还要有积极乐观的心态和充满爱心、耐心的胸怀，同时还应具备妥善处理突发性问题的能力以及与时俱进提升自己的能力。新手教师可以通过多看一些专业图书、参加业务培训等方式提升自己的能力，培养健康的心理状态。

3. 正确认识和面对职业压力

幼儿园新手教师需要明确自身的压力来源与类型，正确面对职业压力带来的困扰，学习积极正确的减压方法。教师可以针对个人爱好在休息时间放松身心，增加幸福感；也可以通过学习专业知识，提升自己的个人能力，发展专业素质。在工作时间方面，教师也要进行规划，建立合理的期望，根据个人能力与实际情况处理工作，选择适合自己的职业目标，这样也有助于职业成就感的形成。幼儿园也可以开展有关减轻职业压力的讲座、心理咨询等，让教师保持健康的心理状态，学会正确面对、处理职业压力。

4. 积极进行自我教育与学历提升

目前新手教师技能培养中存在以下问题：一是，重学术知识而轻教学技能；二是，新手教师在大学所学的教育教学理论与教学实际需要脱节；三是，在教

学实践中新手教师灵活运用教学技能的能力较弱。因此，对于新手教师来说，他们应该重视自身教育知识和技能的掌握与运用。

一方面，幼儿园新手教师由于各方因素的影响，为了顺应时代的潮流，迫切需要自我提高和发展，努力提升自己的学历，为幼儿教育事业奋斗。另一方面，幼儿园新手教师应积极进行自我教育，包括对自身教学工作的反思，从而完善教学方法和提高教学能力。

（二）建立合作机制

1. 幼儿园定期举行交流会议

幼儿园可以给教师提供交流平台。在交流会议上，专家型教师作为经验丰富的教育者，会主动分享他们在日常教学、班级管理、家长沟通等方面的成功经验和实用技巧。这些宝贵的经验对于新手教师来说，如同灯塔一般照亮了他们前行的道路，让他们在面对挑战时能够有据可依，减少摸索过程中的迷茫与挫败感。通过专家型教师的指导，新手教师能够更快地适应工作环境，提升教学技能，从而有效减轻因不熟悉业务而产生的压力。

对于新手教师的职业压力，幼儿园管理层也应该积极帮助减缓，如：减少不必要的评比检查，筛选合适的外出调研工作，将考查融入日常生活和教学，避免为了检查而检查；还可以适当增加教师的娱乐放松活动，使教师紧张的工作情绪得以缓解，放松身心，进而更好地开展工作。

2. 实行老带新制度，充分发挥园长作用

幼儿园园长要充分发挥自己的领导作用，新入园的年轻教师在处理与家长、同事的关系上缺乏经验，园长应该通过制定和实施科学合理的管理制度，为教师创造一个积极、健康的工作环境。

具体来讲，园长应对幼儿园新手教师有全面的了解，做好分析工作，在此基础上尽量合理分配薪酬和岗位、合理安排工作量、民主管理、营造良好的工作氛围等。另外，园长可以在幼儿园里实行带徒弟制度，让专家型教师带一名新手教师，这样新手教师经过1~3年就能"成手"。

3. 营造良好的组织氛围，提供人性化关怀

幼儿园的组织氛围是影响教师工作效率的重要因素。积极融洽的组织氛围可以激发人的活动动机，提高人的活动积极性；反之，则会对人起到阻碍作用，导致人产生焦虑、不安等心理。因此，幼儿园需要为新手教师营造民主和谐的

组织氛围。首先，幼儿园管理者应摒弃专制型管理方式，为新手教师创设敢说、敢做的工作氛围，多与新手教师沟通、交流，为新手教师提供人性化关怀、支持和鼓励，让新手教师在宽松的心理环境下对自己的工作充满信心。其次，幼儿园要创建合作型的教师文化，鼓励新手教师经常参加教师团体活动，引导专家型教师积极热情地关心和帮助新手教师，为新手教师营造愉快的工作环境，缓解他们工作中的紧张情绪和心理压力，进而帮助新手教师快速融入幼儿园群体并产生集体归属感。最后，幼儿园还应考虑新手教师的实际情况，合理安排工作任务，适当减轻他们的工作压力，避免给他们造成不必要的紧张感或疲劳感。

专栏 7-2　高瞻课程中的幼儿冲突解决六步法

高瞻课程中的幼儿冲突解决六步法是一种旨在帮助幼儿通过积极和建设性的方式解决冲突的方法。高瞻课程的核心理念是主动参与式学习，即幼儿通过与人、材料、事件和思想的直接互动来建构自己的知识世界。在这种学习模式中，幼儿是主动的学习者，他们根据自己的兴趣和目标制订计划，并在教师的支持下进行探索和实践。虽然"高瞻"这个术语可能不被大家熟知，但冲突解决在幼儿教育中是一个重要的主题。以下是一个针对幼儿冲突解决的通用六步法，它可以帮助孩子们学习如何有效地处理冲突，并促进他们的社交技能和情绪智力的发展。

1. 冷静下来。

目标：帮助孩子们从情绪高涨的状态中冷静下来。

方法：教孩子们使用深呼吸、数数或其他冷静技巧。

2. 识别和表达感受。

目标：鼓励孩子们识别自己的感受并用词语表达出来。

方法：使用"我感觉……"的句式帮助孩子们表达自己的情绪。

3. 描述问题。

目标：清楚地描述冲突的核心问题。

方法：让每个孩子轮流描述他们认为发生了什么，使用"当时……我感觉……"的句式。

4. 寻找解决方案。

目标：一起探索多种可能的解决方案。

方法：鼓励孩子们提出解决问题的不同方法，无论多么不切实际，都可以作为讨论的起点。

5. 选择和实施解决方案。

目标：共同选择一个对所有人都公平的解决方案并实施。

方法：讨论每个解决方案的优缺点，然后一起选择一个尝试实施的方案。

6. 评估结果。

目标：回顾解决方案的效果，看看问题是否得到解决。

方法：一段时间后，回顾所选解决方案的效果，询问孩子们问题是否得到解决，以及他们对结果是否满意。

这六步法不仅可以帮助幼儿解决眼前的冲突，还能教会他们重要的人际交往和问题解决技巧，这些技巧将在他们的一生中发挥作用。通过实践这些步骤，孩子们学会了倾听、同情、创造性思考和合作，这对于他们的全面发展至关重要。

（李雪艳，张夏青，2014）

三、抽丝剥茧：幼儿园专家型教师的职业压力来源

在幼儿园这片充满生机与活力的教育天地里，专家型教师以他们丰富的经验和专业知识，为孩子们的成长付出了辛勤的汗水。然而，随着教育事业的快速发展和社会对教育质量要求的不断提高，专家型教师也面临着日益增大的职业压力。接下来，我们将深入探讨幼儿园专家型教师所面临的职业压力及其背后的原因，以期为他们提供一些缓解压力、提高工作质量的启示和建议。

（一）工作变革带来的挑战

《幼儿园教师专业标准（试行）》中特别强调幼儿园教师要具有不断进行专业化学习、实践、反思和提高的意识与能力，要求教师以专业标准促进自身素质的提高，不断成熟、发展、完善。先进的教育理念层出不穷，但在具体的教学实践中，存在着与新理念相冲突的教学行为。专家型教师原先接受的是封闭式的服从教育，现在需要的是开放式的对话教育。他们接受的职前教育与现在的工作所需要的技能相距甚远。某位教师在网络平台上说："年代不同，家长的理念也会不同。当今的家长都是'90后'，思想越来越新潮，与'70后'和'80后'教师的教育理念大有不同。老教师继续在幼儿园里拼的是精力和时间，年轻人用一分的力，老教师要用五分甚至更多的力才能追赶得上。"

在新旧观念的交替、新旧方法的碰撞中，幼儿园教师不仅需要专业能力和实践经验，还需要将两者创造性地融合、提升，这些都对幼儿园教师的专业素质提出了新的挑战。尤其是对从教十多年的专家型教师来说，要改变自己固有的、熟悉的一套操作模式，达到新理念的理想境地，需要经历一个艰难的过程。

另外，在专家型教师中，从职业院校毕业的教师不在少数，这些教师在专业发展的浪潮下面临着生涯过半如何转化的困局。随着教育事业的发展，对教师的学历要求越来越高。专科学历的幼儿园教师虽然有着非常扎实的基本功，但是大多专业理论知识匮乏。有教师表明："当时在中专，我们在学习和技能训练时都很刻苦，工作后带班能很好上手。只是到现在，我们发现自己在专业上跟不上了。"可见幼儿园教师整体学历提升的现状，给专科学历的教师带来了诸多冲击。这些学历不高的教师，该如何看待自己的学历并在中年期寻求转化和突破，也成为他们难以解决的困局。

（二）职称困境

普遍来说，教师教龄与其职称晋升存在正比关系，教龄为1~5年的教师一般没有职称或者为幼儿园二级教师，教龄为16~20年的教师一般为幼儿园一级教师，还有一部分特别优秀的教师拥有高级职称。职称高低与社会地位也存在密不可分的联系。教龄为16~20年的教师已经基本建立了清晰的自我期望，家庭压力的日趋加大使他们对工资待遇、个人发展等经济、文化方面的需求不断增加，因此职称需求在他们的职业规划中的地位不断上升。这些都给这一阶段的幼儿园专家型教师带来了巨大的职业压力。

那些已经评上高级职称的专家型教师认为自己已经取得了最高职称，抱着"船到码头车到站"的心态。在各级各类骨干教师、学科带头人的推选中，他们也在逃避。他们大多安于现状，只想安安稳稳到退休，还有一部分人采取得过且过的懒惰态度，"混沌"度日。如某位幼儿园教师在网络上表示："我每天工作都很疲累，每次开学都很焦虑……快40岁了，也不会转行了，就这么熬到退休年龄吧。"教师评上高级职称以后是否真的没有发展了呢？从教育职业的专业特性出发，教师在其职业生涯中的每一个工作日都应秉持敬业精神，致力于提升教学质量。对于幼儿教育而言，教师更需投入情感与智慧，以确保教育的成效，避免给幼儿带来潜在的负面影响。考虑到教师离退休尚有较长时间，而且目前我国已经实行了延迟退休的政策，因此教师仍有较大的成长与发展空间。专家型教师不应仅仅满足于现状的稳定，而应不断追求专业成长，同时兼顾家庭因素，以实现个人生活与职业生活的和谐发展。

（三）家庭和社会因素

在家庭生活方面，中年期的幼儿园教师已然结婚生育，不少教师的子女进入青春期。青春期和中年期是最易出现危机的两个时期，处于中年期的教师在处理自身的危机时，还需要应付处于青春期的子女。这种交织的状况会给中年期幼儿园教师带来诸多挑战。有教师表明，自己作为父母的角色时，面对逐渐长大的子女，自己的专业经验难以匹配，会不自觉地成为管控者，这种状态也会迁移到工作中。一位教师表示："因为平常工作对象是幼儿，不停地说是我们工作的特点，这种唠叨会让青春期的孩子反感，但我又管不住自己，总是不停地说。"如果教师很难立即调整自身的状态，就会造成工作和家庭生活之间的失衡，进而引发家庭成员之间的冲突。另外，照顾父母也是中年期幼儿园教师的主要职责，如果夫妻双方的父母身体不好，那么他们会压力极大，感到分身乏术。

幼儿园教师常常被人们视为"带孩子的保姆"，但这一行业的艰辛与忙碌是外人无法想象和理解的。在幼儿园这一特定教育环境中，教师的每一个行为都可能受到审视，社会对教师的专业行为要求极为严格，几乎不允许教师有任何失误。教师通过专业学习掌握了丰富的学前教育知识和多种艺术技能，引导儿童形成礼貌、文明的行为习惯，并培养他们对父母的爱与尊重。然而，在某些人的观念中，幼儿园教师的角色往往被简化为儿童的看护者或服务提供者，这种认知忽视了教师在儿童早期发展中的教育和引导作用。这种误解和简化可能导致教师感到疲惫、挫败和失望。因此，社会应当提供更多的理解和包容，认识到幼儿园教师在儿童成长过程中扮演的重要角色，以及他们在专业发展和情感投入上所做的努力，为教师创造一个充满支持和尊重的工作环境。

幼儿园过多的案头工作也增加了教师的负担，但是并未有效地促进教师的发展。一些教师为了应对这些任务，不得不上网下载资料，以勉强完成工作。一位幼儿园老教师在某网络平台上表达了自己的感受——当前的工作让人窒息，领导不断布置任务，教师们疲于应付，甚至出现了造假的现象，不禁让人质疑幼儿教育的真正意义。

尽管社会对幼儿园教师的期望日益提高，但教师们在职业地位和薪酬待遇方面未能获得与之相称的改善。特别是长期从事幼儿教育工作的资深教师，即使拥有十余年至二十余年的教育经验，也难以从职业生涯中获得预期的幸福感与成就感。

四、逐个击破：幼儿园专家型教师压力应对策略

（一）社会层面：幼儿园教师社会地位有待提高

社会地位包括经济地位，幼儿园教师的工资福利待遇还有待调整和提高。同样作为辛勤的人民教师，相比小学、中学教师，幼儿园教师的收入待遇却低一个层次。某位幼儿园教师在网络平台上说："幼师这个工作真是毫无幸福感可言，上班起得比高中老师还要早，拿着比小学老师还要低的工资，工作时长比超市收银员还要长，工作内容却比科研人员还要复杂。"

由于工作对象特殊，幼儿园教师投入的心血、精力和时间很多，长时间工作付出与现实收入不成正比，导致他们的心理落差很大，职业倦怠感明显。只有政府、社会多关注幼儿园教师社会地位方面的压力，缩短差距，提高待遇，他们才能安心工作，全身心投入到孩子身上。有关提高幼儿园教师的社会地位等提议也不断进入公众视线，由此更需要政府和相关部门加快落实有关工资待遇方面的政策，加大学前教育的投资，提高幼儿园教师的收入，保障他们合理的权益。

幼儿园教师在日常工作中承受着来自多方面的压力，包括但不限于与幼

互动、情绪管理以及家长的高期待。例如，一位幼儿园教师在某网络平台上分享了自己的经历，表达了她在面对幼儿不当行为时的困惑，以及家长因孩子在幼儿园里被蚊子叮咬而责怪她时的无奈和自我怀疑："法律保护了幼儿的权益，却没有哪一条法律告诉我，我们（幼儿园教师）被无端指责伤害后该怎么办。"这反映出幼儿园教师在履行职责时，不仅需要应对儿童行为的挑战，还要面对家长的误解和不合理期望。

此外，幼儿园教师的社会地位和专业认可度有待提高。随着幼儿园教师学历的提升，他们在社会上的地位逐渐得到认可。尽管教师们在学前教育领域扮演着至关重要的角色，但他们的经济收入、社会权力和职业声望并不高。这种情况可能导致教师的职业倦怠感增加，进而影响到教师队伍的稳定性和教育质量。

作为幼儿园里的教育主体，家长应认识到幼儿园教师是孩子学习成长道路上的支持者、引导者和陪伴者，而不是孩子的看护者甚至保姆。幼儿的发展需要家长、教师和幼儿园的共同努力，不只是某一方的责任。

（二）园所层面：营造和谐氛围，搭建科研平台

老教师上有老、下有小，家庭负担重、身体机能衰退、职业倦怠感明显。例如一位幼儿园教师"裸辞"后，在某网络平台上说："虽然有很多人告诉我，快40岁了，找工作难，但是比起精神内耗、体质虚弱、失眠、压力大，还是命重要，所以我果断辞职。"

幼儿园园长作为管理者，应关心幼儿园专家型教师的身体与生活，关照他们的身体健康与生活幸福，关注他们的生活质量，经常与他们谈心、沟通、交流，了解他们在工作、生活中的实际困难与问题，给予他们更多的生命关怀，尽量帮助他们解决后顾之忧，创设一个温馨、和谐、舒适的工作氛围。这种充满温暖与人文关怀的和谐空间会让他们感到被尊重、被信任、被需要，"不好意思不进步""想不成长都不行"。

同时，幼儿园和教研部门应该为幼儿园专家型教师参加各类研修班创造条件，鼓励专家型教师到外校学习并听名师、教授的课，在每年的优质课比赛、公开课评选中允许、鼓励和邀请专家型教师担任评委；鼓励专家型教师承担各种示范课、展示课等公开教学任务，主持教研活动，在各种教研、科研活动中主动发表自己的观点；鼓励专家型教师把教育教学经验升华为理论，以此督促

专家型教师自觉提高专业水准，把研究型教师作为自身专业成长的目标，加强自身学习，不断反思自己、寻找差距、自我更新。

（三）专家型教师自身层面：自我干预，合理宣泄

幼儿园专家型教师可以从以下几方面做出努力。

首先，幼儿园专家型教师要完善自身人格，树立较强的职业角色意识，建立合理的职业期望。同时幼儿园专家型教师必须紧跟时代步伐，不断学习新的教育理念、教育形式，不断充实自己，与时代肩并肩。近年来，随着学前教育改革的不断推进，幼儿园不断深化新课程。教学观念、教学标准的不断创新，对师资队伍建设提出了更高的要求。因此，幼儿园专家型教师在"充电"的过程中，应不断树立终身学习的观念。

其次，幼儿园专家型教师要树立正确的教学理念和职业信仰，进行积极的自我心理暗示，避免过度焦虑和恐慌。当出现职业倦怠现象时，幼儿园专家型教师可以与家人、朋友多谈心，把不良情绪宣泄出来。

最后，幼儿园专家型教师应注重教学反思，从专业化成长的角度对自己的教学实践和职业生活中出现的问题进行深刻反思，有针对性地提升和完善自己。比如，对于领导的批评、家长的苛责，幼儿园专家型教师不能一味地寻找客观理由，而要从自身找原因，反思自己的教育方式，及时调整自己的情绪和教学行为。

专栏 7-3　多样化的学前教育模式

当今世界的学前教育模式不断演变，以适应全球化背景下对未来公民教育的不同需求。以下是几种广受认可的学前教育模式的简介。

1. 蒙台梭利教育模式。

蒙台梭利教育模式（Montessori Method）强调尊重儿童的自然发展，提倡创设有准备的环境，让儿童通过自主学习、探索和实践，发展个人潜能。课程内容覆盖日常生活、感官教育、数学、语言和文化等领域，旨在培养儿童的自主性、专注力、创造力和社会能力。

2. 瑞吉欧·艾米利亚教育模式。

瑞吉欧·艾米利亚教育模式（Reggio Emilia Approach）起源于意大利，强调儿童是具有潜力、好奇心和研究能力的主体。这一模式视儿童为能够通过探索和与环境互动来建构知识的个体。教育环境被认为是"第三位教师"，通过丰富的材料和灵活的空间布局激发儿童的探索兴趣。项目以儿童的兴趣为起点，强调视觉艺术和表达的重要性。

3. 高瞻教育模式。

高瞻教育模式（High/Scope Approach）是一种以儿童为主导的学习方法，强调通过积极的成人-儿童互动、一日常规的安排以及丰富的学习环境来促进儿童的认知、社会、情感和身体发展。这一模式提倡计划-执行-回顾的学习循环，鼓励儿童参与规划自己的学习活动，执行计划，并在活动结束时进行回顾和反思。

4. STEAM 教育。

STEAM 教育[①]是近年来越来越受到重视的教育模式，它通过跨学科的方式，将科学、技术、工程、艺术和数学融合在一起，鼓励儿童通过项目和问题解决的方式进行探索和学习。STEAM 教育旨在培养儿童的创新思维、解决问题的能力和团队合作精神。

5. IB PYP 教育模式。

IB PYP 教育模式（International Baccalaureate Primary Years Programme，国际文凭组织幼小项目）是一个为 3—12 岁儿童设计的国际教育课程框架，旨在培养学生的主动探索能力和终身学习习惯。它强调跨学科学习，通过六个跨学科主题（"我们是谁""我们在哪里以及时间和地点""我们如何表达自己""世界如何运作""我们如何组织"和"分享地球"）整合不同学科领域的知识和技能，促进学生全面发展。

6. EYFS 教育模式。

EYFS（Early Years Foundation Stage，早期基础教育阶段）是英国为 0—5 岁儿童设计的一套教育框架，旨在为孩子们提供一个坚实的学习基础，支

---

① 科学（science）、技术（technology）、工程（engineering）、艺术（art）和数学（mathematics）五门学科的英文缩写。

持他们的健康成长、安全以及为日后的学习和生活打下基础。EYFS 框架确保孩子们通过玩耍和探索，在一个安全和充满激励性的环境中学习与发展。EYFS 框架划分为七个学习领域，其中三个为"主要领域"（个人、社交和情感发展，沟通和语言，身体发展），另外四个为"特定领域"（数学，理解世界，表达艺术与设计，阅读和写作）。EYFS 框架通过提供一种平衡和灵活的方法，支持每个孩子的独特需求，鼓励他们通过玩耍和探索的方式学习，为他们的未来教育和生活奠定坚实的基础。

7. 安吉游戏。

安吉游戏（Anji Play），起源于我国浙江省安吉县，是程学琴及其研究团队扎根于中国文化土壤探索出的一种课程模式。它强调自主游戏在儿童发展中的核心作用，认为通过自由探索、自我驱动的游戏，儿童能够发展创造力、解决问题能力、社交技能、自我认识和情绪管理等关键能力。

（刘蕾，谢燕，肖念，2024）

第三节　家庭环境给幼儿园教师带来的压力与调适

和谐的婚姻关系是衡量幸福的一条重要标准。从恋爱到踏入婚姻的殿堂，伴侣的关系变得更为复杂。在现实生活中，我们常常听到"婚姻是爱情的坟墓"这一论调，有些夫妻婚前明明很相爱，结婚之初也如胶似漆、相敬如宾，但以后却形同陌路，不时燃起家庭的硝烟。因此，婚姻是人生的一门必修课，需要用心经营。幼儿园教师的职业角色对婚姻关系能产生促进作用。幼儿园教师经常是"爱心、耐心、细心"的代名词，温柔贤惠是大部分幼儿园教师所具有的特质，才艺众多能为其婚姻生活增色不少，熟悉儿童心理发展对其子女教育有深远的影响。但倘若不能有效应对家庭压力和工作压力等，幼儿园教师的身份也会为其婚姻带来许多不和谐的因素。

家庭压力是指家庭成员在面对各种内部和外部的挑战与压力源时所经历的紧张和应激状态。这种压力可能来源于家庭成员之间的关系问题、经济困难、工作与家庭的冲突、健康问题、生活事件等多种因素。家庭压力不仅影响个体的心理健康和行为，还可能对家庭系统的整体功能产生影响。

家庭压力模型（Family Stress Model，FSM）是一个用于理解和研究家庭如何应对压力和逆境的理论框架（尼克尔斯，戴维斯，2018）。该模型最初由希尔（Hill）在20世纪40年代提出，旨在解释家庭如何响应外部压力源，并探讨这些压力如何影响家庭成员的行为和心理健康。家庭压力模型的核心要素包括压力源（A）、家庭资源（B）、家庭对压力的认知（C）和危机（X）。

幼儿园教师可能会经历来自工作的压力，如幼儿的问题行为、家长期望和工作量，同时还要应对自己的家庭责任，涉及育儿和家庭关系等（Hobfoll，2001）。这些压力源可能会导致幼儿园教师感到角色冲突和角色紧张，进而影响他们的心理健康，如产生职业倦怠、抑郁和焦虑等负面情绪（Frone，2000；Demerouti，Bakker，& Nachreiner et al.，2001）。

通过应用家庭压力模型，研究者和心理健康专业人士可以更好地识别和理解影响教师心理健康的家庭和工作相关因素，从而设计有效的干预措施，帮助幼儿园教师管理压力，提高他们的心理健康水平和工作满意度。例如，提供家庭支持服务、灵活的工作安排和压力管理培训可以帮助教师更好地平衡工作和家庭责任，减轻压力感，并提高他们的整体福祉。

一、由表及里：幼儿园教师家庭状况分析

（一）情感透支，离婚率逐年攀升

幼儿园教师在职业实践中所面临的家庭压力，部分源于其在工作压力管理方面的不足。幼儿园教师不仅要应对班级中30名以上的幼儿个体，还需面对关注孩子成长的家长们。在这种情境下，幼儿园教师往往感受到沉重的社会责任，他们倾向于将幼儿的成长与发展归因于教育质量，从而承受巨大的心理压力。据业内人士透露，随着职业责任的加重和情感资源的持续消耗，幼儿园教师群体的离婚率呈现上升趋势，其家庭生活质量普遍偏低。

（二）精神压力大，把工作情绪带回家

幼儿园教师在工作中承受着巨大的心理压力，这种压力源于对幼儿安全的高度责任感以及对情感表达的严格控制。在这种工作环境中，幼儿园教师需要

时刻保持警觉，对幼儿的行为进行全方位的监控，这种状态有时被比喻为对潜在威胁的高度戒备。

此外，幼儿园教师在工作中还需要对自己的情绪进行严格管理，即使在个人情绪低落或不愿意交流的情况下，也必须保持积极和热情的态度。这种情绪劳动的长期积累可能导致教师在生活中出现情感疏离，甚至影响到与家人的互动，表现为冷漠、无表情或在压力下对家人发泄不满。

人的幸福离不开家庭的和谐。家庭生活的和谐能够让教师拥有健康的身心，从而有充沛的精力去面对生活、工作中的各种事情。然而由于职业特点的关系，幼儿园教师往往压力大，情感透支，从而影响了自身的婚姻生活，导致近年来幼儿园教师的离婚率逐年上升。

二、分而治之：幼儿园教师家庭环境压力应对策略

家庭压力模型提供了一个理解和应对家庭压力的框架，它同样可以应用于幼儿园教师的心理压力管理。幼儿园教师可以利用家庭压力模型，通过"识别压力源—评估家庭资源—调整对压力的认知—采取行动应对压力"四步来缓解自己的心理压力（尼克尔斯，戴维斯，2018）。其中，调整对压力的认知在本书前面的章节有详细阐述，本节主要针对其余三方面加以介绍。幼儿园教师可以采用一些简单实用的方法，进行自我探索和分析。以下是一些步骤和建议。

（一）识别压力源

幼儿园教师可以通过以下四种方式来识别压力源。

①记录工作压力：鼓励教师记录下一天中感到有压力的具体时刻和情境。比如，是在处理孩子之间的冲突时、准备教学材料时，还是在与家长沟通时感到有压力？通过这种方式，教师可以清晰地看到哪些工作任务是压力的主要来源。

②评估工作和生活的平衡：教师需要思考自己的工作时间是否侵占了家庭和个人时间。是否经常加班、周末工作，或者把工作带回家？这种不平衡可能是导致家庭压力的一个重要因素。

③反思情绪管理：教师可以自问在工作中是否经常需要压抑自己的真实感受，以保持专业的形象。长期的情感控制可能会造成情绪疲劳，影响家庭生活

中的情绪表达和互动。

④审视家庭关系：教师可以观察和反思自己与配偶、孩子的关系。工作压力是否影响了家庭和谐？有时是否因为工作的压力而对家人发泄不满？家庭关系的变化往往是压力影响的明显信号。

（二）评估家庭资源

①明确家庭资源的定义与分类。家庭资源是指家庭成员、家庭结构、家庭经济状况、家庭氛围等能够为个体提供支持和帮助的各种因素。家庭资源包括物质资源（如经济收入、房产等）、人力资源（家庭成员的支持与合作）、情感资源（家庭氛围、亲子关系等）和社会资源（亲朋好友的支持网络）。

②逐一审视家庭资源：物质资源（评估家庭的经济状况，确定是否有足够的经济支持以应对可能出现的紧急情况或长期需求）、人力资源（识别家庭成员之间的角色分配和支持网络，了解在需要时谁能提供实际的帮助，如照顾孩子、分担家务等）、情感资源（评估家庭氛围的和谐程度，以及家庭成员之间的情感联系和支持）、社会资源（列出亲朋好友、邻居或社区资源，相关人员在教师需要时可以提供情感或实际支持）。

③评估资源的可用性和有效性：考虑在需要时，这些资源是否容易获取。例如，经济储备是否足够应对紧急情况，家庭成员是否愿意在关键时刻提供支持。评估这些资源在减轻压力、提供支持方面的实际效果。有些资源可能看似丰富，但在特定情境下并不有效。

④制订资源利用计划：根据评估结果，制订家庭资源利用计划。明确在面临不同压力情境时，如何调动和利用这些资源。计划应包括短期和长期的应对策略，确保教师在需要时能够迅速而有效地获取支持。

通过上述建议，我们可以更有效地利用家庭资源，以应对工作中的压力和挑战。这不仅有助于提高幼儿园教师的工作满意度和生活质量，还能够促进家庭的和谐与幸福。

（三）采取行动应对压力

1. 积极经营家庭生活

在这个充满挑战与压力的现代社会中，幼儿园教师尤其艰难。他们不仅要应对教育孩子时碰到的各种难题，还要面对家长的期望和社会的要求，这无疑增加了他们的工作压力。白天工作的不顺心和不如意很容易影响到他们的情绪，他们甚至可能在不知不觉中将这些负面情绪带回家，从而影响家庭的和谐。然而，要想拥有一个幸福美满的家庭，仅仅拥有这个愿望是远远不够的。它需要每一位家庭成员的共同努力和用心经营。

首先，家庭成员之间需要建立良好的沟通机制。有效的沟通不仅可以减少误会和冲突，还可以增进彼此之间的理解和信任。当遇到工作上的挫折和不顺心时，有一个理解和支持你的家庭就显得格外重要。对幼儿园教师来说，与其隐藏或压抑负面情绪，不如通过开放和诚实的沟通来寻求家人的理解与支持。这不仅能够帮助你缓解压力，还能够让家人感受到你对家庭的重视和爱护。

其次，要懂得如何平衡工作与家庭生活。在忙碌的工作之余，找到时间与家人共度时光，对幼儿园教师来说非常重要。这不仅能够增进家庭成员之间的感情，还能够让你从家庭中获得力量和动力，以更加积极的态度面对工作中的挑战。与家人一起做饭、看电影、参与户外活动或者简单的家庭聚会，这些共同的时光都是构建幸福家庭的宝贵记忆。

最后，每个家庭成员都应该学会自我调节和自我照顾。在面对压力和挑战时，懂得如何调节自己的情绪，如何通过健康的方式缓解压力是非常重要的。比如，幼儿园教师可以尝试瑜伽、冥想、阅读或参加一些自己喜爱的活动。当自己处于良好的心理状态时，才能更好地关爱家人和维护家庭的和谐。

2. 主动表达爱与关心

亲密关系对个体的幸福感具有显著影响，它们不仅能够提升个体的快乐感受，缓解负面情绪，还是构建充实且有意义的生活的关键因素。正如弗朗西斯·培根（Francis Bacon）和戴维·迈尔斯（David Myers）所指出的，稳定且平等的伙伴关系，尤其是那些能够随着时间的推移而共同成长并适应变化的关系，对于个体的心理福祉具有至关重要的作用。

在处理亲密关系中的矛盾与冲突时，采取积极和建设性的策略是至关重要的。这不仅包括以爱心和同理心解决问题，还涉及开展真诚和开放的沟通。这种沟通方式要求个体既要表达自身的情感和需求，也要倾听和理解伴侣的观点与感受。通过这种相互理解的过程，双方能够更有效地协调分歧，并寻求共识。

马丁·塞利格曼（Martin Seligman）提出，写感恩信是一种加强亲密关系的策略，它不仅能够巩固现有的关系，还能够修复受损的联系。通过写感恩信，个体有机会反思关系中的积极方面，重新认识并赞赏伴侣的特质以及共同珍视的经历。这种积极的反思和表达不仅能够提升个体的情绪状态，还能够激励伴侣采取更为积极的态度，从而促进双方的情感联系和相互理解。

除了写感恩信，日常生活中还有多种方法可以加深亲密关系。例如，共同参与有意义的活动、设定共同目标、定期进行情感交流等，这些活动不仅能够增加双方共享的快乐时光，还能够加强彼此的信任和支持，为关系的稳固打下坚实的基础。

值得注意的是，亲密关系的培养和维护需要双方的共同努力和持续投入。通过不懈的付出和承诺，个体可以培育并保持那些能够倍增快乐、减轻悲伤的珍贵关系，从而使其在个体的生活中发挥持久的积极作用。

3．相互理解，换位思考

家庭是由夫妻双方共同构成的社会单元，其和谐与完整性对成员个体的福祉具有根本性的影响。家庭的完整性可比作一个圆形结构，其中每个成员都是构成这一结构的关键部分。缺失任何一个部分，都会使整体的完整性受损。在这个结构中，个体应保持独特性和独立性，这既是对个体自我价值的肯定，也是对家庭内部多样性的贡献。伴侣的缺失不仅意味着失去了共同生活的伙伴，更在某种程度上意味着个体身份的丧失，因为双方共同塑造了一个共享的生活空间和身份认同。

在维护家庭和谐的过程中，宽容、默契和真诚的谅解构成了不可或缺的基础元素。宽容体现了对伴侣不完美性的接纳，以及对个体差异的尊重和理解。默契则是通过长期的共同生活所形成的非言语层面的相互理解的能力，而真诚的谅解则体现在冲突和误解发生时，双方能够以真诚的心态去理解和宽恕对方。

有效沟通是维系夫妻关系和家庭和谐的核心。许多误解和冲突源于对对方思想和感受的浅层理解。积极的倾听不仅有助于更深层次地理解对方，还有助于表达出对伴侣的关心与支持。倾听的本质不仅在于接收对方的言语信息，更在于洞察和理解伴侣的情感状态和需求。

换位思考，即从伴侣的角度出发考虑问题，是一种有效的解决和预防冲突的策略。通过角色转换，个体能够更加深入地理解伴侣的行为和反应，从而有助于减少误解和冲突。

此外，共同的兴趣和活动也是加强夫妻关系的重要途径。通过共同参与活动，夫妻双方不仅能够共享乐趣，还能在此过程中加深对彼此的了解和默契。这些共同的经历将成为夫妻关系中的珍贵记忆，有助于在面临挑战时加强彼此之间的情感联结。

4. 减少社会比较

在幼儿园教师群体中，社交互动常作为一种缓解压力的手段和增进友谊的途径。然而，交流过程中的社会比较，尤其是围绕家庭、职业和个人成就的对比，虽能在一定程度上激励个体奋发向上，但往往更易引发不必要的压力和不满情绪。此类比较不仅会导致个体情绪波动，还可能波及家庭关系的和谐，特别是当由此产生的自卑感转化为对伴侣的不满与指责时。

此外，当幼儿园教师将比较范围扩展至媒体塑造的人物时，社会比较的不利影响可能进一步加剧。媒体中的人物与生活场景常经过理想化处理，以迎合观众对理想生活的想象。然而，现实生活的复杂性和个体生活条件、背景的多样性，使得与媒体形象的比较既不公平，也容易导致自我价值观念的扭曲和自尊心的降低。

为规避社会比较的负面影响，幼儿园教师可采取以下策略。

①培养自我接纳与积极的自我观念：认识到个体的独特性与局限性，学会接纳自身的不完美，减少与他人的无谓比较。

②设定现实的个人目标：基于自身能力和资源，制定切实可行的个人发展目标，避免盲目追求媒体塑造的不切实际的标准。

③关注个人成长与进步：将关注点集中在个人发展上，而非与他人成就的比较。庆祝个人的每一个小成就，以增强自信和满足感。

④减少对媒体形象的过度关注：意识到媒体形象与现实生活的差异，减少对理想化媒体形象的关注，转而关注现实生活中的积极案例和榜样。

⑤增强沟通与支持：在同事间建立一个以支持和鼓励为主的交流环境，减少竞争和比较。通过经验分享和相互帮助，营造积极向上的团队氛围。

通过实施上述策略，幼儿园教师可以有效减少社会比较带来的负面影响，促进个体心理健康和家庭关系的和谐，从而在职业生涯和个人生活中实现更加积极和平衡的发展。

> **知识之窗**

爱的五种能力

正所谓"相爱容易相处难",爱上一个人不难,难的是如何跟相爱的人相处。爱是一门学问,每个人并非天生就会,而是需要后天学习。大多数人在原生家庭里并没有学会如何去爱。父母用"自己的方式"爱孩子,孩子长大了用"自己的方式"爱他人。这就常常导致付出的人真的付出了爱,被爱的人却感受不到,因为他们不会爱。爱是一种能力,想好好地爱一个人需要具备爱的能力。但它不是一种单一的能力,而是多种能力的综合。爱包括五种具体的能力,有了这五种能力,无论跟谁生活,都会容易幸福。爱的五种能力也是情商的具体体现,一个情商高的人,一定是这五种能力都高的人。或者说,具备这五种能力的人,也一定是情商高的人。爱的能力,实际就是情商在婚姻和爱情里的具体体现。

爱的能力之一——"情绪管理":每个人要管理好自己的情绪,才有能力去爱别人。不能管理好自己情绪的人,常常让与自己相爱的人痛苦,容易错失爱的机会,甚至会伤害与自己相爱的人。

爱的能力之二——"述情":用不伤害关系的方式表达自己的需求、想法和感受。人们在表达和沟通上常犯的错误是,要么有了情绪或需求不说,闷在心里,隐忍着,等到忍不住了就爆发了,要么常常用指责和抱怨的方式表达和沟通。隐忍伤害自己,指责和抱怨伤害对方。而述情是情感关系里最合适的,是不伤害任何人的沟通方式。

爱的能力之三——"共情":理解并支持对方,善解人意。这几乎是所有人都希望爱人具备的能力,可惜很多人都没有。大家基本上都是习惯了讲道理、教育对方、给建议,而不知道很多时候对方需要的其实是共情。

爱的能力之四——"允许":尊重差异,允许成长。爱人之间吵架,发生分歧,很多时候都是因为不允许所导致的,譬如,不允许对方跟自己不一样,不允许对方有某些特点,不接纳真实的对方,想要控制或改变对方。这会让双方都痛苦,有了允许的能力,才能给对方做真实自己的机会和空间。

爱的能力之五——"影响":每个人都会变,在爱情关系里的人更会因为对方而改变。可以说,一个人找了不同的爱人就会变成不同的人。他有可能越变越完美，也有可能越变问题越严重。那么，自己怎么做，对方才会变得越来越完美或成长得更好呢？这就是影响的能力，即让对方成长的能力。

【微课】

【拓展材料】

第八章　幼儿园教师时间压力与自我调适

本章要点

※ 幼儿园教师时间管理的压力性因素
※ 时间管理对幼儿园教师心理健康的影响
※ 幼儿园教师时间管理与自我调适

> "世界上哪样东西最长又最短,最快又最慢,最能分割又是最广大的,最不受重视又是最值得惋惜的?没有它,什么事情都做不成;它使一切渺小的东西归于消灭,使一切伟大的东西生命不绝。"(答案:时间)
>
> ——伏尔泰(Voltaire,1694—1778)
>
> "要想使你的教师每天的教育教学工作不至于成为一种机械乏味的事情,就要引导教师重视时间管理。"
>
> ——苏霍姆林斯基(Сухо-млинский,1918—1970)

时间是压力情境下最重要的参数之一,但往往被忽视。在本章,我们聚焦于压力情境下的时间因素,探讨时间如何引发压力,时间管理会对幼儿园教师的心理健康产生哪些影响,以及幼儿园教师如何调适时间压力等。

第一节　时间管理中的压力性因素

近些年来,"时间都去哪儿了"成为人群中带有抒情或调侃意味的普遍追问。同时,幼儿园教师群体的时间焦虑也成为这一职业人群的热议话题。"时间"与"紧张""匆忙""压力""倦怠"等词语的多种组合,生动地折射出幼儿园教师的基本境况与心理样态。

时间到底有什么特征?它为何会引发人们如此焦躁不安呢?古罗马哲学家奥古斯丁(Augustinus)的经典名言或许道出了每个现代人的困惑:"时间究竟是什么?没有人问我,我倒清楚,有人问我,我想说明,便茫然不解了。"

一、生命之钥:时间中蕴含的压力性因素

在现在快节奏的生活里,我们常常感觉时间不够用,压力也会随之而来。当个体主观感知到所有的时间不够充裕,无法做完自己想做或者需要做的事情时,就会产生时间紧迫的压力感;当时间充裕时,个体有充足的时间,做事节奏适宜。适度的时间压力,可以促人向上,有益于提高工作和学习的效率;相反,过强的时间压力,则会使人消沉,降低工作和学习的效率(张安琪,2023)。

(一)时间的内涵

1. 时间的类别

基于时间的自然属性和社会属性,我们可以从两个角度——物理时间和社会时间来理解它。

物理时间是指与所有生命体一样,人经历生命的开始、成长、衰老和死亡等生理过程。这种生物学意义上的"生物钟"时间结构与功能控制着物理意义上的个体生命历程。物理时间是恒定的、可测量的、可用数字表达的时间,具有准确、机械化等特点,比如物理学使用的时间单位、日月更替、季节交换等客观事实。物理时间追求效率。

社会时间与社会结构有着紧密的关系,社会为所有个体预先制定了一般性的时间轨迹,从这个轨迹衍生出相应的各种时间表以及规划;它管理着社会中

的个人经历，安排好人们什么时间上学、工作、结婚和退休等。社会时间是可被人感知的、主观的时间，具有模糊性、弹性等特点。社会时间的观念认为人具有组织、反应、寻求意义的能动性，这帮助人们形成对时间的认知。

人们直观地感受着生活节奏普遍提速的现实，外界快速的节奏"紧逼"着人们。与以往相比，人们花费在吃饭、睡觉上的时间减少，人们承受着"落后"于这个世界的焦虑。"加速一切"成为当今社会的口号，也成为现代性的构成特质。

2. 时间的特性

时间有着不同于其他管理对象（人、财、物和信息）的特征属性，它具有单向性和不可回溯性，无法交易买卖、毫无供给弹性；时间只在当下，不存在失而复得的可能性，这也正是它的宝贵之处，于是人们不遗余力地最大化利用时间资源。

时间具有四个典型特性：第一，不变性。时间是一个固定不变的常数，这也使得它表现出公正、平等的性质，即对任何人而言，每日的时间都是24小时，都是按照相等的速度流逝，且无法通过其他方式额外补偿或获得。第二，伸缩性。时间的弹性体现在利用时间的效率差异上，虽然人们拥有的时间是相同的，但是不同人、不同情境下对时间的利用效率是不同的。第三，不可存储性。时间具有资源属性，但无法像金钱、信息等资源一样被存储、转让；它匀速地流动，消逝便不在，无法追回，只能"追忆"。第四，不可替代性。当一种资源紧缺时，人们通常可以用另一种资源来替代；而时间资源即使紧缺、不充足，也无法被替代。

（二）时间中蕴含的压力性因素

当代社会制度化的稳定机制日趋衰微，职业代际传承消失，工作岗位变动频繁，知识信息更新不断等一系列新的社会特征，使得人们担心自己在社会和经济世界的速度及灵活性要求下"落伍"。

准确地说，现代人并不是单纯地担心时间的流逝，而是担心在特定时间内无法达成某个目标，这其实体现了时间中蕴含的压力性因素。这些压力性因素具体表现为事件的紧迫性、持续性、不确定性和周期性，它们影响着人们体验到的威胁程度，也影响着人们对事件的认知与评价。

1. 紧迫性

紧迫性是预期事件发生的时间间隔,指事件发生前还有多少时间。一般来说,一个事件越迫在眉睫,对它的评价就越急切;另外,当事件可能带来损失或收益时,其紧迫性尤其影响评价。若有线索表明事件不紧迫,则评价过程就会变得不那么急切。

人们可以通过增加事件发生前的时间量来降低紧迫性;不过这同样也会增加评价过程的复杂性,因为事件发生之前的时间间隔变长,就可能会导致威胁变多,或威胁变少。

2. 持续性

与紧迫性紧密相关的是持续性,指的是事件持续的时间。持续性被广泛认为是疾病的一个主要影响因素,其假设是持久的或慢性的应激源会使人的身心受到损害。幼儿园教师的很多压力来源都属于慢性应激源。

慢性应激源包括慢性持续性事件和慢性间歇性事件。当前社会的少子化趋势带来的幼儿园教师数量缩减便是慢性应激源之一。慢性持续性事件不会轻易给人休整的时间,在应对这些事件之前,我们会认为威胁比较持久。除了慢性持续性事件,还有慢性间歇性事件,如幼儿园教师因为工作繁忙而造成亲子冲突、工作中有紧急事件(如上级视察或是小手术)。慢性间歇性事件可以给予个人休整的时间,让他们能够在间歇的时候将事件抛诸脑后。

另外,接连出现的压力事件也可能被视为将会持续一段时间的系列压力情境,如幼儿园新手教师很可能把即将陆续面临的角色适应、师幼互动、家长沟通、教学晋升、婚姻生育等事件看作持续性的压力,当然每个事件的威胁程度取决于它所涉及的利害关系及应对它时教师所能获得的支持资源。

3. 不确定性

事件的不确定性指的是我们不知道事件何时发生。想象一位中年民办幼儿园教师被告知他早晚会被解雇,但是他不知道确切的时间,你便能体会到他的焦虑。

事件的不确定性影响唤醒水平。当事件发生的时间不确定时,人在事件开始时唤醒增强,随着事件推进,唤醒降低;当事件发生的时间已知时,人在事件开始时唤醒较低,临近结尾时唤醒增强。

4. 周期性

压力事件并不是在真空中发生的,将其放在个体生命周期的背景中,它会和其他事件产生顺序性的关联，表现为遥远的、迫近的或同时的，这些特征被称为事件的时间特性。事件的时间特性而非事件的性质，在一定程度上决定了它是令人痛苦的还是令人喜悦的。人们身处社会中，逐渐内化了社会对特定事件发生在特定时间的预期，于是常常有一个心理时钟来告诉自己某个事件的发生是恰逢"正点"，还是"时机不对"。事实上，许多正常的和预期中的生活事件本身并不是生活中的危机。这些事件是否会产生危机取决于它们的时间特性，这体现了时机的重要性。

时机没到，但事件提早发生，这意味着什么呢？可能会剥夺一个人准备新角色的机会。反过来，时机到了，事情却没有发生，这又意味着怎样的威胁呢？一件事发生得太早或太迟，可能意味着一个人被剥夺了和谐共处的同伴的支持。时机不对意味着一个人失去了充分的自豪感和满足感，而这些恰恰是伴随着一个按时发生的事件的。

预期事件的时间表会有代际差异，在一代人的不同群体中也会有所不同。寿命的延长、教育年限的增加、每个家庭中孩子数量的减少以及住房成本的增加，是过去几十年来改变时间表的一些明显因素。例如，由于受教育年限的增加，现今的年轻人期望开始全职工作的时间要比50年前的人晚一些。

二、无形困境：时间焦虑感

时间焦虑感并不是我国特有的社会现象，它是伴随着社会的现代化进程，逐渐形成的一种"现代性体验"。

（一）时间焦虑感的含义

时间焦虑感是一种因时间流逝而产生的紧张、忧虑、担心、焦急和恐惧的心理情绪反应。时间焦虑感表现为：因工作超时、过度劳动而感知到的紧张与焦虑；因难以有效管理和掌控时间而产生的紧张与焦虑；因工作节奏加速而产生的紧张与焦虑；对行动缓慢、浪费时间等行为的无法容忍与不耐烦程度以及处于"永不停歇"状态的程度（李雨潜，2021）。

陈昌凯（2013）将时间焦虑感定义为一种合理规划时间、充分利用时间和不能浪费时间的紧张状态，以及由此产生的行为表现和倾向。这个概念侧重于人们的体验，通过时间焦虑感能剖析其中所蕴含的社会动因。

（二）时间焦虑感的影响因素

时间焦虑感作为一种内在体验和外在行为，具有人格化的特征，存在个体之间的差异，即由人的某些生理机制或后天习得的行为反应所造成的差异。同时这种差异也存在于组织结构之间。组织、部门或团队之间时间焦虑感的差异，可能是由这些组织、部门或团队的不同目标所决定的，而且这些差异会给群体带来某些运转及沟通方面的困难。对于个体而言，一旦体验到了时间焦虑感，便会表现出一系列的行为；当然，这时他也可以通过观察自己的行为来评估时间焦虑感的程度（见表8-1）。

表8-1 时间焦虑感的行为定向评估量表的维度及其定义

维度	定义
时间意识	不管处于怎样的环境或情景之中，个体都能准确觉察时间的程度，以及个体对重要日期（比如生日、考试日期等）的觉察程度。
饮食行为	时间对于个体在进食方面的某些模式的影响程度。
神经能量	个体处在一种永不停歇状态（即使是在"休息"时）的程度。
项目记录	个体每天或每周创建或维持一份各项活动记录的程度。
计划安排	个体安排活动计划以及按计划行事的程度，这个维度还包括个体对特定的活动分配时间的程度。
言语模式	个体表现出急促谈话模式的程度，包括讲话快速、打断他人、替他人说完他们要说的话。
截止日期控制	个体指定截止日期或依赖截止日期的程度。
时间节省	个体通过更有效的计划或行动来节省时间的程度。
容忍缓慢	个体对他人行动缓慢的容忍程度。

时间焦虑感是如何产生的呢？生理和环境的相互作用很可能是时间焦虑感产生的原因。

- 生理：比如A的神经递质或激素水平较高，便容易体验到时间焦虑感；或者A在某些环境中更容易受到时间压力的影响。
- 感知：幼儿园教师总是觉得每天的时间不够用，感觉非常焦虑和匆忙。吊诡的是，工作时间越长，人们的时间焦虑感往往越强烈。对此，学者们的解释是，时间焦虑感的重点在于自己的感知。
- 期望：真正决定时间焦虑感与时间价值之间关系的关键因素是个人的主观期望。巨大的压力感很可能来自那些对高效利用时间有着极高期望的人，幼儿园教师恰恰就是这类人群。

21世纪以来，发展、效率成为我国经济大环境中的"最强音"，少数人的富裕程度不断提高，达到一定富裕程度的人的年龄也不断变小。一方面，年轻人对获得成功的"时间期望"提前了。他们相信急速变迁的社会中充满了机遇，成功不需要按既定的道路前进，更需要自己的开拓与创新。另一方面，社会的普遍期望也被提高了，让年轻人承受更大的"超时"压力与焦虑，他们担心在"规定"的时间内无法达到某个目标，或者随着时间的推移，实现目标的可能性会逐渐减小。于是，来自自身渴望和环境期待的双重挤压，加重了人们的时间焦虑，他们既担心自己无法"按时成功"，又担心自己"落后"于社会步伐，被社会所抛弃。

第二节　时间管理与幼儿园教师心理健康

20世纪90年代中期之后，时间和空间成为社会学研究的核心概念。从时间角度理解当代人的生活状况以及焦虑情绪具有重要意义。同样，在探讨幼儿园教师的压力与健康时，我们只有加入时间维度，才能充分理解当前幼儿园教师的真实处境与心理状态。

一、困难重重：幼儿园教师时间管理的含义与特征

（一）时间管理的含义

时间是一种不可替代的资源，虽然人们拥有的时间是相等的，但利用时间的效率是不同的。人们始终在探索利用和管理时间的方法，管理学将时间作为研究对象。经过几代行为学家和管理学家的努力，时间管理学发展为一门学科（Claessens et al.，2007）。

1. 时间管理

《心理学大辞典》（林崇德，杨治良，黄希庭，2003）这样定义"时间管理"：人们通过计划及控制活动，以时间有效率和利用率的提高为目的，使人们从被动地使用时间到系统地、有计划地、有目的地主动分配和利用时间，从而进行

高效的活动。良好的时间管理，其作用远不止于提高工作效率，效用更会外溢到个体的幸福感体验上（袁圆，2006）。

王俊玲（2013）认为，时间管理就是个人或者组织以时间为管理对象，对时间进行有效规划、监控和评估的活动。事实上，时间本身无法成为我们改变或者管理的对象，但我们可以通过改变使用时间的行为来达到时间管理的目的。

从个人维度看，时间管理包括个体的时间价值观、时间规划、时间监控和评估的能力，对时间浪费现象的分析、管理能力；从组织层次看，时间管理包括组织成员对个人的时间管理和组织对教师的时间管理。可见，管理学、行为学的时间管理不仅仅是单纯地管理时间，而是越来越重视考虑时间管理者作为人的个体因素。

时间管理概念的演变反映出，时间管理学作为一门学科的发展，是几代行为学家、管理学家和心理学家不懈努力的结果。史蒂芬·柯维（Stephen R. Covey）把时间管理学的研究分为四代，即从最初的"备忘录型"时间管理进化到强调个人管理、重心放在维持产品与产能平衡的时间管理。

我国学者周坤在其著作《第五代时间管理》中按照每个阶段的不同特点，分别用一种动物来表示这一阶段时间管理的特点。

第一代时间管理可以称为"公鸡型"时间管理。典型工作方式为制定备忘录，然而由于对每件事情都过于关注，而忽略了事情的重要性和价值，管理效率并不高。

第二代时间管理可以称为"仓鼠型"时间管理。典型工作方式为制定目标，其所有事项安排都朝着这个目标进行。但是在实施过程中容易造成盲目追求效率，忽视效率与效果之间的联系，最终导致缺乏效益，工作效果不明显。

第三代时间管理可以称为"北极熊型"时间管理。明显的工作特点是：会在做事前对自己的价值观和人生目标进行思考，明确后再着手实施。采用这一时间管理方式的人非常重视自身利益的最大化实现，执行力就会很有限，从而导致团队效率不高。

第四代时间管理亦可称为"群狼型"时间管理。这种时间管理方式与"北极熊型"截然相反，往往将团队利益时刻摆在首位，对个人利益有所取舍和牺牲。然而过于强调团队和集体，就会激发集体利益与个人利益之间的矛盾，使个体产生懈怠情绪，从而丧失工作动力，进而对整个团队的工作效率产生影响。

第五代时间管理可以称为"熊猫型"时间管理。这种时间管理方式要求实现集体利益与个人利益兼得的平衡状态,强调高效率的工作和高品质的生活。可进一步阐释为:工作是为了生活,而生活能更好地促进工作。

2. 时间管理倾向

时间管理倾向是一种稳定且可测量的人格特质(毕重增,彭香萍,2005),与个体的价值感和满意度(张志杰,黄希庭,崔丽弦,2004)等情感体验关系密切。"时间管理倾向"的概念最早由黄希庭和张志杰(2001)提出,他们认为时间管理倾向是个体在时间价值和意义认识的基础上,在活动和时间关系的监控和评价中所表现出来的心理和行为特征,是个体在运用时间方式上所表现出来的心理和行为特征,具有多维度、多层次的心理结构,包括时间价值感、时间监控观和时间效能感三个维度。其具体含义为个体在对待时间的功能和价值上、在运用时间的方式上所表现出的心理和行为特征。

时间管理的概念将时间管理视为一种能力,认为时间管理的内核反映的是一个人的最初认知能力;而时间管理倾向的概念更倾向于把时间管理看作一种人格特质。上面这两种看法分别将时间管理的差异理解为最初的认知能力的差异、个人的人格特质的差异(Kelley,2003)。

(二)幼儿园教师时间管理的含义

幼儿园教师时间管理,就是幼儿园教师以时间为管理对象,对自身生活和学校工作中的时间进行有效规划、监控和评估的活动过程。教师时间管理可分为工作时间管理和业余时间管理。

幼儿园教师管理时间的目的不仅是提高工作效率,提升工作质量,更是为了平衡工作时间与业余时间,平衡专业发展与生活品质(秦玉友,赵忠平,曾文婧,2017)。归根结底,幼儿园教师提高时间管理能力的最终目的是提高自身素质和提升保教水平,进而更有效地促进幼儿的身心健康发展。

(三)幼儿园教师时间管理的特征

时间因素是引发工作压力的重要因素之一,对于幼儿园教师来说更是如此。多项研究结果都显示:"时间紧迫感"是教师的重要压力源之一;对于教师,"时间缺乏"排在给教师带来压力的 20 项压力源的首位；教师职业压力源中名列前茅的就有"缺乏能够满足个人兴趣和爱好的时间"。朱福根（2017）指出，教师常常觉得力不从心与其不能很好地运用时间、不会有意识地管理时间有很大的关联。也有学者持不同的观点，认为教师普遍处于高负荷工作状态，即便有良好的时间管理方法，外部环境的施压与自身的高职业责任感也会迫使教师主动延长工作时间（曾玲娟，2002）。与其他学段的教师相比，幼儿园教师的时间管理具有其独特性。

1. 幼儿园教师时间管理外控性明显

幼儿园教师的工作时间具有周期性、高密性和长期性等属性，但外控性是影响幼儿园教师时间管理的最显著的特性。幼儿园教师时间管理的外控性与以下几个因素有关。

第一，幼儿是幼儿园教师的工作对象，这进一步凸显了幼儿园教师时间管理的外控性。幼儿的时间概念较差，很难自己控制时间或者根据实际情况合理地调节时间，这就要求幼儿园教师对时间具有较强的自主调控能力；而且幼儿园教师时间管理的最终目的不在于过分强调节省时间、追求高效率，而是在于提高保教质量，促进幼儿的身心健康发展。

第二，工作内容和时序的固定性，强化了幼儿园教师时间管理的外控性。幼儿每天在园时间被细分为入园、晨检、餐点、喝水、如厕、户外活动、午睡、集体教育活动、区域活动等多个不同的、相对固定的时间模块。由于幼儿园保教结合、保教并重的特点，教师需要严格根据幼儿园一日作息时间的规定来安排保教工作，并且上述每个时间模块都要由师幼共同完成。

第三，幼儿园教师可自主支配的时间占比较少。除了上面提到的工作之外，教师对备课、环境创设、家长工作等活动的时间分配以及优先顺序等有自主权。但是幼儿园教师自己可支配的时间很少，原因在于幼儿园教师的时间包括四个部分：被组织占用的时间、被同事占用的时间、被外部因素占用的时间、自己可支配的时间。在幼儿园工作中，被组织占用的时间是最多的，这也体现了幼儿园教师时间管理的外控性。

2. 幼儿园教师时间管理旨在促进师幼共同成长

幼儿园教师作为幼儿园保教工作的主体，承担着促进幼儿身心全面发展的使命。因此，幼儿园教师进行时间管理的根本目的是提升保教质量，促进幼儿发展。幼儿园教师如果能最大化地利用时间管理，在单位时间内提升师幼互动的质量，将更多的时间用于专业阅读、思考和交流，那么就能够提升个人专业水平，助力幼儿的健康成长。

二、边界消失：时间管理对幼儿园教师心理健康的影响

有调查显示，在对"无论如何努力工作，都不能把每件事做好"的肯定回答中，教师为78%，而公司CEO[①]仅为48%；对"每一天下来都身心俱疲"的肯定回答中，教师为62%，而公司CEO为55%。教师平均每周工作时间超过60小时已经成为普遍现象。超长时间的工作，侵蚀了生活，工作与生活的边界慢慢消失，个体时间原本具有的私人性和自由性也随之消失了。幼儿园教师对时间的掌控越来越丧失自主性，随之而来的是驱不散的倦怠感和持续的亚健康状态。

（一）时间管理影响幼儿园教师心理健康

教师绩效工资制度的实施和新课程改革给教师带来压力，学校发展变革给教师工作时间管理带来巨大影响，进而影响了教师在压力环境下的心理健康。调查研究发现：时间管理倾向对心理健康综合水平具有一定的预测作用；时间管理的能力与个体的焦虑负相关，时间效能感对焦虑有直接预测作用；对时间进行良好的计划管理，能在一定程度上降低个体的焦虑和压力。时间管理其实在严格意义上应该属于一种个人行为，秦启文等人（2002）调查分析了时间管理倾向与生活质量的关系并发现，时间管理效能对躯体功能、心理功能和社会功能都具有明显的预测作用。

幼儿园教师的日常工作中，除了基础工作量之外，往往又会因为检查、评比、考核的情境性因素增加相关资料的撰写或收集工作，甚至增加若干历史遗失资料的重新汇总和填补工作，这使得幼儿园教师工作量增多、工作时间延长成为常态，这些因素给幼儿园教师的时间管理带来更大的挑战，他们持续体验到强烈的焦虑情绪，甚至可能发展为焦虑型障碍，表现为"常常感到局促不安，容易疲劳，精神难以集中，大脑常出现空白，烦躁并伴有肌肉紧张，无法自制的担心，有睡眠问题"等。

---

① 英文全称为"Chief Executive Officer"，中文意为"首席执行官"。

案例 8-1　时间管理不当引发的幼儿园教师心理健康挑战

在某幼儿园里，温老师是一位新任教师。由于刚刚踏入这个行业，她对如何有效地管理时间并不熟悉，导致她在工作中面临巨大的压力，进而影响了她的心理健康。温老师每天在工作中都是随机应变的，没有明确的计划和目标。她经常陷入琐碎的事务中，如临时处理幼儿的小纠纷、准备教学材料、与家长沟通等，导致她难以集中精力去处理重要事项。由于缺乏有效的时间管理，温老师经常感到时间不够用，任务繁重。这导致她长期处于紧张和焦虑的状态中，难以放松和休息。

（二）时间管理影响幼儿园教师职业倦怠

2018 年，中国人力资源开发网从情绪耗竭、玩世不恭、成就感低落三方面对中国职场人士进行了工作倦怠指数的调查。报告显示，在 15 个行业的工作倦怠指数调查中，教师的倦怠比例（50.34%）位居第三，仅次于公务员和物流从业人员。

我国幼儿园教师在工作中面临较大的心理压力，压力之大甚至已经对教师的工作和生活产生了消极影响。已有研究发现，我国幼儿园教师因工作时间长、任务紧迫繁重、受到社会高度期待等因素的影响，已经成为高职业倦怠群体。教师的工作压力与职业倦怠高度相关（张建人，阳子光，凌辉，2014）。时间又是引发教师压力感的主要因素之一。

社会心理学对"职业倦怠"的界定以克里斯蒂娜·马斯拉齐（Christina Maslach）为代表，她认为职业倦怠是由情绪耗竭、去个性化和低成就感三个特征构成的。国内关于教师职业倦怠的研究始于 20 世纪 90 年代末。有学者将教师职业倦怠视作职业枯竭，认为教师在工作中长期付出情感与努力，当遭遇挫折和冲突时，便很容易产生各方面机能失调的现象；有学者认为职业倦怠是指对所从事的工作无兴趣，被动应对，体验到的感受以消极为主，表现为工作能力降低和身心疲乏（杨秀玉，杨秀梅，2002）。

当前幼儿园教师的工作状态可以被描述为忙碌、失序和碎片化。幼儿园教师的工作中充斥着大量的"周期性事件"，如年度考核评价、岗位竞争等。幼儿园教师对时间产生的焦虑往往并非由于可支配的时间减少了，而是由于主观上体验到的时间压力。

幼儿园教师对时间的掌控越来越丧失自主性。幼儿园教师可能没有像其他行业的工作人员一样抱怨"996",原因在于他们根本就没有 8 小时工作时间的内外分别,工作与生活的边界已然模糊。幼儿园教师长时间体验这种时间压力,久而久之就会转化为一种持续的精神紧张与弥散性的心理压力,并将这些主观感受带入生活中,于是在生活中也陷入焦虑、疲惫与倦怠的情绪(陆林,石伟,2006)。

学校事务对幼儿园教师的影响不在于事务所需时间的多少,而在于这些安排超出了教师个人的掌控,不断对生活时间进行干扰与挤压,于是引发教师对时间的焦虑,产生压力感,甚至会削弱自我认同(蔡辰梅,2015)。由教师的工作时间长、工作时间压力大、工作时效低引发的心理问题不容忽视。

案例 8-2 一日工作自述

一位刚刚辞职的幼儿园教师郝老师在日记中写道,她辞职后周围人问得最多的就是:"这么好的工作为什么辞掉啊?幼儿园老师多轻松快乐啊!"这位教师在一家民办幼儿园的行政岗位工作。下面是她对一日工作内容的自述。

"早上上班时间是 7:15,7:20 准时带领老师们开早会,晨间接待结束后大概是 8:30,我才可以吃早饭,然后组织各班级早操、巡班,第一节活动课结束后组织各班进行户外活动,其间准备中午培训会的内容,开会到 12:30,然后吃午饭,12:40 组织老师们学习……"当然,这只是一位幼儿园教师日常工作的概述,在真实的工作中,教师每天还会有各种接连不断的突发状况需要应对,比如环境创设布景、上级检查、临时会议等。

郝老师继续说道:"加班是家常便饭,比如接待参观和上交材料撞到一起的那段时间,我压力大到严重脱发,好像得了抑郁症,胃疼和失眠了很久,最后完全对工作提不起兴趣,干脆就辞职了。"

(三)必要的闲暇

自然时间具有不可逆的方向性,社会时间具有周期性,这一张一弛为个体合理安排工作与生活的节奏提供了可能性。纽曼(J. H. Newman)提到的"必要的闲暇",就是在说明,闲暇并非浪费时间,相反,它具有无可替代的调节、复原、更新的功能。闲暇对教师这一职业群体而言,至关重要且价值非凡。"必要的闲暇"是思考与创作的土壤,而繁忙和焦虑只会让思考停滞,让创作枯竭。

有学者将学术工作所需的时间类型称为"思想性时间",即一种慢速的、不受外部力量控制和截止日期限制的开放式时间。与一项研究所需花费的时间长度相比,研究所得出的结论才是最为重要的,充足的"思想性时间"是学术研究者不受外部时间要求干扰,全身心投入和专注于个人研究工作的重要保障。

"闲暇"未必等同于"思想性时间",但"思想性时间"一定出自"闲暇"。严格来说,当前我国幼儿园教师的工作时间远远多于法定标准,工作时间与其他时间没有明显的界线,工作和生活中已不再有漫无目的的"闲暇",即使幼儿园教师为了身心偶尔放松,也是"有意闲暇"。因此,对于幼儿园教师来说,"闲暇"不仅是他们身心健康、摆脱倦怠的良药,更是他们高水平专业发展的必经之路。

马斯拉齐等人编制的《职业倦怠量表》(Maslach Burnout Inventory,MBI)包含情绪耗竭、去个性化和低成就感三个维度。赵玉芳、毕重增(2003)对MBI进行了汉化修订(见表8-2),量表由22道题目组成:1、2、3、6、8、13、14、16、20属于情绪耗竭维度;5、10、11、15、22属于去个性化维度;4、7、9、12、17、18、19、21属于低成就感维度。量表采用七级自评方式,计分为0—6分。从不发生记0分,一年一次或更少记1分,半年一次或更少记2分,一月一次记3分,一周一次记4分,一周数次记5分,天天发生记6分。

表 8-2 职业倦怠量表(MBI)

序号	题目	选项
1	我感到自己的感情在工作中耗尽了。	0 1 2 3 4 5 6
2	工作一天后,我感到身心疲惫。	0 1 2 3 4 5 6
3	早上起来我感到很疲乏,但又不得不面对一天的工作。	0 1 2 3 4 5 6
4	我很容易理解学生的感受。	0 1 2 3 4 5 6
5	我觉得对待有些学生像对待没有生命的物体一样。	0 1 2 3 4 5 6
6	整天做与人打交道的工作是对我的考验。	0 1 2 3 4 5 6
7	我能有效地处理工作中的问题。	0 1 2 3 4 5 6
8	工作使我感到心力交瘁。	0 1 2 3 4 5 6
9	我觉得我的工作可以对别人的生活产生积极影响。	0 1 2 3 4 5 6
10	从事这份工作以来,我对别人变得冷漠了。	0 1 2 3 4 5 6
11	我担心工作使我变得感情麻木。	0 1 2 3 4 5 6

(续表)

序号	题目	选项
12	我感到精力充沛。	0　1　2　3　4　5　6
13	工作中我有挫折感。	0　1　2　3　4　5　6
14	我觉得我工作太努力。	0　1　2　3　4　5　6
15	我不在意某些学生身上发生的事情。	0　1　2　3　4　5　6
16	与人直接打交道给我很大压力。	0　1　2　3　4　5　6
17	在工作中，我能营造出轻松的氛围。	0　1　2　3　4　5　6
18	处理完工作中的问题后，我感到心情愉快。	0　1　2　3　4　5　6
19	在这份工作中，我做了很多有价值的事。	0　1　2　3　4　5　6
20	我感到自己好像已经竭尽全力了。	0　1　2　3　4　5　6
21	我在工作中能冷静地处理情绪问题。	0　1　2　3　4　5　6
22	我感到学生把他们的一些问题归咎于我。	0　1　2　3　4　5　6

注：测试结果仅供参考。

第三节　幼儿园教师时间管理与自我调适

教师在职业生涯中会非常显著地受到时间的影响，时间紧迫是造成他们有压力的主要原因之一。幼儿园教师时间管理涉及两方面的内容——时间管理认知和时间管理技能。研究显示，通过训练优化时间管理，有利于身心健康（Zhang et al.，2021）。

一、知行合一：优化时间管理认知与提升时间管理技能

时间管理认知指幼儿园教师对时间的管理意识认知、管理环境认知、管理任务认知。鉴于认知的内隐性和明显的个体差异性，下面主要针对如何通过提升时间管理技能来进行自我调适提出一些建议。

时间管理技能包括时间管理规划能力、时间管理监控能力和时间管理评估能力（王少群，2010）。时间管理规划是指教师对未来工作的事先安排，围绕将要完成的工作进行目标设置和制订具体的实施计划，选择最佳的时间管理方式，付诸行动。时间管理监控是指教师为了使自己的时间管理行为在预设范围之内，准确地落实目标设置和工作计划而采取的一系列行为。时间管理评估是指对时

间管理全过程的监控和评价，是对按规划实施行为以及控制时间行为的检验和总结，在反馈中获取信息，在反思中不断调整策略，以改善自身的时间管理行为，提高时间管理效能。

（一）严格执行计划，灵活调整

严格执行既定的计划，杜绝拖延，在规定的时间内高效率地完成工作内容是时间管理的关键。当然，计划没有变化快。在现实工作中，总有一些意外的不确定事件发生。如，近几年来幼儿园里的流行性传染病发病和蔓延速度很快，幼儿园经常要面对突然而至的疫情防控以及主管部门不定期的检查督导。这就需要在时间管理过程中，除了严格执行既定的计划之外，还需要为意外事件留出时间。无论是组织还是个人的时间安排都不要过满，应该有一定的机动性。

（二）管理外部干扰，明确拒绝

幼儿园教师时间管理的外部环境干扰因素一般来自三方面：上级领导、同事和家长。如，领导的干扰似乎是最难处理的，绝大多数教师不会当面拒绝领导，结果往往是领导造成了教师时间的浪费或任务的拖延或增加了意料之外的工作量。要减少领导的干扰，就需要主动与领导沟通，让领导明了教师个人的计划、目标与意愿。同时，要有勇气对领导提出的不合理要求说"不"。

（三）主动寻求支持，敢于授权

了解自己作为个人在能力和情绪上的局限性，主动寻求支持和帮助，并敢于将部分工作授权给他人处理。一些带班教师因为突出的个人能力和良好的综合素质在幼儿园里兼任基层管理职务，如班主任、级部部长、教研组组长或保教主任等，在班级管理、教研组织、活动策划与组织实施等诸方面发挥着不可或缺的作用。对于这些教师来说，合理地授权给他人是一项重要的岗位能力。授权不但可以让教师有更多的时间投入更重要的工作，而且被授权者可以在行使职权完成被委派任务的同时获得能力的锻炼和提升，从而增进双方的合作意愿。即使是普通的带班教师，由于个人能力与优势的差异，也不可能凭一己之力高质量地完成所有的工作。因而，同事之间互相取长补短，是提高工作效率的捷径。

（四）个性化重组时间，增强掌控感

幼儿园保教结合的特点，使得一日生活作息时间相对固定与细碎。教师很难找到充裕的时间，因此依据个人需求和任务性质重组时间就显得非常有必要。如，将大目标化整为零，在零碎时间分解完成，把相同或类似的任务打包处理。

个人的生理状态和唤醒水平是呈周期性、节律性变化的，所以他不可能在任何时间都保持同一强度的精力投入。因此，了解自己的生理变化规律，理性看待自己不同生理状态下的认知和情绪水平，准确分析任务难度，集中注意力解决最棘手的重要问题，是提高工作效率的捷径。对自我的了解和对任务的分析，有助于幼儿园教师在压力情境下增强掌控感，降低焦虑水平，避免失序感。

案例8-3 利用碎片时间

齐老师在时间管理上颇有经验。在一次交流中，他和同行分享道："我们可以梳理自己一周或一天可以利用的碎片时间，以一天为例，可以切分为早中晚、幼儿离园后、上班间隙等不同长短的碎片时间。通常我一天的时间规划是这样的——晨练时用2分钟在头脑中梳理今天要做的事情，晨练后马上将其写在手机待办事项中，做好一件清除一件。要恰当利用不同长短的碎片时间做合适的小任务，如5分钟的间隙可以练字，10分钟的间隙可以用关键词记录幼儿成长，30分钟独处的时间可以阅读电子书……不时地划掉一个个待办事项，让我很有成就感。"

（五）用反馈自我修正，促进良性循环

幼儿园教师能否有意识地对自己的时间使用情况进行定期或不定期的分析、总结并制定改进措施，体现了他的时间反馈能力。这对于个人在时间管理实践中不断提升自我、发展时间管理能力有着重要意义。幼儿园教师的时间反馈能力是指他们有意识地对自己的时间管理行为进行分析、总结、反思和提升的能力，这是幼儿园教师不断修正自我、形成良性循环的一条有效路径。幼儿园教师在工作实践中可以通过一些常规的做法训练自己养成反思、反馈的习惯，比如：在每天的固定时间对当日工作完成情况进行自我检查并做出评价；定期、有意识地对自己的时间管理情况做回顾分析，结合目标和效果对后续行为做出调整等。

二、术道共进：松弛的时间理念与有效的管理办法

（一）尽力就好，不必完美

完美主义在学校教育中是有用的，比如为了上好一节公开课反复地修改教案。但是为了完美而完美的完美主义与强迫性的过分工作没有区别。过分追求完美可能导致自己对失败产生恐惧，耽搁了工作，造成了直到最后期限才去工作的后果，并且所有这些后果都将极大地增加自己的工作压力。幼儿园教师要特别注意付出－回报原则：在某个转折点之前，认真工作是有价值的；超过这个极限之后，多付出的努力不会再产生任何益处。

案例 8-4　追求绝对完美

董老师在一所公办幼儿园已工作 3 年，但随着工作量的不断增加，她开始怀疑自己是否患上了"拖延症"。当同事让她说说都有哪些表现时，她无奈地罗列着：懒得备课导致上课敷衍；对幼儿提出的问题不及时回应；总是习惯性地推迟做某件事的时间；工作时无法集中注意力……她感到很困惑：上学时自己并没有这个拖延的毛病，上班后也一直尽心尽力地对待工作，但不知为什么越想做好，就越是拖延。董老师在和同事聊天的过程中逐渐意识到，恰恰是她的完美主义倾向导致自己有时会忽视现实条件的限制，去追求绝对的完美，也正是她不切实际的高要求束缚了自己。

（二）张弛有度，拒绝枯竭

不要吝啬用一天的时间去重新恢复自己的精力和活力。拿出一天的时间放松自己，是为了防止自己因过度紧张的工作而生病。通过这种休息方式，你投入工作的体力不断增加，从而能够更好地利用这些投入工作的时间。

（三）及时充电，快速恢复

当发现自己的注意力明显不够集中时，有时好好小憩一下，闭上眼睛靠在椅子上休息 10~15 分钟，可以使你恢复活力。你也可以在办公室周围散步 5 分钟，或到户外呼吸新鲜空气。

（四）二八法则，合理规划

帕累托法则（Pareto principle）指出：事情由重要的少数和琐碎的多数组成。20%的目标具有80%的价值，而剩余80%的目标只有20%的价值，也就是说20%的工作产生80%的效益。计算出最重要且最有用的20%的工作，然后将其作为自己优先处理的事务。优先完成这20%的重要工作，可以加快或简化剩余80%的工作。

（五）聚焦任务，降低消耗

人们处理问题有时会不断从一项工作转移到另一项工作，或者干脆想一次性同时完成几项工作。这往往造成工作延误，带来偏差错误和工作无序的后果。这样不仅没有达到节约时间的效果，反而浪费了许多时间。因此，应每次集中完成一项任务。

（六）了解自己，随律而动

将一些困难的、具有挑战性的工作放在自己精力旺盛的时间段去做；将一些常规性的工作放在自己体力和精力衰退的时间段去做。

知识之窗

做好时间管理

很多人都发现工作中时间压力和最后期限的压力非常大。有时，当很多事情堆在一个人面前时，他会烦恼不已，甚至想放弃。

当有的教师无法一直控制工作环境的各种变化需求时，如果他们能合理安排工作时间，将会有助于提高自己的工作效率并避免多种问题的发生，进而缓解自己的时间压力，降低自己的工作压力水平，更为重要的是增强自己意志调控的力度。

第四代时间管理理论是史蒂芬·柯维在其代表作《高效能人士的七个习惯》（*The 7 Habits of Highly Effective People*）中提到的时间管理理论，这个理论强调围绕事情的轻重缓急安排自己的时间和精力。他将人们的工作任务和项目分成四个象限或者类型（见图8-1）。

```
                              重要
                               ↑
     位次：第二象限              │   位次：第一象限
     内涵：重要但不紧急          │   内涵：重要且紧急
     精力分配：50%              │   精力分配：20%
     做法：计划做               │   做法：马上做
     饱和后果：忙碌但不盲目      │   饱和后果：压力无限增大，危机
     原则：集中精力处理，投资于第二 │   原则：越少越好，很多第一象限的
         象限，做好计划，先紧后松 │       事情是因为它们在第二象限
                              │       没有被很好地处理
不紧急 ─────────────────────────┼───────────────────────────→ 紧急
     位次：第四象限              │   位次：第三象限
     内涵：不重要且不紧急        │   内涵：不重要但紧急
     精力分配：5%               │   精力分配：25%
     做法：减少做               │   做法：授权做
     饱和后果：浪费生命          │   饱和后果：忙碌且盲目
     原则：可以当作休养生息，但不能│   原则：越少越好，放权给别人去做
         长期沉迷其中           │
                               │
                              不重要
```

图 8-1 时间管理四象限法则

1. 第一象限

第一象限内表述的是既紧急又重要的工作，通常是一些需要立刻引起注意的危机或者问题。人们在自己的工作中都会有一些第一象限所包含的活动，许多人整日被这些工作所折磨并被深深地困扰。当一位教师长时间地处于第一象限的工作任务中时，他会希望从第一象限的工作中解脱，然后去做一些轻松容易的工作，也就是第四象限所包含的工作。虽然这样做可能会提供暂时的休息，但是这种做法不可能使第一象限的工作负担以及潜在压力产生明显的降低。

2. 第二象限

第二象限是有效管理时间的关键。这里指的主要是那些重要但不紧急的工作，这个象限包括积极主动以及具有预防功能的工作，例如长期计划安排、交际、建立与幼儿或家长的联系等。这些事情都是想做且应该去做的，但是有时有的教师想要推迟或拖延它们，这是因为没有最后期限的督促。人们只

有通过做第二象限的工作,才能消除第一象限的工作带来的压力,并且防止危机和问题的出现,从而降低自己的压力水平。

唯一能够使更多的时间分配到第二象限的方法就是,相应地减少投入第三和第四象限工作的时间。很明显,这时不能忽视第一象限的工作,但是一旦增加了第二象限活动的主动性,投入第一象限内的工作时间就会开始不断减少。

3. 第三象限和第四象限

人们之所以在第三象限包含的那些紧急但不重要的工作上花费大量时间,通常是因为他们以为这些工作非常重要且包含在第一象限中。这些做法往往是受他人期望的影响,因为对他人来说,那些事情可能是非常紧急或重要的。但是这并不意味着这些工作任务对幼儿园教师自己也是紧急或重要的,除非它们符合其自身的发展目标。第四象限的活动通常是被称为辛苦忙碌的工作,常常是一些令人愉快的工作,并且可以为教师提供一些休息片刻的机会。

要谨慎处理第三和第四象限内的工作,以免在其中花费过多的宝贵时间,因为那样做将导致对工作的不负责任。成功高效的人士会尽量缩短消耗在第三和第四象限内的工作时间。他们利用这些时间进行片刻的休整,因为无论那些工作是否紧急,它们都是无关紧要的。

为了减少投入第三和第四象限工作的时间,幼儿园教师们不得不学会向一些工作说"不"或者将其取消,即使这些工作对别人来说可能是紧急的或者是重要的。

【微课】

【拓展材料】

第九章　幼儿园教师压力调适心理活动设计

> **本章要点**
>
> ※ 幼儿园教师压力调适活动目标与原理
> ※ 幼儿园教师心理压力调适环境创设及途径
> ※ 幼儿园教师压力调适心理活动设计

> "我们不能期待别人随时体察我们的情绪,沉默换不来别人的帮助,如果我们需要帮助,就要用语言表达出来。"
> ——阿尔弗雷德·阿德勒（Alfred Adler,1870—1937）
>
> "心若改变,你的态度跟着改变;态度改变,你的习惯跟着改变;习惯改变,你的性格跟着改变;性格改变,你的人生跟着改变。"
> ——亚伯拉罕·马斯洛（Abraham Maslow,1908—1970）

第一节　幼儿园教师压力调适活动目标与原理

我们要认识到,现实生活中的每个人都有一定的压力,有压力是件极正常不过的事情。重要的是,幼儿园教师要有战胜压力的勇气,切实提高自己的压力调适能力,以积极的心态对待各种压力。

一、怡然自若：幼儿园教师压力调适活动目标

提升幼儿园教师压力调适能力，目标是通过外部学习资源和内部自我调节获得应对压力的能力和技巧。幼儿园教师要在工作和生活中及时识别压力、觉察身心，同时能够用积极的心态看待压力，又能够在压力和困难面前保持自我关怀，在此基础上形成积极有效的压力应对技巧和资源。

①学习压力调节知识。其目标是帮助幼儿园教师获得对压力的科学认知，面对压力不抵触、不恐惧，从而选择更适合自己的问题解决和压力调适途径。

②获得一些自我调节的策略。通过个体和团体活动，帮助幼儿园教师学习缓解压力和应对压力的实用技巧，能够在日常生活中及时使用调节策略，更高效地协助他们解决日常情绪困扰。

③促进幼儿园教师的社会支持系统的完善。通过心理学策略和方法的学习，潜移默化地协助幼儿园教师学习与他人建立联系，形成互助的支持系统。

④帮助幼儿园教师提高反思和学习能力。在互动设计中，会有大量的自我觉察和观察活动，其目的是帮助幼儿园教师认识到自己在工作和生活中的态度、感受和认知，并能够及时反思、及时调整，以免陷入负面情绪中不可自拔。

二、平心静气：幼儿园教师压力调适的科学理论

幼儿园教师是当今社会中的高压群体之一，他们的压力难以排解的原因可以归结为两大方面：一是幼儿园教师自身的心理调节能力不足，遇到事情往往持消极态度和负面情绪，长期积压极易产生生理和心理的各种负面反应；二是幼儿园教师在工作和生活环境中缺乏足够的支持系统。

（一）积极心理学的应用

积极心理学是美国心理学家马丁·塞利格曼（Martin Seligman）于 2000 年正式提出来的，"积极心理学是致力于研究人的发展潜力和美德的科学"。塞利

格曼博士认为积极心理学的力量,是帮助人们发现并利用自己的内在资源,进而提升个人的素质和生活品质。每个人的心灵深处都有一种自我实现的需要。这种需要会激发人内在的积极力量和优秀品质,积极心理学利用这些内在资源来帮助普通人或具有一定天赋的人最大限度地挖掘自己的潜力,并以此获得美好的生活。积极心理学原理的运用,对幼儿园教师在生活和工作中学会调控自己的压力具有重要意义:第一,可以帮助幼儿园教师从认知层面重新认识各种压力源,正确认识压力的消极和积极影响,从而找到工作与生活中的积极压力,并使之成为自己努力工作的不竭动力;第二,有助于幼儿园教师从日常生活和工作中积累积极情感体验,克服消极情绪情感,提高个人幸福指数,促进积极人格的发展;第三,可为缓解幼儿园教师的心理压力提供一定的支持系统(宁维卫,2018;张二凤,李春良,张莉,2015)。

(二)认知行为疗法的引入

美国心理学家阿尔伯特·埃利斯强调人的认知在情绪和行为中的主导作用,他认为人们的情绪并不是由事件本身引发的,人们对事件所持的观念或信念不同导致了不同的情绪反应。比如,当出现了引起教师负面情绪的负性事件(A)——家长投诉时,教师对事件所持的观念或信念(B)不同。有的人会想:我做了那么多的事情都白做了。有的人觉得:可能自己的努力还不够,工作做得不够细致。这时观念或信念所引起的情绪及行为反应(C)也就不同了。消极反应是:难过、沮丧,失去信心,对家长保持距离、冷漠应对。积极反应是:面对现实,不给自己增加压力;反思自身问题,积极与家长沟通,解决问题。幼儿园教师可以根据埃利斯的情绪ABC理论来挖掘自己对事件认知评价中的所有非合理信念,进而用合理的信念来代替,从根本上解决由心理压力引起的不良情绪和不良行为。

(三)表达性艺术治疗

表达性艺术治疗是把深度的情感以及一些难以用言语表达的情绪,用象征性的方式(例如视觉艺术、书写、音乐或肢体动作)表达出来,并从中得到启发。这对很多人来说并不是太陌生的经验。人们常会发现写东西、唱歌、动一动之后,原来积压在心里的负面情绪似乎就没有那么沉重,也可能会产生新的想法和感受。艺术治疗几乎在每一个人身上都可以产生一些效果,主要因为以下四点：第一，创造的过程可以带来转化疗愈，方式包括冥想、运动、绘画、音乐、写作等；第二，个人成长是通过自我觉察、自我了解和领悟来达成的；第三，参与者在深入探索悲伤、愤怒、痛苦、恐惧、快乐和狂喜之后，其情绪会成为一种能量资源，可以通过指导把它引引到艺术的渠道去抒发和转换；第四，表达性艺术引导进入潜意识，可以帮助表达原本不知道的自我、提升自我了解和觉察。

（四）正念疗法

"正念减压法"的创始人乔恩·卡巴金（Jon Kabat-Zinn）博士对正念的操作型定义是"有意识且不带评判的，保持当下留心的觉察"。在此定义下的正念是"平静、不评价、时时刻刻持续的，针对身体感觉、感知、情意状态、想法和想象的一种觉察"。日常生活中的漫不经心或自我思考都是大脑和身心的自然状态，但是经常会衍生出纷乱或极端的想法。正念提倡不压抑任何的思绪、念头或杂念，反而刻意专注于当下的内心观察，暂时不要对内心的思绪做出评判，带着好奇心，迎接每一个动作或每一刻。研究发现，正念疗法对焦虑症、恐慌症、忧郁症、重大创伤后综合征和慢性疼痛，都有相当程度的改善作用（陈灵君，王颖，朱毅，2020）。幼儿园教师在日常生活和工作中引入正念，可以帮助自己安定情绪，保持注意力，并能够把这种不加评判的态度带入与幼儿的互动中，增强自身在工作中的积极情绪和职业幸福感（程秀兰，张慧，曹金金，等，2020）。

第二节 幼儿园教师心理压力调适环境创设及途径

为了缓解幼儿园教师的心理压力，改善其工作环境和条件是关键。确保幼儿园教师拥有充足的教学资源和设施，让他们能够专注于教学本身。此外，提供持续的专业发展和学习机会，不仅能满足幼儿园教师的求知欲，还能让他们感受到幼儿园对教师个人成长的重视和支持。

一、不言之教：幼儿园教师心理压力调适的环境创设

幼儿园环境是教师学习与专业发展的微观环境。当幼儿园为教师创设彼此

信任的环境，鼓励教师探索和反思时，教师的学习就会更有效，更容易缓解焦虑情绪。

（一）幼儿园教师工作的心理环境

1. 营造温馨的人文环境

从幼儿园教师工作的心理环境上看，幼儿园管理者要考虑营造一个严谨、温馨的育人环境。对内建设民主、互相尊重的幼儿园人文环境，形成活泼、温暖、团结的大集体，妥善协调、解决教师之间的冲突。想大家之所想，做好后勤保障，增强凝聚力，是幼儿园领导首先要做的工作。幼儿园对外则要大力宣传幼儿教育在幼儿成长中的重要性，营造"尊师重教"的社会舆论氛围，逐渐引导社会各界正确看待幼儿园教师的大环境。同时，教师在提升业务能力时需要将理论和实践深度结合，幼儿园要尽可能多地为教师提供培训和学习的机会，开阔教师的视野，充分挖掘教师的潜力（庞丽娟，洪秀敏，姜勇，2003）。

2. 减少情绪劳动

幼儿园管理者应该从团队建设与管理和心理支持的视角支持教师的心理调适。比如，减少教师的情绪劳动，情绪劳动本质上是个人根据组织制定的情绪行为管理目标所进行的情绪调节行为。当组织对教师的情绪行为要求与教师真实的情绪感受不一致时，教师通过努力、控制以及调节等方式来达到组织要求，这个过程就要采取情绪劳动策略（潘华媛，高洁，2021）。

幼儿园教师情绪劳动策略分为情绪劳动表层策略、情绪劳动深层策略和情绪劳动真实行为策略。

①情绪劳动表层策略是指当个体内心体会到的情绪和幼儿园所要求的不太一样时，通过调节外在的行为方式达到组织的要求，但是个体内心的真实情感并没有发生改变，这种策略存在严重的失调，非常耗费心理资源。

②情绪劳动深层策略是指在个体的内心情绪体验与幼儿园要求不太一样的状况下，个体通过努力使其内心情绪、外在行为与组织所要求的规则达到一致，这是一种积极的获取资源的状态。

③情绪劳动真实行为策略是一种理想的情况，个体内心认同组织要求，即组织要求与个体内心的情绪情感达到一致的情况。

从管理视角来看，幼儿园应该在执行管理规定时，引导教师减少情绪劳动表层策略，增加深层与真实行为策略，这实际上就是在减少教师的情绪劳动，以此降低教师的职业压力。

3. 提高心理授权水平

幼儿园教师心理授权指的是幼儿园教师有机会、有信心按照自己的想法开展幼儿园保教工作。研究表明，心理授权水平高的个体在工作中更具有韧性、主动性和创造性，具有更高水平的职业承诺、工作满意感和更健康的心理状态，同时也能够为组织带来更高的工作绩效等（王钢，张大均，2017）。

心理授权包括意义感、自我效能感、自我决定和影响力四种认知。

①意义感是指幼儿园教师根据自己的价值体系和标准，对工作目标和目的价值的认知。

②自我效能感是指幼儿园教师对自身完成工作能力的认知。

③自我决定是指幼儿园教师在发起和调节行为时有选择权。

④影响力是指幼儿园教师在多大程度上能够影响幼儿园在行政、管理和运营等方面的结果。

幼儿园管理者应该在更大程度上提高教师的心理授权水平，让他们在岗位上寻求意义感、自我效能感、自我决定和影响力，让他们发挥出职业潜力和创造力，提高他们在岗位上的心理韧性和抗压能力。

专栏 9-1　心理授权自我评估

工作意义

1. 我所做的工作对我来说非常有意义。
2. 我认为我的工作对社会或组织有积极贡献。
3. 我的工作与我的个人价值观和兴趣相符。
4. 我从工作中找到了成就感和满足感。

自主性

5. 我可以自主决定如何完成我的工作任务。
6. 在工作中，我有足够的自由来安排自己的时间和进度。
7. 我能够根据自己的判断和能力做出工作决策。
8. 我的工作允许我发挥创造性和灵活性。

自我效能

9. 我相信自己有能力胜任当前的工作。

10. 我对自己的专业知识和技能有足够的自信。

11. 我能够克服工作中的困难和挑战。

12. 我经常能够找到解决问题的新方法。

工作影响

13. 我的观点和建议在工作中能够被重视和采纳。

14. 我能够参与团队或组织的决策过程。

15. 我的工作表现对团队或组织的发展有积极影响。

16. 我相信自己有能力推动团队或组织的进步。

(Thomas & Veithouse, 1990)

(二)幼儿园教师工作的物理环境

幼儿园环境创设常常是以儿童为中心的,较少关注教师的心理和适应。然而,管理者应重视幼儿园作为工作和生活环境对教师的重要性,公共环境、墙面、办公室、餐厅、教师活动室等不同区域的配置,都会影响教师的幸福感和满意度。

1. 在环境布置上体现尊重

幼儿园教师队伍年轻化,是一个大趋势。对于年轻人需要怎样的生活环境,幼儿园管理者要去研究和找准策略。比如,为幼儿园教师提供一个展示自我的墙面,展示出他们的照片和自己热爱的活动,让他们感受到被重视和被关怀,突出他们的个人倾向性,容易让他们感觉到自我主张在幼儿园里得到尊重(刘晓年,2011)。

2. 设置专门的活动室

幼儿园教师从踏入幼儿园开始,一天8~10小时与幼儿生活在一起,长此以往他们的隐私和个人化需要得不到关照,会大大增加他们的压力感,造成严重的心理失调。因此,幼儿园应提供专门的备课室,让教师在办公室里进行与职业相关的准备、讨论。

3. 提供相应的解压材料

很多幼儿园会为教师建立阅读区，在里面配置与生活、心理、娱乐相关的图书和杂志，供教师在业余时间阅读、分享。也有的幼儿园会单独设计"教师之家"，在"教师之家"配置零食、饮料，以及用于锻炼的运动器材、心理放松设备和心理解压小工具等，支持教师在空闲时使用，以进行自我调节（王云，2015）。

二、夏雨雨人：幼儿园教师心理压力调适途径

（一）加强心理健康教育

幼儿园管理者要把提高教师心理健康水平作为大事来抓，加强心理健康教育（朱晓红，2004）。幼儿园可以采用"请进来，走出去"的办法，派遣教师出去接受培训和学习，或者邀请心理专家来园做心理健康讲座，将心理健康常识慢慢传递给教师。

（二）个体咨询和团体心理辅导

幼儿园搭建资源平台，为幼儿园教师组建咨询师团队，定期对幼儿园教师进行心理健康疏导。目前不少集团化办园的学前教育机构开始尝试引进专业的心理团队，对幼儿园教师进行心理健康评估、性格评估、情绪评估，开展如戏剧教学、正念解压等形式的团体辅导，或每学期为教师提供3~6次个体心理咨询服务（张平利，2019）。

（三）开设咨询热线

幼儿园可与高校、研究机构、咨询中心等联系，开设心理健康咨询热线。当幼儿园教师感到心里有困惑，遇到解不开的心结时，他们能够有求助途径，通过热线或直接面对面交流向心理专家咨询。

（四）形成心理互助小组

幼儿园可以以园长和保教主任为组长，为遇到人际冲突、情绪问题、沟通问题的教师提供解决方案，包括团队商议、出谋划策、组建共研小组等形式，协助教师渡过难关，减少心理压力带来的长期影响（赵敬雯，2015）。

(五)组织丰富的园内活动

在不增加教师压力和工作量的基础上,丰富的集体活动可以促进教师之间的交流,提升教师的适应能力,加强教师的社会支持系统。例如:开展爱祖国的教育活动,邀请老园长讲忆园史;开展"读书为伴"的读书活动,共读好书,激发教师的生活和专业热情。在工作之余,可举行"健康徒步"等每周2小时的健身活动,丰富教师的业余生活,引导教师在活动中正确认识、客观评价自己,增强集体意识、合作意识和团队凝聚力(任佳琦,2019)。

第三节 幼儿园教师压力调适团体心理活动设计

根据幼儿园教师压力调适活动的目标与原理,建议每学期(4个月)设置4次团体心理活动,每月1次,全年8次。以下活动可供幼儿园园长或管理者组织集体活动时参考。

活动主题一　身心交融	
【活动1】身体扫描(25分钟) **【活动目标】** (1)充分觉察身心感受,与身体联结。 (2)让身心得到放松,缓解肌肉紧张。 **【活动流程】** (1)请教师完全平躺在瑜伽垫上,参照瑜伽练习中的体式——鳄鱼扭转式,完全放松。上身与脊柱调整到正位。双手手心朝上,腹部盖小薄毯。在聆听轻音乐的过程中缓缓闭上双眼。 (2)创设温馨的、让人放松的大自然场景(可以参照张蕙兰的瑜伽放松休息术,比如创设海边的场景,或者想象自己躺在柔软的草坪上沐浴着温暖的阳光)。创设场景的目的是让教师充分地放松,然后配合身体部位放松的指导语——一般是从脚趾开始,自下而上到头部。让身体的每一个部位带着觉知缓缓放松。 (3)在放松入静加深后,坚持自觉关照和内视返照,心灵保持高度超脱。尤其需要抵制各种杂念的干扰,必须时刻觉察自己有没有走神,如果走神,尝试拉回来,将意识继续放在身体部位的觉知上。直到万念俱寂,一灵独觉,寂而不死其心,觉而不乱其寂,才算是进入深静的高度。	**活动原理解释:** 　　通过身体扫描练习,身体成了意识的关注对象。当我们将意识集中于身体时,我们就建立了身体和心灵的联结,两者合二为一。通过身体扫描,保持对身体各个部位的觉知,熟悉身体的各种感觉,从而熟悉自己的身体。除此之外,通过身体扫描,发现疼痛和酸胀等不适,也可以通过心灵主动控制这样的感觉,从而控制身体。 **活动说明:** (1)活动时要选择一个安静和舒适的地方。衣物舒适,不紧绷。 (2)精神要专一,态度要顺其自然,并细心体会这种感觉。

(续表)

活动主题一　身心交融	
【活动2】让身心互动起来（30分钟） 【活动目标】 （1）体验身心变化导致的情绪变化。 （2）学习用生理调节情绪的方法。 【活动流程】 （1）请大家全体起立，然后坐下；再次请大家全体起立，不过这次的速度要比刚才快1倍，然后坐下；第三次起立要求比第二次快1倍。 （2）问大家是否感觉到一种振奋的情绪。 （3）请大家抬头看天花板，张开嘴巴大笑3声。保持现在的样子张开嘴巴，看看天花板，然后要求每个人想一件人生中最悲伤的事情。 　　在这种状态下，人是不可能真正体会到那份痛苦的，因为人的身体此时处于亢奋状态。持续15秒钟，然后请大家回到自然状态。 （4）这时，组织者将声音放低，要求大家慢慢把头低下来，想一想令他们特别开心的事情，持续15秒钟，然后回到自然状态。 　　在这种状态下，人也是不可能真正体会到那份快乐的，因为人的身体处于一种低沉的状态。 （5）请大家分组创造、演练动作，比如大笑、微笑、肢体张开等动作，同时想象快乐的事情。让这快乐的感觉弥漫开一会儿。	活动原理解释： 　　动作可以创造情绪，动作的改变会带来情绪的改变。神经心理学的假设之一是："身心是在同一个大系统下的两个小系统，改变其中一个，就能牵动另一个。"事实果真如此。行为影响情绪，情绪改变思维，借助于不同的行为方式，我们可以调节思维方式，而不同的思维判断决定迥异的结果。 活动说明： （1）在活动前要引导大家配合做好动作，充分体验动作带来的变化，因为只有全力做动作，才可能真正体会到身心的相互影响。 （2）要解释活动的内涵，让大家重新体会各种状态下的情绪，这样效果将会得到巩固。

活动主题二　觉察与成长	
【活动1】自我觉察（20分钟） 【活动目标】 （1）克服焦虑和紧张感。 （2）回归稳定的情绪，激发创造力。 （3）改善沟通效果。 【活动流程】 　　当开始感到压力过大时，可以做这个练习——"暂停、关注和选择"。 （1）暂停：当注意到自己高度紧张时（或其他任何强烈的情绪），暂停一下，为自己创造一个小空间，例如到外面走一小段路，或者待在一个安静的房间里独坐几分钟。 （2）关注：检查、关注自己的想法、情绪和身体感觉。问自己：这种感觉来自哪里？为什么当下会出现？ （3）选择：思考自己的价值观，或者权衡在此情况下什么是对你最重要的，你想成为什么样的人。以正面的态度来应对，例如用转移注意力的方式来整理情绪——你可以给心爱的人打个电话或者听一段轻柔的音乐。	活动说明： （1）自我觉察就是随时注意自己的想法、感觉和行为，无论是写日记还是与内心对话都可以。 （2）整个练习只需要5分钟，但"自我觉察"是一个持续的过程，没有标准的做法。重要的是要自觉地去做，并对自己有耐心。只有当自我觉察成为持续的习惯时，才能有效地避免倦怠感和压力感。

(续表)

活动主题二　觉察与成长	
【活动2】葡萄干练习——回到当下（25分钟） **【活动目标】** （1）把注意力集中于感官，专注于当下。 （2）重建对世界的探索方式和思考方式。 **【活动流程】** （1）准备葡萄干或者其他小零食。 （2）指导语。 ①拿。 "首先，拿起一颗葡萄干，放在手掌中或者用手指捏着它。 "专注于这颗葡萄干，想象自己刚从火星来，之前从未见过这种东西。" ②看。 "花点时间真正地看它，认真仔细、全神贯注地注视着它。 "用眼睛去探索它的每个部分，看看光线如何照射到它上面，看亮的部分、灰暗的部分、凸起和褶皱，任何对称的或者独特的地方。" ③触。 "在指尖转动葡萄干，探索它的触感，可以闭上眼睛以强化触觉。" ④闻。 "把葡萄干放到鼻子下，每次吸气时都感受它可能出现的气味、香味，同时觉察自己这样做的时候，嘴巴或胃部有没有什么有趣的反应。" ⑤放。 "现在慢慢将葡萄干拿到嘴边，觉察自己的手、胳膊是否能准确地感知嘴的位置。温和地把葡萄干放到嘴里，不要咀嚼，觉察它刚刚放进嘴里的感觉。花几分钟体会一下葡萄干在嘴里的感觉，用舌头去探索。" ⑥尝。 "准备好以后，开始咀嚼葡萄干，觉察自己咀嚼的位置和方式。然后，有意识地咬一两口，看看接下来会发生什么，体验由于持续咀嚼而带来的味觉冲击。不要咽下去，体会嘴巴里面的味觉感受和触觉感受以及它们随着时间推移而发生的变化，还有葡萄干本身所发生的变化。" ⑦咽。 "准备吞咽时，看看自己能否在第一时间探查到想要咽下去的那个意向，在真的咽下去之前，先有意识地体验它。" ⑧继续。 "最后，看看自己是否能够感受到葡萄干进入胃部的感觉，在完成这个正念吃葡萄干练习后，去体会整个身体的感觉。"	**活动原理解释：** 通过突破习惯性的进食习惯，让参与者通过多种感官的参与建立新的思考方式。 **活动说明：** （1）活动可以用各种食物完成，不一定是葡萄干，可以是一杯茶或者一杯咖啡，也可以是一块饼干或者一块巧克力。 （2）进食活动可以在日常完成，鼓励参与者每天吃饭时进行练习。

(续表)

活动主题三　积极冥想	
【活动1】正念冥想（20分钟） **【活动目标】** （1）降低压力。 （2）提升注意力和记忆力。 （3）调节焦虑、抑郁情绪。 **【活动流程】** （1）采取基本姿势。 坐在椅子上，将背部稍微挺直，离开椅背。腹部放松，手放在大腿上，双腿不交叠。闭上眼睛。 （2）将意识专注在身体的感觉上。 感受与周围的接触（脚底与地板、屁股与椅子、手与大腿等）。感受身体被地球重力吸引。 （3）注意呼吸。 注意与呼吸有关的感觉（通过鼻孔的空气，因空气出入而导致胸部及腹部的起伏，呼吸与呼吸之间的停顿，每一次呼吸的深度，吸气与吐气的空气温度差，等等）。 不必深呼吸，也不用刻意控制，建议用鼻子呼吸，感觉就像是"等着"呼吸自然到来。 为呼吸贴上"1""2"……"10"的标签也很有效果。 （4）浮现杂念时的做法。 一旦发现自己浮现杂念，就将注意力放回到呼吸上。 产生杂念是很正常的，不必过度苛求。	**活动说明：** （1）实际上，在室内外采用任何姿势都可以完成正念呼吸，而且都会有比较好的效果，不必拘泥于地点和形式。 （2）一开始可以坚持1~3分钟，随着练习增多，可以加长时间到5分钟、10分钟，一直到10分钟以上。
【活动2】目标冥想（25分钟） **【活动目标】** （1）让参与者觉察压力。 （2）让参与者觉察负面情绪。 **【活动流程】** （1）培训人员请教师进行一个简短的静坐冥想：请教师闭上眼睛或者将视线停留在前面地板的某个点上，培训人员摇冥想铃。 （2）指导语： "请舒适地坐下，闭上眼睛。此刻请花点时间与自己联结。你们结束了早晨的匆忙，终于完成了手头上所有的事情，奔波着赶到这里，才按时开始这个课程：把孩子安顿好，离开家，赶路，找到这里，在等候室等待，然后来到这里……现在，去体会自己的双脚与地面接触的感觉，去感受自己的双腿和垫子或椅子接触的感觉。注意自己的身体感受，或者自己的思维、情绪。花点时间停留在这一刻，就在此时，就在此地……	**活动原理解释：** 通过指导语带领参与者投入活动，明确个人经验，能够帮助幼儿园教师在活动中辨析自己的情绪和压力，从而意识到自己的压力源和解决问题的方式（严婧，2021）。 **活动说明：** 对于没有冥想经验的参与者，需要引导他们不必太在意冥想过程中出现的杂念，温和地回到思考主题上就可以。

(续表)

活动主题三　积极冥想	
"你为何来到这里？请让你的反应自由地浮现。如果你喜欢，看看自己是否能够与当初决定参加课程的时刻联结。 "你当时面临着怎样的挑战？你希望有什么改变？ "现在，将你的意识带回到当下你坐着的地方……你的期望是什么？你希望得到什么？你渴望什么？ "就在这里坐一会儿，与你脑海中浮现的一切同在……1分钟后，当冥想铃响起时，请你睁开眼睛。"	
活动主题四　舒缓身心	
【活动1】呼吸放松法（20分钟） 【活动目标】 （1）放松身心。 （2）缓解紧张情绪。 【活动流程】 （1）一只手放在胸部，另一只手放在腹部。 （2）通过鼻子吸气，让你的腹部鼓起来（鼓肚子），这意味着你用全肺呼吸。尽量使上胸部活动最少，保持缓慢地吸气。 （3）缓慢、均匀地将废气从鼻子呼出。 （4）重复几次，保持一定的节律。1分钟以8~12次呼吸为宜（一次呼气和吸气算作一次完整的呼吸）。 （5）不能快速地深呼吸。	活动说明： 初练时，可能无法熟练地判断节律，因此应该多练习，以5~7秒钟为一次呼吸的周期。
【活动2】五感解压技术（25分钟） 【活动目标】 （1）缓解压力。 （2）应对紧急的焦虑情绪。 （3）回归理性思考。 【活动流程】 这个练习可以帮助我们在头脑中各种焦虑的想法之间徘徊时立足于当下，从而对你非常有帮助。 （1）活动准备：开始练习前，请注意呼吸。缓慢、深长的呼吸可以帮助你保持平静或恢复平静。找到自己的呼吸后，通过以下步骤帮助自己调整状态。 （2）确认你看到的周围的五个事物。可以是一支笔、天花板上的一个点，也可以是你周围的任何东西。 （3）确认你能触摸到的周围的四样东西。可能是你的头发、枕头或脚下的地面。 （4）确认你听到的三件事。可以是任何外部的声音。如果你能听到肚子咕咕叫也算！专注于你能听到的身体以外的声音。	活动说明： （1）这个活动可以在感觉焦虑紧张的时候开展，并不受限于场地和时间。 （2）在不方便的时候可以只完成部分感官的探索。

（续表）

活动主题四　舒缓身心	
（5）承认你能闻到的两种气味。也许你在办公室里闻到了铅笔的味道，也许你在卧室里闻到了枕头的味道。如果你需要走一小段路来寻找一种气味，你可以在浴室里闻到肥皂的味道，或者在外面闻到大自然的味道。 （6）确认你能尝到的一种味道。你的嘴巴里面是什么味道——口香糖、咖啡还是午餐的三明治？	
活动主题五　团体解压	
【活动1】走下情绪的电梯（20分钟） 【活动目标】 （1）评价自己的情绪等级，学会用替代的方式处理压力和负面情绪。 （2）学习面对压力和负面情绪时的自我调节方式。 【活动流程】 （1）惨痛教训。 　　在情绪或压力失去控制的情况下，人在做决定时的错误率比较高。举例说明自己情绪失控时的经历。 （2）情绪电梯。 　　想象自己的情绪就像一幢有10层的房子，每一层都代表了某一种情绪不同的程度（如图9-1所示）。第1层是最底层，表示你可以控制自己的情绪；第10层为最高层，表示你失去了对情绪的控制。 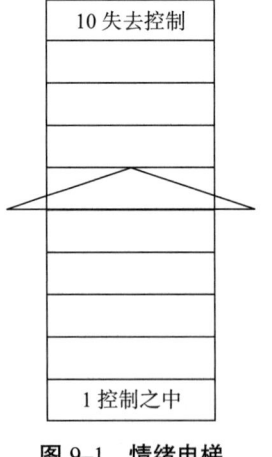 图9-1　情绪电梯	活动原理解释： 　　用电梯的上上下下来表示情绪的起伏和波动十分形象。电梯在第几层，人是可以控制的，如同自己的情绪程度。用"情绪电梯"这样的方式告诉大家将自己置于合适的"情绪楼层"对于处理事情是十分重要的。明白这一点后，如何控制情绪和恰当的情绪表达就成为重点。 活动说明： （1）对于"情绪电梯"的理解是进行本次活动的重点。帮助参与者理解这个概念的时候，可以用社会生活中的案例进行事实与假设的对比。 （2）对于自身状态的觉察是"走下情绪的电梯"的基础之一。

(续表)

活动主题五　团体解压	
（3）模拟训练。 当你遇到以下某个情境（这些情境是你在生活中常常遇到的冲突）时，你处理得如何呢？有没有更好的方法呢？ 压力情境练习如下。 **情境1**：你要与一位对班级教师不满意的家长进行2小时的一对一沟通。 自我判断： 这将引起你什么样的情绪？判断你所处的情绪楼层。 画出你当时的表情。 写出你当时想说的话。 根据图9-1填写回答： 这个时候的你，是处于消极状态还是积极状态？ 你的目的是什么？ 要怎样做你才能保持冷静，恰当地解决问题？ 你的方法： 大家的建议： 预计效果： **情境2**：你与朋友产生了意见冲突，而且互相不理对方。 自我判断： 这将引起你什么样的情绪？判断你所处的情绪楼层。 画出你当时的表情。 写出你当时想说的话。 根据图9-1填写回答： 这个时候的你，是处于消极状态还是积极状态？ 你的目的是什么？ 要怎样做你才能保持冷静，恰当地解决问题？	

(续表)

活动主题五　团体解压	
你的方法： 大家的建议： 预计效果： （4）现实练习：在现实生活中你肯定会遇到各种压力情境。现在能不能利用我们的方法去训练自己，做自己的主人呢？	
【活动2】压力球解压法（25分钟） 【活动目标】 （1）在人际互动中缓解压力。 （2）体验应对压力时产生的身体感觉和感受。 （3）练习如何在压力事件下集中注意力，能在面对压力时找到一些幽默感。 【活动流程】 （1）材料准备：压力球（每人1个）。 （2）活动规则：所有人站成一圈。 （3）首先请其中一个人先拿一个球，然后把球扔给圈中的另一个人。 （4）接到球的人再把球抛给圈中还没有接到球的人。这个过程一直持续到每个人都拿到球为止，然后球会回到最先开始的人手中。 （5）每个人只需记住自己把压力球抛给了谁，又从谁那里接过了压力球。这样就会形成一种模式，让小组中的每个人都能预料到球的下一个去向。按照同样的顺序传球，直到小组成员都记住了传球的顺序。 （6）接下来，在小组中引入更多的球。抛球的模式和顺序保持不变，但现在会有很多球由一个人抛给另一个人。这将分散小组成员的注意力，而且记住从哪里扔球和从哪里接球也更具挑战性。 （7）如果压力球掉了，就把它们捡起来，然后继续这个模式，直到每个人都哈哈大笑或者无法有效地玩下去，大约5分钟结束。 （8）引导团队思考。例如：在练习过程中，大家在想什么？大家是在担心未来还是在反思过去？在活动中，大家发现自己在关注什么？使用一个压力球和使用多个压力球有什么不同？	活动原理解释： 　　研究表明，同时完成多项任务会导致准确性降低、造成更多错误。多人同时做一件事和同时做几件事的效果是不同的。通过这个活动让教师理解一个团队承受压力时相互沟通和提供支持的重要性。同时让成员感受到，当责任摆在面前时，专注于责任有多重要，以及应如何利用时间管理来实现目标。 活动说明： （1）在总结时，引导者可以让大家想象压力球就是每天可能会出现的压力事件。 （2）游戏时，可以根据分组的情况在圈中添加任意数量的球。

(续表)

活动主题六　自由表达	
【活动1】结构性涂鸦（20分钟） 【活动目标】 （1）缓解焦虑。 （2）提高专注力和自信。 【活动流程】 （1）非惯用手涂鸦。 　　邀请参与者用刚才选择的情绪色在第一张纸上用非惯用手涂鸦，鼓励参与者直接去"做"和"画"，以此代替"想"的暖身活动，帮助参与者将自己最原始、抽象的图样呈现出来。非惯用手涂鸦，可以减轻参与者对创作好坏的焦虑。 （2）惯用手涂鸦。 　　邀请参与者拿出第二张白纸，选一个此刻的心情色彩，用惯用手在白纸上涂鸦。涂鸦会唤起参与者在学生早期涂鸦的经验与记忆。 （3）画线条。 　　邀请参与者拿出第三张白纸画线条：选一个颜色，画一条"平静的线"；选一个颜色，画一条"生气的线"；选一个颜色，画一条"悲伤的线"；选一个颜色，画一条"快乐的线"。 （4）观察和分享彼此线条的呈现方式（色彩与线条的独特性）。	活动原理解释： 　　从非惯用手涂鸦开始，以此减轻参与者对创作好坏的焦虑，通过涂鸦唤起参与者在学生早期涂鸦的经验与记忆。从涂鸦过渡到画线条，让参与者的表达方式更有意图性和控制力。观察和分享彼此的涂鸦和线条，由此可知，对于同样的情绪，不同的人有不同的表达方式。因为不同，所以世界很精彩。 活动说明： （1）请参与者在画图过程中集中注意力，关注自己画线条的方式。 （2）互相分享时，并不评价线条，而是欣赏人与人之间的异同。
【活动2】团体随意涂鸦（25分钟） 【活动目标】 （1）通过涂鸦发现和揭示自己内心的情绪和感受。 （2）学习用温和的方式转化负面情绪。 【活动流程】 （1）暖身阶段。 　　一起谈论关于自由涂鸦的乐趣、绘画的经验等。 （2）自由涂鸦阶段。 　　发放给每个参与者一张黑色大卡纸，要求每个人用彩色蜡笔（挑选最喜欢的颜色）在纸张上面完成涂鸦，用任意的线条、形状表达此时此刻的心境与情感。 　　在这个阶段根据个别情况，建议参与者用乱画法、运动法、线条法等各类涂鸦法，引导他们信手涂鸦。起初大家可能有点拘束，不敢拿笔，要鼓励大家大胆地涂和画。 （3）涂鸦创作阶段。 　　第一遍自由涂鸦结束后，让参与者从不同角度去审视自己的涂鸦，感觉自己满意和不满意的地方，挑选第二支蜡笔继续涂鸦，在第一遍涂鸦的基础上，充分运用第一遍涂鸦里符合自己构思的线条，去掉那些不符合构思的线条，画出自己看到的意象，不断细化直至完成。	活动原理解释： 　　团体涂鸦是一种绘画游戏活动，参与者在活动中占主导地位，整个涂鸦过程让参与者在不知不觉中体验不受限的涂鸦带来的身心快感，从而投入涂鸦的绘画中。涂鸦活动能够帮助参与者克服心理上的胆怯和退缩，体验探索和成功的喜悦，释放情绪，乐于分享。 活动说明： （1）涂鸦活动可以延伸成音乐涂鸦、结构性涂鸦、合作涂鸦等模式，适合在团体中反复使用。 （2）涂鸦活动无关绘画水平高低，一定要避免质量方面的评价，重在个人情感表达的沟通和分享。

（续表）

活动主题六　自由表达	
（4）交流分享阶段。 　　重点放在关于绘画作品的言语交流上。请大家思考和交流的问题包括：你涂鸦时有什么感觉？当你开始涂鸦以后，有什么让自己很满意的部分？分享你觉得有意义的部分。分享你的画，并说说它表达了什么。	
活动主题七　艺术疗愈	
【活动1】曼陀罗绘画（20分钟） 【活动目标】 （1）充分地表达自我。 （2）缓解压力。 【活动流程】 （1）准备材料。 　　准备曼陀罗绘画需要的彩色笔、蜡笔、纸张等。 （2）静心与专注。 　　当准备好适合自己的材料之后，便可以开始放松，让自己的心情平静，接下来专注于自己的内在感受，专注地聆听自己内在的声音在告诉自己什么，最后便可以专心地自由创作属于自己的曼陀罗。 （3）画一个圆。 　　在创作曼陀罗时，需要先在纸张上选择一个自己喜欢的位置，画一个圆。值得注意的是，要在圆内进行创作，不要超出这个圆。 （4）进行创作。 　　画完圆之后，创作者需要从圆的内部开始进行创作，一圈一圈地创作，直到画到最外圈。尽量随性地去创作，想到什么就画什么。任何创作都是好的，都是可以接纳的，没有所谓的美丑对错，只要是自己创作的曼陀罗，就是属于自己的独特的作品。 （5）命名并写下日期。 　　由于曼陀罗是属于自己当下（此时此刻）的独特的作品，代表着当下自己的心灵状态，因此创作完成之后，可以试着给所完成的曼陀罗设计一个名称，并注明创作的日期。为当下的创作留下一个记录。	活动说明： 　　绘画时尽量减少自我评价和干扰，不用过度思考，在自我探索中随意使用图案、数字和符号，轻松地表达自我。

(续表)

活动主题七　艺术疗愈	
【活动2】音乐疗法（25分钟） **【活动目标】** （1）在音乐中促进情感和压力觉察。 （2）增进团体亲和力和凝聚力。 **【活动流程】** （1）准备材料：音乐数首、播放器、情感感受记录单。 （2）向参与者说明音乐的创作为人类情感的结晶，其中往往包含着许多故事和感受。 （3）向参与者说明活动方式，并分发情感感受记录单。 （4）按顺序播放音乐，每首约2分钟长，请参与者静下心来聆听，并将该音乐给自己带来的感受记录在情感感受记录单上。 （5）请参与者边听边写，并且在歌与歌之间留10~20秒的空白，让大家不会造成混乱。 （6）请参与者两两分享刚才的五首歌所带来的感受，并讨论两人感受间的异同。 （7）邀请个别参与者在集体中分享，分享内容包括：听音乐时想到了哪些事情，身体有什么感觉；自己和伙伴对歌曲感受印象深刻的部分；两人分享时的心得体会；听完所有音乐后自己的感受发生了怎样的变化。	**活动原理解释：** 　　音乐本身就是情感表达的最佳工具，本活动能够令参与者提升对音乐所蕴含的情感的感受，进而增进参与者在生活中的情感敏锐度。人与人之间的沟通可以分为语言及非语言沟通两部分。针对同一首歌的感受分享，有助于参与者了解到对于同样的音乐，每个人会有不同的感受，进而认识到个体在信息刺激的传递和接收上存在差异性，从而增进彼此之间的了解和支持。 **活动说明：** （1）歌曲可由组织者根据需要自行挑选，但须留意音乐本身要具情感张力，尽量选择没有歌词的歌曲，避免造成干扰。播放歌曲的顺序建议：从悲切的音乐（如《忧郁的星期天》）、忧伤的轻音乐（《哦，命运女神》），到欢快的轻音乐、动感音乐，最后到强动感音乐。 （2）当一首歌快结束时先慢慢地将音乐转小声至无声，不要直接关掉。 （3）务必要先向参与者说明，请他们在音乐播放时勿交谈，勿干扰他人聆听。
活动主题八　情感微记	
【活动1】情绪与感受（20分钟） **【活动目标】** （1）有意识地回应不同的情绪。 （2）从情绪中后退一步，用共情回应自己的情绪。 **【活动流程】** （1）回想一下最近发生的触发你多种情绪的事情。最好从不太痛苦的事情开始，这样你在练习时就不会出现大的情绪波动。 （2）把你对这件事的想法写下来。	**活动说明：** 　　这项练习能帮助幼儿园教师审视复杂的情绪，能让人明白：即使是过去你认为不能被接受的情绪，也都是正常的情绪。情绪不过是对不同情境的解读方式，所以我们可以得出不同的结论，决定下一步应该怎么走。

（续表）

活动主题八　情感微记	
（3）写下这件事引发的情绪，比如焦虑、沮丧、悲伤等。 （4）从你确定的情绪中选择一种，让自己与这种情绪相联结，并思考下列问题的答案： 　•你身体的哪个部分能注意到这个感受？ 　•你怎么知道这个感受的存在？ 　•你的哪些想法与这个感受有关？ 　•如果那种情绪会说话，你觉得它会说什么？ 　•伴随着那种感受的是什么冲动？ 　•如果那种情绪能够决定结果，它会让你怎么做？（比如，焦虑会让你想逃跑，愤怒会让你冲别人大吼大叫。） 　•你的这个部分需要什么？怎样才能让那种情绪平复下来？ 对你出现的每一种情绪都这样提问并回答，你就能对自己产生共情，开始无条件地接纳自己。	
【活动2】三件好事（25分钟） 【活动目标】 （1）提升幸福感。 （2）增强心理韧性。 （3）改善负面情绪。 【活动流程】 （1）每天晚上睡觉之前在笔记本上写下这一天从早到晚在自己身上发生的三件好事。 （2）写作要求如下。 第一件好事（发生了什么事）： 你的感受： 发生这件事的原因： 第二件好事（发生了什么事）： 你的感受： 发生这件事的原因： 第三件好事（发生了什么事）： 你的感受： 发生这件事的原因： （3）记录三件好事持续一周，并坚持做下去。 （4）这三件好事可以是让自己快乐的事，或者是让自己感动的事，又或者是自己觉得有意义的事。 这里记录的好事可能是很微小的事情（比如买到了便宜的东西，赶上了第一趟公交车），可以写得具体一点，记录时间、地点和你的感受等。	活动说明： 每天花在记录三件好事上的时间并不需要很多，10分钟就够，可以手写，也可以用笔记本电脑、手机记录。如果觉得难，可以从记录一件好事开始，只要开始记录就会有好事发生！

> **知识之窗**

幼儿园教师如何通过约哈里之窗模型有效地和家长沟通

约哈里之窗（Johari Window）是由美国社会心理学家约瑟夫·勒夫特（Joseph Luft）和哈林顿·英格拉姆（Harrington Ingram）共同提出的理论模型，旨在帮助人们理解人际交往中个人所知和他人所知的分布情况，以及如何通过有效的沟通来增强人与人之间的理解和互动。

1. 四个区域

该模型将人际沟通的信息比作一扇窗户，它被分为四个区域：开放区、隐秘区、盲目区、未知区（见图9-2）。

	自己知道	自己不知道
他人知道	开放区	盲目区
他人不知道	隐秘区	未知区

图 9-2 约哈里之窗模型

（1）开放区（open window）：这个区域的信息自己知道，他人也知道。包括个人的公开信息，如姓名、性别、年龄、爱好、婚姻状况、特长和成就等。

（2）隐秘区（hidden window）：这个区域的信息自己知道，他人不知道。包括个人的私密信息，如个人喜好、情感状态、弱点、不自信、曾经经历的悲伤和痛苦等。

（3）盲目区（blind window）：这个区域的信息他人知道，自己却不知道。包括他人对自己的看法和评价等信息，如错误的观点、行为上的缺点等。

（4）未知区（unknown window）：这个区域的信息自己不知道，他人也不知道。包括一些潜在的信息和未知的领域，是个人的潜能所在。

2. 家园合作步骤

幼儿园教师有效利用约哈里之窗模型，就可以更好地与幼儿家长进行沟通，提升家园合作的效果。其具体步骤如下。

（1）了解模型概念。

①深入理解约哈里之窗模型的四个区域：开放区、隐秘区、盲目区和未知区。

②明白这四个区域在人际沟通中的作用和影响。

（2）分析当前沟通状况。

①评估与家长的沟通现状，识别当前家园沟通中可能存在的盲点和未知区。

②识别哪些信息是开放的，哪些信息是隐秘的，以及哪些信息是家长可能知道但教师不了解的（盲目区）。

（3）扩大开放区。

①通过定期的家长会、亲子活动等形式，主动分享幼儿在园的学习和生活情况，增加开放区的信息量。

②鼓励家长分享家庭中的育儿经验和困惑，增进彼此的了解和信任。

（4）探索隐秘区和盲目区。

①通过个别交流、问卷调查等方式，了解家长对幼儿园、教师及幼儿的看法和期望，探索隐秘区和盲目区的内容。

②对于家长提出的建议和意见，教师要有开放的心态，勇于面对和改正自身的不足。

（5）开发未知区。

①鼓励家长和教师共同探索未知区，发现幼儿的潜力和特长，为幼儿的全面发展提供支持。

②通过家园共育项目、课题研究等方式，共同探索幼儿教育的新领域和新方法。

（6）建立反馈机制。

①建立有效的反馈机制，定期收集家长对幼儿园、教师和幼儿的反馈意见，及时调整教学策略和方法。

②鼓励家长参与幼儿园的管理和决策过程，提高家长的参与度和满意度。

（7）持续学习和提升。

①教师要不断学习和提升自己的专业素养和沟通能力，以更好地适应约哈里之窗模型在家园沟通中的应用。

②积极参加教育培训、阅读相关图书和文章,拓宽自己的视野和知识面。

通过以上步骤,幼儿园教师可以有效地利用约哈里之窗模型进行家园沟通,提升家园合作的效果,共同促进幼儿的健康成长和全面发展。

【微课】

【拓展材料】

参考文献

第一章

［1］陈德枝，秦金亮．两省区幼儿园教师现状抽样调查与分析［J］．幼儿教育（教育科学版），2006（Z1）：12-17.

［2］陈莹，杨觐妍，谢真语，等．普惠性政策下乡镇幼师归属感和情绪管理关系探究［J］．公关世界，2020（24）：88-89.

［3］黄婷．情感能量视角下小学新手教师人际关系适应的质性研究［D］．金华：浙江师范大学，2023.

［4］黄雅静，邢强，杜洪飞．经济不平等对心理健康的影响及其机制［J］．心理技术与应用，2022，10（6）：360-371.

［5］蒋宁．工作压力理论模型述评［J］．现代管理科学，2007（11）：57-59.

［6］靳娟娟，俞国良．教师心理健康问题与调适：角色理论视角的考量［J］．教师教育研究，2021，33（6）：45-51.

［7］李静，解会欣，李爱华，等．学前融合教育教师忧虑对职业倦怠的影响：园长家庭支持型行为的调节作用［J］．中国特殊教育，2023（4）：18-25.

［8］李雨雯．浅谈幼儿教师心理健康对幼儿心理健康的影响［J］．新课程（上），2017（2）：220.

［9］廖丽娟．幼儿园教师情绪管理的现状研究［D］．广州：广州大学，2013.

［10］林崇德，杨治良，黄希庭．心理学大辞典［M］．上海：上海教育出版社，2003.

［11］刘文．幼儿心理健康教育［M］．2版．北京：中国轻工业出版社，2021：51.

［12］罗斯杰．教师心理健康素质的发展研究［J］．品位·经典，2022（19）：65-67.

［13］卢长娥．幼儿教师工作压力、社会支持对心理健康影响的路径分析［J］．阜阳师范学院学报（社会科学版），2013（1）：143-146.

［14］卢长娥，韩艳玲．幼儿教师工作压力现状及其与心理健康的关系探讨［J］．学前教育研究，2006（Z1）：95-97.

［15］苗雪红，卜叶．论师幼共生型关系中的教师角色与行为［J］．内蒙古师范大学学报（教育科学版），2024，37（1）：27-33.

［16］潘君利，左瑞勇，汤永隆，等. 民办园教师的职业倦怠与其心理健康的关系［J］. 学前教育研究，2009（3）：53–55.

［17］田淑梅，李元君，张慧，等. 林区幼儿教师心理压力问题及应对方式研究［J］. 教育探索，2016（1）：124–126.

［18］王岚. 幼儿园教师心理健康现状及园本支持路径研究［J］. 东方娃娃·保育与教育，2023（6）：37–39.

［19］杨大状，肖晶晶. "五大途径"促进幼儿心理健康发展［J］. 儿童与健康，2023（12）：9–10.

［20］周晓芸，彭先桃，付雅琦，等. 心理授权与幼儿教师职业倦怠的关系：链式中介效应分析［J］. 中国临床心理学杂志，2019，27（5）：1049–1053.

［21］周雪梅，俞国良. 教师心理健康问题：类型、成因和对策［J］. 教育科学研究，2003（3）：51–54.

［22］SÖNMEZ S，KOLAŞINLI I B. The effect of preschool teachers' stress states on classroom climate［J］. Education 3–13，2021，49（2）：190–202.

第二章

［1］程巍，朱春俐. 农村幼教队伍稳定性状况分析及策略研究［J］. 经济与社会发展，2015，13（6）：157–160.

［2］但菲，周晨晨. 工作特征影响幼儿园教师离职倾向的 JD-R 模型建构——基于 CMA2.0 工具的 Meta 分析［J］. 陕西学前师范学院学报，2022，38（7）：99–109.

［3］丁晓，李潇，潘云. 幼儿教师人格特质与其职业压力关系浅析［J］. 山西青年，2020（8）：54.

［4］段碧花. 贫困地区幼儿园教师职业认同现状与提升建议［J］. 学前教育研究，2021（2）：71–74.

［5］方力维. 高校青年教师的压力知觉与情绪智力关系研究［J］. 太原城市职业技术学院学报，2023（8）：89–92.

［6］冯晓霞，蔡迎旗. 我国幼儿园教师队伍现状分析与政策建议［J］. 人民教育，2007（11）：26–29.

［7］黄洁华，宋美兰. 情绪智力理论及应用研究进展［J］. 广州大学学报（社会科学版），2017，16（5）：41–45+89.

［8］金一鸣. 教育社会学［M］. 石家庄：河北教育出版社，1996：382.

［9］励旻琦. 关注幼儿教师的职业压力——对当前南京市 Q 区幼儿教师职业压力管理的研究［D］. 南京：南京师范大学，2005.

［10］申继亮．教师的职业压力与应对［J］．中国教师，2003（3）：16–17.

［11］王保卫，梁靖宇．情绪智力与主观幸福感关系的元分析［J］．中国健康心理学杂志，2020，28（6）：810–819.

［12］王萍，曹蕊，秦姜艳．幼儿园教师职业压力来源及其应对策略［J］．学前教育研究，2015（4）：58–63.

［13］谢庆斌，吴若谦，陈昱玲，等．幼儿园教师情绪劳动对离职倾向的影响：情绪耗竭和职业幸福感的多重中介作用［J］．教师教育研究，2023，35（3）：74–81.

［14］谢蓉，曾向阳．幼儿教师职业倦怠的缓解与职业幸福感的提升［J］．学前教育研究，2011（6）：67–69.

［15］姚立新．教师压力管理［M］．杭州：浙江大学出版社，2005：39–40.

［16］张晶晶．关于幼儿教师职业倦怠研究的述评［J］．教育与教学研究，2013，27（10）：19–22.

［17］张静驰，周楠．中国幼儿教师心理健康状况研究进展［J］．中国学校卫生，2019，40（3）：474–477.

［18］张娜，周燕．社会学视野下的幼儿教师职业倦怠［J］．当代学前教育，2009（6）：8–12.

［19］朱虹．教师心理压力的社会学分析［J］．宁夏大学学报（人文社会科学版），2005（1）：112–113.

［20］BANLAWE I A P，CRUZ D，JENNIFER C．Vehicular air drag production at different road geometry in Palawan，Philippines［J］．International Journal of Smart Grid and Clean Energy，2020，9（6）：983–988.

［21］BAUMGARTNER J J，CARSON R L，APAVALOAIE L，et al．Uncovering common stressful factors and coping strategies among childcare providers［J］．Child & Youth Care Forum，2009，38（5）：239–251.

［22］BOYD B J，PASLEY B K．Role stress as a contributor to burnout in child care professionals［J］．Child and Youth Care Quarterly，1989，18（4）：243–258.

［23］CARSON R L，BAUMGARTNER J J，OTA C L，et al．An ecological momentary assessment of burnout，rejuvenation strategies，job satisfaction，and quitting intentions in childcare teachers［J］．Early Childhood Education Journal，2017，45（6）：801–808.

［24］CHAROENSUKMONGKOL．Benefits of mindfulness meditation on emotional intelligence，general self-efficacy，and perceived stress：Evidence from Thailand［J］．Journal of Spirituality in Mental Health，2014，16（3）：171–192.

[25] ERIN T, LANG S N, SPROAT E, et al. Identifying primary and secondary stressors, buffers, and supports that impact ECE teacher wellbeing: Implications for teacher education [J]. Journal of Early Childhood Teacher Education, 2021, 42 (2): 143–161.

[26] FUQUA R, COUTURE K. Burnout and locus of control in child day care staff [J]. Child Care Quarterly, 1986, 15: 98–109.

[27] GRANDEY A A. When "the show must go on": Surface acting and deep acting as determinants of emotional exhaustion and peer-rated service delivery [J]. Academy of Management Journal, 2003, 46 (1): 86–96.

[28] GRANDEY A A, DIEFENDORFF J M, RUPP D E. Emotional labor in the 21st century: Diverse perspectives on emotion regulation at work [M]. New York: Routledge, 2013.

[29] GRATZ R R, CLAFFEY A, KING P, et al. The physical demands and ergonomics of working with young children [J]. Early Child Development and Care, 2002, 172 (6): 531–537.

[30] HOCHSCHILD A R. The managed heart: commercialization of human feeling [M]. Berkeley: University of California Press, 1983.

[31] HOWARD S, JOHNSON B. Resilient teachers: Resisting stress and burnout [J]. Social Psychology of Education, 2004, 7 (4): 399–420.

[32] HUNT M, Al-BRAIKI F, DAILEY S, et al. Mindfulness training, yoga, or both? Dismantling the active components of a mindfulness-based stress reduction intervention [J]. Mindfulness, 2017, 9 (2): 512–520.

[33] JENNINGS P A. Early childhood teachers' well-being, mindfulness, and self-compassion in relation to classroom quality and attitudes towards challenging students [J]. Mindfulness, 2014, 6 (4): 732–743.

[34] JENNINGS P A, BROWN J L, FRANK J L, et al. Impacts of the CARE for Teachers program on teachers' social and emotional competence and classroom interactions [J]. Journal of Educational Psychology, 2017, 109 (7): 1010–1028.

[35] KWON K A, FORD T G, SALVATORE A L, et al. Neglected elements of a high-quality early childhood workforce: Whole teacher well-being and working conditions [J]. Early Childhood Education Journal, 2020, 50 (1): 157–161.

[36] LARSON E B, YAO X. Clinical empathy as emotional labor in the patient-physician relationship [J]. JAMA, 2005, 293 (9): 1100–1106.

[37] MANLOVE E E. Multiple correlates of burnout in child care workers [J]. Early Childhood Research Quarterly, 1993, 8 (4): 499–518.

[38] MANN S, COWBURN J. Emotional labour and stress within mental health nursing [J]. Journal of Psychiatric and Mental Health Nursing, 2005, 12 (2): 154–162.

[39] MASLACH C, PINES A. The burn-out syndrome in the day care setting [J]. Child Care Quarterly, 1977, 6 (2): 100–113.

[40] PAQUETTE K R, RIEG S A. Stressors and coping strategies through the lens of early childhood/special education pre-service teachers [J]. Teaching and Teacher Education, 2016, 57: 51–58.

[41] PETTYGROVE W, WHITEBOOK M, WEIR M. Beyond babysitting: Changing the treatment and image of child caregivers [J]. Young Children, 1984, 39 (5): 14–21.

[42] PINES A, ARONSON E. Career burnout: Causes and cures [M]. New York: Free Press, 1988.

[43] POWELL D R, STREMMEL A J. The relation of early childhood training and experience to the professional development of child care workers [J]. Early Childhood Research Quarterly, 1989, 4 (3): 339–355.

[44] RAFAELI A, SUTTON R I. The expression of emotion in organizational life [J]. Research in Organizational Behavior, 1989, 11 (1): 1–42.

[45] ROESER R W, SCHONERT-REICHL K A, JHA A, et al. Mindfulness training and reductions in teacher stress and burnout: Results from two randomized, waitlist-control field trials [J]. Journal of Educational Psychology, 2013, 105 (3): 787–804.

[46] SCHIRMER A, ADOLPHS R. Emotion perception from face, voice, and touch: comparisons and convergence [J]. Trends in Cognitive Sciences, 2017, 21 (3): 216–228.

[47] STREMMEL A J. Predictors of intention to leave child care work [J]. Early Childhood Research Quarterly, 1991, 6 (2): 285–298.

[48] STREMMEL A J, BENSON M J, POWELL D R. Communication, satisfaction, and emotional exhaustion among child care center staff: Directors, teachers, and assistant teachers [J]. Early Childhood Research Quarterly, 1993, 8 (2): 221–233.

[49] TOWNLEY K F, THORNBURG K R, CROMPTON D. Burnout in teachers of young children [J]. Early Education and Development, 1991, 2 (3): 197–204.

[50] ZHANG L, YU S, JIANG L. Chinese preschool teachers' emotional labor and regulation strategies [J]. Teaching and Teacher Education, 2020, 92: 103024.

第三章

[1] 程岩. 教师自我认同及幸福感提升的路径研究 [J]. 辽宁教育, 2021 (6): 74–75.

[2] 邓敏, 陈旭. 认知风格视角下的教师成长 [J]. 科教文汇 (中旬刊), 2010 (14): 21+26.

[3] 丁洁. 幼儿教师职业认同及其相关研究 [D]. 上海: 上海师范大学, 2009.

[4] 高祥, 杜秀芳. 认知风格和时间压力对职业决策信息加工过程的影响 [J]. 山东师范大学学报 (自然科学版), 2013, 28 (1): 71–75.

[5] 高晓敏. 幼儿园教师职业认同、社会支持与离职倾向的关系 [J]. 教育导刊 (下半月), 2011 (10): 8–12.

[6] 高晓敏. 幼儿园教师职业认同与社会支持的关系研究 [J]. 内蒙古师范大学学报 (教育科学版), 2011, 24 (8): 44–47.

[7] 过珺. 基于认知失调理论下的教师职业倦怠剖析——以高职院校公共课教师教学倦怠为例 [J]. 闽西职业技术学院学报, 2015, 17 (2): 1–4.

[8] 侯敏. 基础教育教师认知失调问题的研究 [J]. 中国科教创新导刊, 2010, (33): 220–221.

[9] 胡芳芳, 桑青松. 幼儿教师职业认同、社会支持与工作满意度的关系 [J]. 心理与行为研究, 2013, 11 (5): 666–670.

[10] 李琼, 黄端. 认知风格与生活 [M]. 上海: 上海教育出版社, 2021.

[11] 李寿欣, 周颖萍. 个体认知方式与材料复杂性对视空间工作记忆的影响 [J]. 心理学报, 2006 (4): 523–531.

[12] 刘玉新, 张建卫, 张建设. 论组织角色失调与应对策略 [J]. 华北电力大学学报 (社会科学版), 2000 (1): 26–29.

[13] 祁乐瑛, 梁宁建. 场依存性–独立性认知方式对心理旋转的影响 [J]. 心理科学, 2009, 32 (2): 262–265.

[14] 秦旭芳, 张婷. 幼儿园主班教师胜任力结构与水平研究 [J]. 宁波教育学院学报, 2021, 23 (1): 11–22.

[15] 秦旭芳, 左晓玲. 多维视角下幼儿园教师不适宜行为动态演变现象探析 [J]. 陕西学前师范学院学报, 2017, 33 (1): 83–88.

[16] 秦奕. 幼儿园教师职业认同结构要素与关键主题研究 [D]. 南京: 南京师范大学, 2008.

[17] 舒坦, 徐东. 新入职幼儿教师在角色转换过程中的心理冲突及建议 [J]. 集宁师范学院学报, 2018, 40 (2): 109–112.

[18] 孙凌云. 公办幼儿园教师职业认同现状及对策研究——以C市D区为例 [D]. 重

庆：西南大学，2023.

［19］王声平. 论幼儿教师专业身份认同困惑及其重塑［J］. 教育导刊（下半月），2011（6）：9–12.

［20］王照萱，张雅晴，程黎. 幼儿园教师职业认同的测量及其与社会支持的关系［J］. 内蒙古师范大学学报（教育科学版），2019，32（10）：61–69.

［21］魏平西. 大学教师角色认知失调及对策研究［J］. 现代教育科学，2016（12）：40–44.

［22］魏淑华，宋广文. 教师职业认同与离职意向：工作满意度的中介作用［J］. 心理学探新，2012，32（6）：564–569.

［23］夏丽娟. 浅淡幼儿教师的角色定位［J］. 江苏教育学院学报（社会科学版），2010，26（7）：24–26

［24］姚恩菊. 基于认知风格的教师教学行为［J］. 教育教学论坛，2015（43）：25–26.

［25］张虹. 体育教师角色失调与调适［J］. 四川体育科学，2003（4）：94–95.

［26］张怡欣，田静. 社会角色理论视野下幼儿教师角色的失调与建构［J］. 宁波教育学院学报，2022，24（4）：42–46.

［27］章晨颖. 幼儿教师职业成功与社会支持、自我效能感的关系研究［D］. 济南：山东师范大学，2020.

［28］周玉. 转型期女性犯罪的社会学分析——试析角色失调对女性犯罪的影响［J］. 福建省社会主义学院学报，2003（4）：74–76.

［29］朱家雄，裴小倩. 变化的社会文化，变化的幼儿教育［J］. 幼儿教育，2004（1）：6–7.

［30］朱君. 幼儿教师职业认同及其影响因素研究［J］. 聊城大学学报（社会科学版），2011（2）：262–263.

［31］CHONKO L B. A philosophy of teaching... and more［J］. Journal of Marketing Education，2007，29（2）：111–121.

［32］KAHN R L，BYOSIERE P，DUNNETTE M D. Stress in organizations［M］// Handbook of industrial and organizational psychology，Palo Alto，CA：Consulting Psychologists Press，1992：571–650.

第四章

［1］陈红，黄希庭，郭成. 中学生人格特征与应对方式的相关研究［J］. 心理科学，2002（5）：520–522+637.

［2］雷小波. 论幼师职业人格的教育功能［J］. 学前教育研究，2001（1）：38–39.

［3］李文道，钮丽丽，邹泓. 中学生压力生活事件、人格特点对压力应对的影响［J］. 心理发展与教育，2000（4）：8–13.

［4］刘建斌，祁健. 独立学院毕业生就业的焦虑、抑郁情绪与A–B型人格类型相关研究［J］. 教育现代化，2018，5（28）：251–253.

［5］刘燕. 中学教师职业压力与人格特质的相关研究［D］. 重庆：西南大学，2007.

［6］孟小兰，章军建. 人格作为压力应对的长期预测量研究进展［J］. 中国健康心理学杂志，2007（8）：755–757.

［7］缪佩君，谢姗姗，陈则飞，等. 幼儿教师心理弹性与职业倦怠的关系：大五人格的中介效应［J］. 心理与行为研究，2018，16（4）：512–517.

［8］陶丽. 自助者，天助也——朱利安·罗特的控制点理论［J］. 基础教育，2008（5）：61–64.

［9］王丽. 学业压力情境、人格特质对中学生学业压力应对策略一致性的影响［D］. 重庆：西南大学，2008.

［10］赵颖莹. 大学生心理压力、A型人格、心理资本与心理压力反应的关系研究［D］. 福州：福建师范大学，2017.

［11］周艳芳，张秋梅，高立. 某医学院校B型人格毕业生压力感受及心理健康现状调查［J］. 医学教育研究与实践，2020，28（3）：522–526.

第五章

［1］李宜谦. 幼儿园家园冲突的调查研究［D］. 兰州：西北师范大学，2017.

［2］孙彩霞，王丽媛. 虐童事件的心理学反思［J］. 中国青年社会科学，2018，37（2）：41–45.

［3］王婕. 幼儿教师职业压力、主管支持和情绪劳动的关系研究［J］. 西北成人教育学院学报，2023（3）：28–33.

［4］张傲子，张琦，石小加，等. 情绪意识对幼儿教师心理健康状态的影响［J］. 中国健康心理学杂志，2022，30（1）：65–70.

［5］钟燕. 幼儿园教师情绪劳动和师幼互动的关系研究［D］. 上海：华东师范大学，2020.

［6］CHRISTIANSON S Å. Emotional stress and eyewitness memory：A critical review［J］. Psychological Bulletin，1992，112（2）：284–309.

［7］CUMMING T. Early childhood educators' well-being：An updated review of the literature［J］. Early Childhood Education Journal，2017，45（5）：583–593.

［8］KYRIACOU C. Teacher stress：Directions for future research［J］. Educational

Review, 2001, 53（1）: 27–35.

［9］RAY R D, WILHELM F H, GROSS J J. All in the mind's eye? Anger rumination and reappraisal［J］. Journal of Personality and Social Psychology, 2008, 94（1）: 133–145.

［10］ZINSSER K M, CURBY T W. Understanding preschool teachers' emotional support as a function of center climate［J］. SAGE Open, 2014, 4（4）: 1–9.

第六章

［1］白荣, 高叶淼, 李金文, 等. 远近端人际压力与FKBP5基因对青少年自伤行为的联合影响：基于发展的视角［J］. 心理学报, 2023, 55（9）: 1477–1488.

［2］蔡永辉, 程秀兰, 李玲. 幼儿园教师职业压力、应对方式和情绪劳动的关系研究［J］. 陕西学前师范学院学报, 2022, 38（1）: 69–76.

［3］陈姝娟, 黄艳华. 论幼儿教师的职业压力及自我调节策略［J］. 肇庆学院学报, 2012, 33（6）: 77–80.

［4］邓潇君. 幼儿教师职业幸福感影响因素的研究［J］. 现代职业教育, 2021（35）: 126–127.

［5］何晴利. 幼儿教师的职业压力问题探讨［J］. 教师, 2015（11）: 125–126.

［6］李阳. 新入职幼儿教师职业压力现状分析及缓解策略［J］. 教育观察, 2022, 11（6）: 71–73.

［7］李志敏, 李超, 刘文. 基于亲子关系的儿童受心理虐待干预实验［C］// 中国心理学会发展心理专业委员会. 中国心理学会发展心理专业委员会第十三届学术年会摘要集. 辽宁师范大学心理学院, 2015: 1.

［8］刘梦凯. 基于《家庭教育促进法》的幼儿园深化家园合作的路径研究［D］. 贵阳：贵州师范大学, 2023.

［9］刘文. 论儿童气质与幼儿园、学校教育［J］. 学前教育研究, 2002,（4）: 22–24.

［10］宁艾伦. 幼儿教师人际关系与自我效能感和职业倦怠感的相关关系研究［D］. 哈尔滨：哈尔滨师范大学, 2020.

［11］彭菲菲, 刘文. 儿童气质发展及其对学校教育实践的作用［J］. 世界教育信息, 2007（9）: 56–59.

［12］任佳琦. 幼儿教师职业压力来源与应对办法［J］. 教育理论与实践, 2019, 39（11）: 41–42.

［13］史琳. 人际压力情境下大学生心理健康信息搜寻行为研究［D］. 太原：山西大学, 2023.

[14] 谭健烽. 沙盘游戏应用与研究［M］. 南京：东南大学出版社，2021：373.

第七章

［1］李晓巍，王萍萍，魏晓宇. 幼儿园组织气氛的测量及与教师教学效能感的关系［J］. 教师教育研究，2017，29（4）：60–66+83.

［2］李雪艳，张夏青. 高宽课程儿童冲突解决"六步法"探析［J］. 教学与管理，2014（33）：99–101.

［3］林冬梅，李智涛. 国外教师职业环境对职业幸福感研究趋势及其启示［J］. 昌吉学院学报，2016（6）：7–12.

［4］刘莳斐，黄雄英，王娟娟. 论幼儿教师建言行为与组织气氛、大五人格［J］. 合肥学院学报（综合版），2016，33（3）：137–139.

［5］刘蕾，谢燕，肖念. 安吉游戏与利津游戏的异同比较［J］. 黑龙江教师发展学院学报，2024，43（4）：143–148.

［6］尼克尔斯，戴维斯. 家庭治疗概念与方法［M］. 方晓义，译. 11版. 北京：北京师范大学出版社，2018.

［7］钱琴珍，姜勇，阮婷. 幼儿园组织氛围与教师专业发展结构模型研究［J］. 心理科学，2007（3）：723–726.

［8］秦旭芳，沈文，谢果凤. 民办幼儿园发展过程中面临的挑战及其出路探寻［J］. 教育导刊（下半月），2011（2）：16–20.

［9］孙智明，王湘蓉，邓晓婷，等. 2023全国职业教育教师现状调研报告［J］. 教育家，2023（35）：5–15.

［10］王艳. 幼儿园组织气氛与教师工作满意度的关系研究［D］. 开封：河南大学，2010.

［11］BAUM A. What is stress？［M］// Goldberger L, Breznitz S. Handbook of stress：Theoretical and clinical aspects. New York：Free Press，1994：3–21.

［12］DEMEROUTI E, BAKKER A B, NACHREINER F, et al. The job demands-resources model of burnout［J］. Journal of Applied Psychology，2001，86（3）：499–512.

［13］FRONE M R. Interpersonal conflict at work and psychological outcomes：Testing a model among young workers［J］. Journal of Occupational Health Psychology，2000，5（2）：246–255.

［14］GARBARINO J. The ecology of human development：Experiments by nature and design［J］. Children and Youth Services Review，1980，2（4）：433–448.

[15] HOBFOLL S E. The influence of culture, community, and the nested-self in the stress process: Advancing conservation of resources theory [J]. Applied Psychology, 2001, 50(3): 337–421.

第八章

[1] 毕重增, 彭香萍. 拖延: 时间管理倾向量表的区分效度 [J]. 西南师范大学学报 (人文社会科学版), 2005(6): 10–13.

[2] 蔡辰梅. 教育变革中教师自我认同的时间困境及其重建 [J]. 教育研究, 2015, 36(7): 89–97.

[3] 陈昌凯. 时间焦虑感: 剧烈社会变迁中的"中国体验" [D]. 南京: 南京大学, 2013.

[4] 黄希庭, 张志杰. 青少年时间管理倾向量表的编制 [J]. 心理学报, 2001(4): 338–343.

[5] 柯维. 高效能人士的七个习惯 [M]. 顾淑馨, 译. 北京: 中国青年出版社, 2004.

[6] 李雨潜. 困在时间里的人: 高校青年教师的"时间焦虑感"研究 [D]. 南京: 南京师范大学, 2021.

[7] 陆林, 石伟. 管理人员时间管理倾向与自我价值感关系的调查研究 [J]. 心理科学, 2006(1): 61–63.

[8] 秦启文, 张志杰. 时间管理倾向与生活质量关系的调查研究 [J]. 心理学探新, 2002(4): 55–59.

[9] 秦玉友, 赵忠平, 曾文婧. 义务教育教师教学工作时间结构研究——基于全国10省20市(县)的数据 [J]. 教师教育研究, 2017, 29(4): 39–45.

[10] 王俊玲. 中小学教师时间管理的问题与对策 [D]. 呼和浩特: 内蒙古师范大学, 2013.

[11] 王少群. 幼儿园教师时间管理现状研究 [D]. 济南: 山东师范大学, 2010.

[12] 杨秀玉, 杨秀梅. 教师职业倦怠解析 [J]. 外国教育研究, 2002(2): 56–60.

[13] 袁圆. 员工的时间管理、工作–家庭冲突和主观幸福感的关系研究 [D]. 武汉: 华中师范大学, 2006.

[14] 曾玲娟. 新世纪的关注热点: 教师职业倦怠 [J]. 株洲师范高等专科学校学报, 2002(3): 82–85+92.

[15] 张安琪. 幼儿教师的时间去哪了? [D]. 沈阳: 沈阳师范大学, 2023.

[16] 张建人, 阳子光, 凌辉. 中小学教师工作压力、工作满意度与职业倦怠的关系 [J]. 中国临床心理学杂志, 2014, 22(5): 920–922.

［17］张志杰，黄希庭，崔丽弦. 大学生时间管理倾向与学习满意度：递增效度的分析［J］. 西南师范大学学报（人文社会科学版），2004（4）：42–45.

［18］赵玉芳，毕重增. 中学教师职业倦怠状况及影响因素的研究［J］. 心理发展与教育，2003（1）：80–84.

［19］朱福根. 教师课堂时间管理的经济学思考［J］. 教育理论与实践，2017，37（17）：50–52.

［20］CLAESSENS B J C，VAN EERDE W，RUTTE C G，et al. A review of the time management literature［J］. Personnel Review，2007，36（2）：255–276.

［21］KELLEY W E. No time to worry：The relationship between worry，time structure，and Time management［J］. Personality and Individual Differences，2003，35（5）：1119–1126.

［22］ZHANG F，LIU J，AN M，et al. The effect of time management training on time management and anxiety among nursing undergraduates［J］. Psychology，Health & Medicine，2021，26（9）：1073–1078.

第九章

［1］陈灵君，王颖，朱毅. 基于正念的干预训练调节心理压力和自主神经活动的研究进展［J］. 中国康复理论与实践，2020，26（5）：563–567.

［2］程秀兰，张慧，曹金金，等. 幼儿教师正念水平与离职意向的关系：职业倦怠的中介作用［J］. 陕西学前师范学院学报，2020，36（12）：79–88.

［3］刘晓年. 幼儿教师的职业压力与心理调适［J］. 学理论，2011（18）：177–178.

［4］宁维卫. 积极与幸福心理学［M］. 北京：科学出版社：2018.

［5］潘华媛，高洁. 幼儿教师正念与情绪劳动的关系研究［J］. 陕西学前师范学院学报，2021，37（4）：56–61.

［6］庞丽娟，洪秀敏，姜勇. 教师心理健康：关注与促进［J］. 教育理论与实践，2003（5）：61–64.

［7］任佳琦. 幼儿教师职业压力来源与应对办法［J］. 教育理论与实践，2019，39（11）：41–42.

［8］王钢，张大均. 幼儿教师心理资本、职业压力与工作绩效：应对方式的中介作用［J］. 心理学探新，2017，37（3）：269–274.

［9］王云. 缓解幼儿教师职业压力之攻略——让教师职业幸福感快乐回归［J］. 科教文汇（下旬刊），2015（12）：20–21.

［10］严婧. 正念冥想对情绪记忆的影响［D］. 兰州：西北师范大学，2021.

［11］张二凤，李春良，张莉. 积极心理学视角下的幼儿教师心理压力调适［J］. 教育科学论坛，2015（23）：73–75.

［12］张平利. 幼儿教师的心理健康现状及对策［J］. 西部素质教育，2019，5（14）：98–99.

［13］赵敬雯. 幼儿教师心理压力的现状及缓解策略研究［J］. 开封教育学院学报，2015，35（6）：172–173.

［14］朱晓红. 幼儿教师心理健康促进策略的阐释［J］. 呼伦贝尔学院学报，2004（6）：105–107+51.

［15］THOMAS, K.W. & VELTHOUSE B.A. Cognitive elements of empowerment: An "interpretive" model of intrinsic task motivation［J］. Academy of Management Review，1990，15：666–681.